历史学科卓越教师培养模式探索

首届全国高等师范院校历史教师教育论坛文集

郑林　主编

商务印书馆
创于1897 The Commercial Press
2019年·北京

图书在版编目（CIP）数据

历史学科卓越教师培养模式探索：首届全国高等师范院校历史教师教育论坛文集 / 郑林主编. — 北京：商务印书馆，2019
ISBN 978-7-100-17019-2

Ⅰ.①历… Ⅱ.①郑… Ⅲ.①历史教学—教学研究—文集 Ⅳ.①K-53

中国版本图书馆CIP数据核字（2019）第004215号

历史学科卓越教师培养模式探索
首届全国高等师范院校历史教师教育论坛文集
郑林　主编

商 务 印 书 馆 出 版
（北京王府井大街36号　邮政编码 100710）
商 务 印 书 馆 发 行
三河市尚艺印装有限公司印刷
ISBN 978-7-100-17019-2

2019年10月第1版　　开本 710×1000　1/16
2019年10月第1次印刷　　印张 20 3/4

定价：80.00元

前 言

师范院校是教师的摇篮。2011 年《教师教育课程标准（试行）》围绕培养造就高素质专业化教师的目标，提出坚持育人为本、实践取向、终身学习的理念，要求创新教师培养模式。2014 年 9 月 9 日，习近平总书记来到北京师范大学考察，发表“四有”好老师重要讲话，为教师教育指明了方向。各地高等师范院校积极探索优秀历史教师的培养模式，积累了丰富的经验。

为了交流各地高等师范院校历史教师教育的经验，促进历史教师教育理论与实践的对话与反思，完善历史教师教育课程体系和教材、教法，进一步提升我国历史教师教育的专业化和规范化水平，北京师范大学历史学院和历史教学社举办首届“全国高等师范院校历史教师教育论坛”。本论坛文集汇集了与会的国内高等师范院校历史教师教育相关领域的专家、分团委书记（学生工作负责人或专职辅导员），以及从事基础教育的优秀历史教师对历史教师教育的探索与思考，供同行们交流参考。

郑林

2018 年 3 月于北京师范大学

目　录

嘉宾发言

体制性改革是中国教师教育改革的当务之急……郑师渠　3
简论基于核心素养培养的历史教学特征……叶小兵　8
历史教学与创新教育……朱尔澄　15
关于中学历史教师的历史学科专业素养……李晓风　18

专题一　教师素养与历史教师教育课程设置

历史学科师范生教师教育课程建设的实践与思考……郑林　27
整合视角下历史学科教师教育课程的改革与实践……张卓鸿　36
中学历史教师的关键能力及培养略论……侯桂红　44
“走近生活　探寻历史与社会”史迹考察实践性课程探索
——以丝绸之路史迹考察为例……王耘　58
创建工作坊提升中学历史教师学业水平监测素养……张逸红　72
从中学教育教学实际看历史教师的素养……周云　85

专题二　历史教师教育教学改革

学深为师　品正为范
——对师范教育的再思考……李月琴　95

大胆创新 迎接挑战
——免费师范生和卓越教师历史课堂教学模式改革刍议……宋永成 100
历史教学论课程“评学教一体”改革实践与思考……曹华清 123
“学”“习”融通：全日制历史学科教学专业硕士实践课程的实施构想……李江 133
地方高师院校历史教师教育讨论课实施策略研究
——以“中国古代史”课程教学为例……杨小敏 142
开设中学历史“两课”的实践与反思……吕全义 153

专题三 历史教师教育教学研究

加强历史教育硕士案例教学的研究……朱煜 161
历史学科全日制教育硕士研究生教学能力现状的调查
——以江苏省为例……闻海娇 姚锦祥 168
历史学免费师范生教育硕士学位论文写作的现状与对策研究……袁从秀 182
试论历史学专业师范生讲授技能的培养……李凯 196
第二课堂助力历史教师教育培养实践路径探索
——以北京师范大学历史学院“教师养成计”
品牌活动为例……胡小溪 王卓凯 李力 肖丽琴 胥晨曦 211
学生社团活动与地方院校历史学师范生从教技能培养研究……安宇轩 219

专题四 历史教学的理论与实践探索

历史师范生学科视野及其与历史教学的关联……何瑛 227
核心素养视阈下的历史学科知识观……吴波 237
“互联网+”时代下中学历史教师教学策略探索……胡灿 244
“舵手与远航”
——例谈高中历史学科课程课题化研究……马国旗 曲鸿飞 259

专题五 历史教师教学设计案例展示

《西周分封制》教学设计 …… 王纯 269
《商鞅变法》之“乾坤变革——历史的回响”
——教学片段设计 …… 陈昂 275
《新文化运动》教学片段设计 …… 刘雅雯 283
高三历史一轮复习:《马尼拉大帆船贸易》教学设计 …… 高辉英 丁彦平 291
高一历史《鸦片战争》翻转课堂课时学案 …… 岳英 298

专题六 师范生教学设计案例展示

《罗马法体系》教学设计 …… 张艺凡 307
《洋务运动》教学片段设计 …… 董清伟 312
《甲午中日战争》教学设计 …… 王迎香 315
《战后资本主义世界经济体系的形成》之布雷顿森林会议
教学设计 …… 郑淋 319

嘉宾发言

体制性改革是中国教师教育改革的当务之急

郑师渠

（北京师范大学）

教师教育的发展与高等师范院校的改革，是二而一的事情。前者以后者为载体，后者则是以前者为自己的办学使命。中国教师教育即师范教育，在晚清形成独立垂直的系统，迄今犹然。经百多年的繁荣发展，其于我国社会及教育的发展与进步之贡献，怎样估计都不会过分。

今天高师院校无论是学校总数还是在校学生总数，在全国高等教育中都占举足轻重的地位。但就教师教育而言，却是有喜有忧，可谓喜忧参半。从喜的方面说，有：国家经费投入大幅度增加，办学条件大为改善；教师队伍多为研究生以上学历，素质明显提升；办学层次涵盖本科、硕士、博士与博士后，学科体系愈趋完整；科学研究得到大力发展，学术水准普遍提升。加之专业设置、学生就业的多元化和国际交流的扩大等，高师院校的整体实力与开放程度，较改革开放之前，实已不可同日而语。从忧的方面看，则有：其一，学科结构上的边缘化。近日在河南师范大学讲学，校长告诉我，本校非师范专业已占全校的2/3。这当是全国高师院校的普遍现象。北师大非师范专业的占比当更高。这就是说，全国高师院校主要的已不是在培养师资了，这一现象自然值得重视。其二，在办学的理念与指导思想上，一味追求综合性，忽略了师范教育。当下高师院校为提升自身的办学实力，都千方百计努力向综合性大学方向发展、用力，教师教育自然被忽略，至少不再成为校方的中心议题。大家应能感受到，各校教学法教研室在全校的地位较前是提升了还是降低了。不久前中央巡视组对北师大的巡视刚刚结束，在全校反馈大会上，巡视组指出北师大办学存在的问题，其中一点，就是批评师范教育没有得到应有重视，同样反映了这一点。其三，也正是缘于上述原因，高师院校教师教育的优势特色淡化减弱了。一些综合性大学的教育研究正日益超过师范院校。

2002 年北师大百年庆典在人民大会堂举行，当时江泽民总书记代表党中央提出了一个任务：希望北师大带头为建设有中国特色的社会主义教师教育新体系做出自己的贡献。然而，十五年过去了，不妨问一下，这个教师教育新体系何在？北师大能回答吗？作为主管的教育部能回答吗？显然都回答不了。

从总体看，在改革开放以来我国高校的改革中，高师院校基本是缺位的。20 世纪八九十年代高校进行大规模结构性调整，相当多的高校或合并或改变了隶属关系，但是高师院校在师范教育要保持稳定的思想指导下，除了极个别学校被并入综合性大学外，整个单轨制的高师体系保持不变。教育部在高教司之外，仍保留了师范司，以示分别。当然，高教司的改革政策高师院校也要执行，但不要忘了，这些改革或评估，无不是以综合性大学的统一标准为标准，师范教育本身应然的改革，微乎其微。高师院校为追求综合性发展，固然乐此不疲，但终因身份不明，不免左顾右盼，而陷入了两难境地。在此过程中，教师教育的削弱便不可避免。

应当说，师范院校追求综合性发展有其自身的合理性。20 世纪初中国通过日本学习美国，将高师教育由综合性学校分离出来，由上而下，形成了独立垂直的系统。三十年代后美国取消了高等教育的双轨制，将高师教育归入综合性大学的教育学院；而中国不仅没有照搬，高师院校的独立发展反而愈形繁荣，到新中国成立后，更达到了极盛。所以如此，原因即在于它适合中国国情的需要。中国是一个人口众多、社会经济教育都十分落后的大国，迫切需要这种师范教育体系，以便短平快培养出大批量的师资，满足国家的需要。明白了这一点，便不难理解，何以20世纪二三十年代要求取消独立设置的高等师范学校以并入综合性大学的呼声尽管甚嚣尘上，但最终的结果却是反其道而行之，不仅高师“改大”成功，高师院校自成体系的发展，更加势不可挡。当然，也无可讳言，由此种独立设置的师范本科院校培养师资，不仅教育质量受限，也束缚了高师院校本身的发展。在很长一个时期里，社会上有所谓“师范院校低水平”“师范院校不需要搞科学研究”等说法流行，并非空穴来风；而事实上，国家对师范院校的经费投入与相关政策也有别于综合性大学，其中之不重视与歧视性分际，是显而易见的。

然而，百多年过去了，中国国情也在变，尤其是改革开放以来，我国综合国力今非昔比，跃升世界第二大经济体，已然成为世界大国。与此相应，不仅国家需要提高教育质量，国人要求享有更加优质教育的需求也愈加迫切。同时，基础教育师资市场久已放开，国家实行教师资格统一考试，教职的竞争日趋激烈，博士生、硕士生到中学谋职已成新常态，全国高师培养的教师已经过剩。适应新时代的要求，与时俱进，超越旧有的教师教育体系，将教师教育纳入综合性大学更高层次的办学平台上谋求新的发展，实乃历史之必然。此外，也要看到，如北师大、华东师大这样一批重点师范大学，其自身的学术积累与办学实力，也早已达到了很高的水准，北师大等校新近都被列入了国家“双一流大学”建设的行列，其学科实力有目共睹。很显然，不让脱去身上单纯高师院校的马甲，只能束缚其发展。

2001年10月25日，百年校庆前夕，北师大校长在《光明日报》发表《师范大学转型与中国高师院校的走向》署名文章，第一次公开宣布北师大将由原先的高师院校向综合性研究型大学转型，同时保留其教师教育的优势与特色。文章不主张一刀切，建议教育部对全国高师院校进行分区分类指导，逐步实现对中国师范教育体系的整体性结构性改革。此文发表后在全国尤其是在高师院校中引起了很大的反响。由于事关学校的前途与命运，全国高师院校无论自觉与否，都群起响应，或明或暗，都力图谋求向综合性发展，普遍表现出了强劲的内驱力。十多年来，高师院校在这方面的努力成效卓著，今天所谓的“师范院校”早已不是原来的意义。这是不争的事实。

让人不解的是，教育主管部门对此现状却长期讳莫如深，熟视无睹。究其心态，无非是：你尽可以做，但我不表态，出现什么后果，自然也没有我的责任。但事实上，体制性障碍是难以逾越的。缺乏教师教育体系结构性改革的顶层设计与相应的政策支撑，仅凭学校层面自行其是，是无济于事的。北师大一直宣称自己是一所综合性研究型大学，理由是学科齐全，除了军事外，它的学科已涵盖了国家规定的所有门类；同时，也已成立了教育学院。其振振有词，不无道理，但仔细看，却又不能说它已实现了自身的转型，原因是：其一，它的教师教育与各院系的专业教育仍然混一，不曾剥离，无法解决传统师资培养中的“两个半桶水相加”问题。同时，现有的教育学院只是原来教育系的扩充，并不具备承担教师教育全过程的专业化功能。其二，其仍处于国家现有的高师院校与教师教育的体制之内，不能不受到相关的体制性与政策性的种种约束。早在十多年前，当时北师大的一位主要领导就曾异想天开，欲自行宣布北师大已完成了向综合性大学的转型。这引起了领导班子内部不同意见，有同志问道：所谓完成转型的标志是什么？合法性何在？这位领导只是一时冲动，最后也终因缺乏体制性的支持，底气不足而作罢。这说明，“皮之犹存，毛将焉去”。换言之，身上传统高师的马甲尚未脱去，离实现真正转型，还有一步之遥——存在最后一公里的体制性障碍不除，转型谈何容易！也唯其如此，高师院校也就学乖了：转向综合性，此事尽可以做，却不必谈。在此种心态之下，教师教育之普遍削弱固然是付出的代价，高师院校的所谓非师范专业的盲目扩充，无序发展，造成办学思想混乱与资源严重浪费，也不容低估。

事实上，早在1999年全国教育工作会议上就已提出，有条件的综合大学也可以办教育学院或教育研究机构，这显然已预示了教师教育体制性改革的广阔空间。如前所述，2002年江泽民总书记更是明确提出了建设有中国特色的社会主义教师教育新体系的任务。新近习近平总书记在党的十九大报告中说：新时代有新使命，需要理论创新、实践创新、制度创新、文化创新；需要有勇于担当的精神。所以，从时代趋势、国人需求与高校的发展看，体制性改革是当下中国教师教育改革的当务之急，万事俱备，剩下的实在只是主管部门的担当了。教育主管部门对高师院校普遍存在的向综合性转型的合理要求与种种努力，不应再熟视无睹或放任自流，应当积极引导，顺势而上，勇于担当，为创建新时代我国教师教育新体系而努力。

简论基于核心素养培养的历史教学特征

叶小兵

（首都师范大学）

新研制的高中历史课程标准即将颁布。按照教育部的计划，明年秋季将使用依据新课标编写的高中历史教材。新高中课标中有个最大的变化，就是提出了学科核心素养，并在课标中的课程基本理念、课程目标、课程内容、教学要求以及考试评价等方面都以学科核心素养的培养为轴心。培养学生的历史学科核心素养的问题，可以说是今后中学历史教育教学改革的一个重要的发展方向。

培养学生核心素养的理念如何在教学的实际中落地？怎样进行以学生核心素养发展为核心的历史教学？这对于教学一线的历史教师来说，无疑是一种新的机遇和挑战，需要深入思考，努力践行。对于高等师范院校的历史专业教育，也是改进的契机，包括课程设置、教材编写、培养方式等，都需要围绕核心素养培养的问题进行新的修正。这些都无疑会产生很大的变化。我想利用这个机会，谈谈基于核心素养培养的历史教学这一问题。

一、基于核心素养培养的教学特征

从教育观念上来说，培养学生的核心素养需要有一些新的认识或者说新的教育理念。

一是关于人才观的问题。对于培养的人才，过去有很多的提法。按照发展核心素养的这一基本观念来说，其实就是要聚焦在培养能够解决问题的人。因为社会的发展需要不断地解决各种各样的问题，学生在学习过程中和毕业后走向社会，也要面临各种各样的问题，需要去解决。我们说一个人能不能干，有没有成就，实际上就是指他是否能够解决问题。所以，从整个教育过程来说，要关注学生问题意识的培养，关注学生分析问题和解决问题的思维品质和关键能力。这就是要培养具有高水平核心素养的人才。

二是关于课程观的问题。我们的学校长期以来是以分科课程为主的，而要使学生的核心素养得以发展，使他们在学习过程中能够解决新的、复杂的、不确定的问题，需要综合性的、跨学科的学习，使他们能够综合运用所学的各种知识、多方面的技能及方法，并能依靠在受教育的过程中养成的情感、态度、观念等。所以，这就需要学校课程的多样化，课程设置具有弹性，跨学科的课程编制等，使传统的课程理念发生转变。

三是关于知识观的问题。随着信息时代的发展，人们的知识观也在不断发生变化。过去说知识越多、越扎实、越系统就越好，但当今社会的发展，知识在不断地更新、拓展，使得在学校所学的既定知识难以应对飞速变化的社会需求。因此，在学校教育中，打好知识的基础固然重要，但更重要的是要使学生学会如何建构知识，如何运用知识，以及如何拓展知识。培养学生的核心素养，就应该重视学生对于知识的运用和拓展。因为只有能够运用和拓展的知识，才不是“死知识”，而是可持续发展的、对终生有意义的知识。

四是教材观的问题。一般来说，教材承载着基础的知识。打一个比方，传统的教材实际上是向学生展示一幅关于世界风景的绘画，然后在教学中让学生去观察、理解这幅画，最后记住画中的风景，考试时也会考这幅画里的一些细节。但是，这种绘画中的风景是凝固的，观察的角度也只是单一的直视，学生对这幅画的识记可能是机械性的，而且过了一段时间可能会遗忘。随着学生的成长，他在以后所看到的世界风景可能不完全是这样的，或者是动态的，风景肯定有四季的变化，如何应对？所以，要培养学生的核心素养，应该让学生能够真正地去了解、观察、认识这个世界的风景。很重要的就是教材的设计与编写的思路，应是打开让学生了解世界风景的窗口，而且是多样的窗口，以使学生自己去探寻真实的大千世界。就历史教材来说，就不能仅是对历史知识的文本叙述，而应提供多样的渠道和平台，并有资料、问题、探究路径等方面的指引。这样的教材，与传统的教材在体例、结构等方面都会有很大的不同。

这些基本观念的转变，能使我们对基于核心素养培养的历史教学有新的认识。从这些新观念的角度，我们可以看到基于核心素养培养的教学应该具有以下这些基本的特征：一是自主性。学生是学习的主体，要尊重学生的兴趣爱好，注重学生学习的个性化。应由学生自己完成学习的全过程，教师可以指导，但不设限和包揽。这就要使学生的主体地位能够真正地体现出来，使学生的整个学习过程不再是被动地牵引，或者说是由他人完全设计好的。学习的动力、规划、策略、方式等，应该是学生自己逐步学会把握，并能够自主地去完成学习的全过程。教师就是起一个指导和引领的作用。学生的核心素养要得以发展，一定是他自己主动投身学习，亲身参与过程，这样他才可以获得思维的发展、经验的积累，等等。二是情境性。一个具有高水平核心素养的人，是在他的人生道路上能够不断地解决各种各样的真实问题，而不是仅仅能够解决已知的问题。从这样的意义上说，所谓核心素养，就是面对陌生的、复杂的，甚至是不确定的情境，如何综合运用所学的知识、技能、方法以及养成的情感态度等去解决问题的关键能力。因此，就整个教学过程上来说，学生所面对的矛盾、问题等，应是出自真实的情境，促使学生利用课程资源开展学习活动，进行真实的探究。三是开放性。以往的学习，从目标到内容都是既定的，都是教师设计好的。但学生的学习自主性，以及个性的充分发展，在完全圈定的范围内是难以充分体现出来的。因此，学习的目标、内容、方式、过程、结果等应具有开放性，甚至可以超越学科知识体系和课堂教学的时空局限，使学生获得丰富多彩的体验。只有开放性的教学，才能够使学生学得更活、更多、更好、更有效。四是实践性。学生核心素养的培养，一定是取决于能否在实际中解决问题。将固化的教学方式转变为“接地气”的方式，通过引导学生亲身经历各种实践活动，在实践活动中发现和解决问题，运用知识，提升能力，积累和丰富经验，尤其是发展实践能力和创新能力。从这一角度看，核心素养的培养更注重学生社会实践的活动力的发展。五是生成性。这是指要注重发挥学生在学习活动过程中的自主建构和动态生成的作用，教师要妥善处理教学的预设性和生成性的关系，使学生的认识和体验不断深化。因为在学生的学习过程中，不可避免地会遇到一些新的问题，或产生一些新的问题，这类问题恰恰是学生思维发展的“发动机”，继续解决这些新的问题，是深入学习的表现。培养核心素养的教学，非常注重学生个性发展的生长力，而这种生长力往往是在教学的生成性中得以提升的。六是整合性。学生的全面发展和个性发展，是通过对知识的综合运用而不断探索世界与自我的结果。为此，课程内容、教学进程等应根据学生的需要进行整合。这就是要改变过去对于教材的过度依赖，以及对课时的过度限制。在整个教学的过程中，教师要不断地整合教材和教学过程，重新根据新的情境或新的问题来做一些新的调整，以更适应学生的学习与发展。尤其是要运用综合的、跨学科的知识解决问题，更需要进行整体性的整合。

二、基于核心素养培养的历史教学设计的主要环节

以上所述是基于核心素养培养的教育应具有的教学特征。那么，就历史教学来说，如何进行历史学科核心素养培养的教学呢？换言之，基于历史学科核心素养培养的教学设计和课堂教学应具有哪些特点呢？下面从历史课堂教学程序的角度进行初步的探讨。

首先应明确的是，历史学科核心素养的发展不能脱离历史知识的掌握，而是在掌握历史知识的过程中不断提升的。但与以知识为重点的传统教学相比，核心素养培养的历史教学，更重视以下的教学环节。

一是情境创设。学生要认识历史，需要了解、感受、体验历史的真实境况和当时人们所面临的实际情况，因此，在教学过程的设计中，教师要设法引领学生在真实的历史情境中展开学习活动，进而对历史进行探究。以往的教学往往不太注重情境的创设，多是直接将某一知识点提出来，让学生去学习。例如，以往的教材和教师在论述“九一八”事变时，大多是说：1931 年 9 月 18 日，驻扎在沈阳附近的日本关东军炮轰北大营，是为“九一八”事变。而学生可能会有疑问：日本关东军是怎么回事？他们什么时候跑到沈阳附近去了？如果一个历史事件只是孤立发生的，没有背景，没有情境，那就很容易成为“死知识”。而创设真实的情境，让学生进入这个情境之中，他们才会思考到底应该怎么应对，这样就拉近了历史与学生之间的时空距离，使学生产生问题，由此就会展开思维，才会有真正的探讨。如果探究的问题不在情境中，而是剥离出来的，是抽象的，那其实没有探究的意义。所以，教师应设法再现真实的历史情境，引领学生进入到对实际历史的观察与思考当中。教学中创设的历史情境，可以有多种类型，如还原真实的历史境况、现实生活中遇到的历史问题（如社会风俗的来源、国际争端的由来等）、学术研究中的不同看法等，这些都可以激发学生的求知欲、好奇心，激活学生的探究欲望。

二是问题引领。历史不只是对过去的记忆，更重要的是对过去的反思，从这个意义上说，历史学科是一门思考、思辨的学科。而历史的学习，重要的是使学生形成自己对历史的认识。我们知道，真正对历史的认识，不是取决于记忆现成的历史结论，而是要面对历史学习中的问题，在解决问题的过程中建构对历史的认识。因此，教师在分析教学内容的基础上，要以问题引领作为展开教学活动的切入点，以问题来激活、调动学生的思维。这里所说的问题，是引发思考的问题，是疑难性的问题，也就是有思维意义的问题。只有这样的疑难性问题，才可能引发学生的学习兴趣，引起学生对历史进行思考，引领学生投入到各种各样的学习活动中。新课改以来我们倡导自主学习、合作学习和探究学习，其实要真正使学生开展自主的、合作的和探究的学习，取决于问题的质量，否则就会流于形式。因此，教师在进行教学设计和进行教学时，有思维度的问题引领是非常重要的。

三是材料研习。当问题提出来之后，就需要确定解决问题的路径。教师直接给出预设的答案，或让学生从教材找到答案，这样做虽然容易，但难免趋于简单化、形式化，对学生的历史思维发展并没有太大的益处。基于核心素养培养的历史教学，其中最具学科本质和特点的，就是学生如何运用材料去研究历史的问题。因为探究历史问题靠的是对有价值的史料进行分析，用实证的方式，以可靠的史料作为证据来说明对问题的看法。因此，开展基于史料研习的教学活动，引导学生搜集、整理、辨析史料，运用史料对历史问题进行探究，是培养学生历史学科核心素养的重要一环。在过去的教学中，教师也会使用史料，但多是用史料直接来说明历史问题。这样做多少有些降低了史料运用的意义。因为即使教师不使用史料，也能把历史的事情讲得很清楚，又何必舍近求远、弃易求难呢？我们之所以要运用史料，其真正的教学意义是让学生自己对史料进行研究，通过这种研究，提高他们的阅读能力、理解能力、概括能力、分析与综合能力等，并用有价值的史料作为证据来支撑自己对于历史问题的解释。这个过程，不仅可以使学生学会认识历史的重要方法，而且有助于他们形成历史的实证意识。从这样的意义上说，这是培养学生历史学科核心素养的核心问题。即使我们从考试的角度来说，当前的历史高考试题，也多是基于史料解析的问题解决。

四是开展论证。材料研习的目的是要解决历史的问题，但材料本身并不能直接回答问题，还需要对材料再进行概括、比较、综合等思维操作，并整合方方面面的信息，才能得出较为全面、客观的结论。因此，对历史问题的解释，不仅要运用史料，分辨各种解说，更要通过分析、综合、比较、概括等思维操作，说明自己的看法。基于核心素养培养的历史教学过程，要将落脚点放在以学生自主探讨历史问题的论证活动上，尤其是注重学生的思辨活动，让学生自己去解决问题。在进行论述论证的过程中，学生在唯物史观、时空观念、史料实证、历史解释、家国情怀等五个核心素养方面都可以得到发展。这也是前面所说的核心素养教学特征中自主性、开放性、实践性在历史教学中的体现。学生能够建构自己对于历史的解释和认识，而不是仅仅记住教科书上的解释和老师的解释，这是学生历史学科核心素养发展的最为重要的表现。

五是深入拓展。以往的历史课堂教学，在对所学史事达成认识后，算是完成了教学任务，就可以结束了。但基于核心素养培养的教学还应该有一个环节，这就是深入拓展。因为所有历史问题的解决，都不是终极性的，在解决问题的过程中也会出现新的问题，需要进一步深度学习和探究。因此，将教学过程及结果设为开放性的，促使学生继续进行可持续的学习是必要的。教师在进行教学设计时，需要考虑所教的史事还可以从哪些角度去认识，还有哪些问题可以继续探讨，还有哪些教学资源可以拓展运用，等等。也就是说，每节课的结尾，不一定是以句号为终止，而可以是冒号、破折号等，以使学生走向可持续性的学习。前面说过教材可以是打开观察世界的窗口，而这样的窗口可以有很多，在课堂上不可能一一去观察，但不要把所有的窗口都关闭，而是留给学生在课下或以后继续观察，使之不断地探寻各个窗口中的世界风景。

以上所述的五点，可以构成基于历史学科核心素养培养的课堂教学流程，也是历史教师在教学设计时需要重点考虑的问题。

基于培养学生历史核心素养的教学，是当前高中历史教学改革与发展的新问题。对于一线的历史教师来说，既需要在教学理念方面加强学习，更需要在教学实践当中不断探索，迎接挑战，抓住机遇，开拓历史教学的新局面。

历史教学与创新教育

朱尔澄

（北京市特级教师）

大家上午好！走进这个会场，无比的温馨，无比的感动！作为一名中学历史学科的老教师，能够参加“全国高等师范院校历史教师教育论坛”并做发言，是我从未想过梦过的事。作为一个从20世纪90年代即脱离历史课堂教学的人来说，我的发言可能很空泛很自我，真诚地希望各位批评指教。

今天，我们聚于此的共同愿望，应是期待历史学科教学在当今教育事业改革与发展中地位、作用的提升，为此也势必要从探究历史教育的本质和使命出发。因为，史学不会成为显学，基础教育的历史学科似乎永远是小学科，尽管在考试制度的改革中有了些许变化。

我在从政之后，时时想到我原本的专业和职业对我新的工作是否有意义，是否能应验我给我的学生所指出的学习历史的目标——“每位同学都要学做自己的历史学家，长大了要做国家的历史学家”，是否能应验我虔心追求的“历史教学培养学生历史思维能力”的教科研课题的效用。当然，结论是：历史思维和教育情怀让我终生受用，自然的作用为多，但还是要注重自觉地应用。懂客观，讲调研；懂辩证，讲分析。注重史学应用能力给予人的发展能力，实现历史科学文化的自觉。这是我关于“历史教学与创新教育”的一点思考。

为进一步探讨“历史教学与创新教育”，请允许我向历史去寻求答案，分享我的两段经历的体悟。我在20世纪80年代，曾受邀到全国各地讲课，因此能有一个对各地学生资质的比较，历史学科学习最投入、最生动、最富有成果的，当属北京八中相当于小学四五年级的超常儿童，我教了两届四年共60名学生，他们在课上活跃发言，在课后认真研究，比如，为红军长征减少牺牲而选择多条路线的论证，研究历代皇朝盛衰更替的原因和规律，等等。当时我为之惊讶，也格外珍惜。20年后，我参与了北京市已获国家级教学成果一等奖的基础教育阶段创新人才培养的“翱翔计划”“雏鹰计划”，被称为核心专家。北京市的创新教育与各地各种创新人才培养模式相比，是在三个理科领域之外，设立了人文与社会科学领域。我们高一至高二年级的“翱翔”学员，关于历史学的论文虽不多，但也很让我重视。例如，人大附中学生李昊健的《第一次鸦片战争中英外交思想与政策的比较研究》，延庆五中学生于翀的《清初“剃发令”的政治意义和社会影响》，两位“翱翔”学员，一个来自北京最强的名校，一个来自远郊的相对薄弱的学校。以这两位同学为例，是为由此而能看到的“翱翔”学员的代表性，这些大龄版、加强型的“超常儿童”，即学有余力、具有创新潜质的学生，广泛存在于我们的中小学生中。对于这些充满好奇、好学、好问而从小构筑了丰厚的思维材料的学生，我们只要点化其思维发展的方向，并将思维品质的养成寄寓其中，即是创新人才的早期素养的造就。

为实现“历史教学与创新教育”的深度结合，更是为了让历史教学适应当代教育变革与创新的世界潮流，我认为，应从课堂教学的感化、启迪、浸润入手，赢得学生的动情、领悟、辨识，此为根本。教师讲述为主和师生讨论互动，这两种课堂教学方式，没有对错，也难分高下，后者并非是对前者的否定，也不好说是前者的进化。其实更为重要的是历史教师自身的素养结构。在北京，开放性科学实践、开放性社会实践、研学课程等等，加之无不涉及的校外培训，这一切构成了北京孩子宏大广阔的教育背景，而老师的继续教育如何与之相匹配，老师的学问、见识、社会责任、创新精神等，是历史教学能否肩负大责重任的关键。在互联网、大数据时代，信息化教学程度再高，也不能改变人是靠人来培养的教育本源和规律。我对以芬兰为代表的当代教育大变革，有着热烈拥抱的心情，也持有冷静辩证的态度，我们怎能丢弃悠久历史积淀而形成的优良传统。长久以来，我关注着通识教育、STEAM 教育、学科综合、课程统整等等，在我看来，历史学科是纲，各科老师都是历史老师，这就是我的大历史观、大教育观、大历史教学观。我期望，各科老师牵着我们的孩子，沿着中华文明和世界文明的演进之路，探寻先人的创新、创造，了解我们的祖先是在怎样的历史条件下，观照到什么样的诱因，把握了怎样的机遇，又是如何调动起最大限度的力量，从而突破历史的局限、羁绊和当时的水准，掀开了历史新篇章。在这一过程中，让我们的孩子们真正地理解和热爱自己的祖先，懂得历史是有生命的，让逝去了的历史活起来。这样的历史，才能昭示未来。

在座的各位老师中，有我的故交，也有我期待的新朋，我的发言是我真情实感的吐露，不成体统，恳请批评指教。让我们一起努力，肩负起历史教育的新使命，切莫辜负伟大的新时代！

关于中学历史教师的历史学科专业素养

李晓风
（中国人民大学附属中学）

我要讲的问题是关于中学历史教师的历史学科专业素养，这里强调的是学科素养，而不是教育教学理念方面的跨学科的通识性的素养。这并不是说这些教育教学理念方面的素养不重要，我一向认为，经过这十多年的课程改革，中学历史教师的素养是有很大的提高的，但是不均衡，教育教学理论和实践方面的素养的提高远远好于历史学科专业素养的提高。

我想先引用一段《历史教学》杂志原主编任世江先生的话："十一届三中全会后，思想解放带来学术繁荣，学术界不仅纠正了许多被歪曲、误读的历史，而且打破了僵化、教条的理论束缚，开拓了许多被封存、禁锢的领域，恢复了历史的真实，改变了许多传统结论。但是，由于种种原因，中学历史课本却不敢取学术之公论，仍保持旧说。而考试等各种制度的约束，也使中学教师视课本为雷池，不敢超越半步。久之成习，中学教师多数不关心学术发展，即使自己常教的内容，研究方面有何变化也不闻不问。史学研究的成果不能及时地反映到历史教育中，那些失真的历史和偏颇的结论，仍作为知识继续向青少年灌输，这不能不说是一种悲哀，同时，我们都想改变这种状况！"[①] 这段话我大概引用了十年以上了，但每

① 《历史教学》编辑部编：《新生代历史学者访谈录》，天津古籍出版社 2005 年版，第 353 页。

到探讨中学历史教师学科专业素养的场合，这段话还要拿出来说，因为问题并没有解决，相关的现象仍然存在。改革开放以来，历史学研究取得了很多新的学术成果，但是我们的中学历史教师对此不关心、不了解，甚至与自己的教学内容相关的学术成果也是不闻不问。任先生指出这种状况事出有因，“由于种种原因，中学历史课本却不敢取学术之公论，仍然保持旧说”。这确实是一个问题，这个问题是我们中学历史教师解决不了的。“由于考试等各种制度的束缚，也使中学教师视课本为雷池，不敢超越半步”，考试是一个很重要的问题，关系到学生的前途，关系到教师的评价和业绩，也不可掉以轻心，所以这件事情也不是我们中学教师能够负得起责任的。别人的责任不用我们承担，再往下就应该是我们自己的责任了。

那么，影响我们中学历史教师进行历史学科专业方面的学习与探索的原因有哪些呢？除了任先生已经提到的以外，我觉得还有这几个方面的问题需要我们重视：

第一个原因，在近年来的中学教学中，存在着强调能力、轻视知识、将知识和能力片面对立起来的浮夸风气。这个问题不仅仅存在于历史教学中，各个学科都有，历史学科当然不能不受其影响。

第二个原因和第一个原因是相关联的。现在的各级教育机构都很重视教师的继续教育，但是在各种教师的继续教育和教师培训中，讲通识、讲理念居多，讲学科问题、讲学科研究动态的很少。这其实是那种空洞和片面地强调能力，轻视知识的倾向在教师继续教育中的反映。我接触过的和了解到的历史学科的各级各类教师培训，百分之七八十的课时在讲教育理论，讲所谓的通识；讲历史学科专业的课时、讲历史学科研究动态和新的史学成果的课时非常少，也不系统。而从我了解到的历史教师的反映来看，很多教师认为一般性的理念、通识有些讲过很多遍了，有些离我们的教学实践非常遥远，听不下去，对教学实践的指导意义不大；而那些讲学科专业和学科动态的课程能够使受培训的历史教师们感兴趣，受到好评。这不是个别现象，我经常碰到。

在这样的教师继续教育和教师培训状态下，如果某一历史教师自己不主动读一些历史学科专业类的书籍的话，离开高等学校以后，他的知识就很难有更新的机会了，有所更新也是极其缓慢的和零零星星的，东鳞西爪地接触到一些东西。

第三个原因是教师的工作负担和对教师业绩的评价机制的影响。按理说历史教师自己主动的读书应该是优秀教师成长的最主要和最有效的途径，但是，我们必须承认中学包括历史教师在内的各学科教师日常的工作负担还是比较重的，而且在各级教育部门和学校对于教师专业学习和专业研究成果没有硬性要求的情况下，教师如果要把学科专业的学习和探讨坚持下去的话，就得凭教师自己的兴趣和毅力了，这是很难的，也是大多数人做不到的。

上述三个原因中，我认为最主要的还是第一条。如果中学教育界能够摆正知识和能力的关系，而不是将知识视为可有可无、可多可少，空谈能力，将知识和能力割裂开来的话，必然会激发教师去不断地更新和充实自己的学科专业知识，各级各类的继续教育和教师培训也会把更多的精力放在学科专业知识方面。教师的学科专业素养也自然会有很大的改善。所以，我想谈谈我对于知识和能力的理解。

知识和能力的关系其实在心理学等相关学科的研究中已经早有定论，在此，我们先来看一段普通心理学关于知识和能力的说法：

能力与知识、技能又是紧密联系、相辅相成的。首先，能力是在掌握知识、技能的过程中形成和发展起来的，知识越多，技能越强，就越有利于能力的发展，知识、技能是能力形成与发展的基础。如果一个人缺乏必要的基本的知识、技能，就会对其能力的发展造成巨大障碍。其次，知识、技能的掌握又是以一定的能力为前提条件的。能力直接影响人们掌握和运用知识、技能的快慢、深浅、难易和巩固程度。①

这段话是我随机拿到一本普通心理学的书籍，翻到相关的章节摘录下来的。各种版本的普通心理学对此问题的表述大同小异，并不存在什么争议。其他的一些心理学论著中也都会强调学生在教育教学影响下，掌握一定的知识、技能，也就发展了他的分析、综合和抽象概括等活动的能力。人们要想成功地或创造性地

① 樊洁主编：《心理学概论》，北京师范大学出版社 2011 年版，第 230 页。

完成某种活动任务，固然靠他的能力，但也要靠他的知识、技能。任何人在某一方面具有的才能或天才，都是曾在那一方面经过刻苦的学习与训练获得高度的知识与技能而达到的。能力的发展是在掌握和运用知识、技能的过程中完成的，离开学习和训练，他的能力是得不到发展的。知识、技能是能力形成的基础，并能促进能力的发展。

但是，这么简单明确的一个原理，似乎被人们遗忘了，或者是被有意地忽略了。在中学教学中强调要培养学生的能力是非常必要，非常正确的。但是，我们应该认识到，强调能力其实是对教学中的知识传授提出了更高的要求，对学生的知识水平也提出了更高的要求，而不是淡化知识的获取。没有知识的能力其实是一个空中楼阁。所以，教师应该做的事情是强化和改善我们的知识教学，而不是把知识视为无足轻重。

如果教师没有一定的知识储备，怎么能帮助学生去提高能力呢？于是，问题又回到了教师的学科专业素养方面来了。以我自己 30 多年从事历史教学的经验和思考，我觉得知识和能力有这几个方面的关系：

第一，知识越多，能力越强，知识和能力呈现正比例关系，不可能存在反比例关系。

第二，从知识到能力的转化的质量，与教师教学的质量有关，教师教学的质量又与教师的学科知识水平有关，这一连串的因果关系其实是非常明确的。

第三，至于说到一再受到诟病的、使知识教学被污名化的，其实是教学中出现的伪知识和教师一知半解下的对知识的偏颇的、残缺的、错误的阐释；是教师的专业素养不足以驾驭学科知识而流于让学生死记硬背。出现这种情况是教学中的失误。

比方说我们说的死记硬背的问题，某项学习内容记下来以后如果理解了，它是知识，当然能够促进学生能力的发展；如果不理解，当然就没用，费了不少时间，能力也没有提高，这就是死记硬背。必须承认，现在我们的教学中死记硬背的比例是相当大的。解决这个问题的途径，不是因噎废食地不要知识，关键还是在于提高教师的学科专业水平。教师的学科专业水平达不到，最后就只能让学生去背教材，这是没用的“知识”；如果我们的专业水平达到了，我们能够引导学生真正地从学科本身来理解这个知识，那么这个知识就是能力的基础，就能够转化为能力了。

因为教研和教学工作的需要，我经常去听各种类型和各种性质的历史课。听这些课大概的感受是，在传授知识、培养能力方面确实有成效的好课是不少的。但是，相当数量的课没有把问题讲清楚，相当数量的课并没有使学生有效地进入学习状态，上完以后对学生知识和能力的提升没有多大用处，还有不少课其实是在所谓新的教学方法包装下的照本宣科和死记硬背。

这些不成功的课，问题出在什么地方呢？原因可能是多方面的，其中一个重要的方面还是在于教师的学科专业素养，很多课中，教师对教法的关注和探讨远远多于对于学科专业知识的掌握和思考。从这些有待提高的授课中和教师日常的教研和备课中，感觉到很多历史教师存在着下面一些问题：

第一，历史学科专业知识陈旧。这种情况前面任世江先生的论述中已经指出了。从实际教学中看，现行教材中采用的一些比较新的学术观点很多历史教师仍感陌生，不能够正确把握和阐释。还出现了另外一种情况，有些历史教师接触到一点新的史学论述，不能分辨妥当与否，站不站住脚，马上就把它用于教学，使授课出现一些学术性的甚至政治性的问题。这就是看的东西太少，缺乏系统性，刻意求新而缺乏必要的学科知识和学术思考能力。因而这种情况同时也是与历史学科专业知识的相对贫乏有关系。

第二，历史学科专业知识贫乏。典型的表现就是教师有所了解的历史问题大体上局限于教材上涉及的问题，教材上没有的东西，就不甚了了或者基本上不知道；甚至以前教材有、现在教材没有了，过一段时间也忘了。就是教材上有的东西，也没有真正地搞清楚。举一个比较典型的例子：有一年，我负责主持一个高级别的教师荣誉称号评选中的历史学科的答辩程序，在这个答辩中我问了一个问题：《新学伪经考》这一书名是什么意思？这是一个属于历史教师教学中常年涉及的很一般的知识，也属于教材中的主干知识，但是有半数以上的教师答不上来。

第三，历史学科专业知识不准确。教学中很多东西讲得似是而非，教师并没有通过自己去读相关论著或史料去搞清楚相关历史问题，只是依据教材叙述，最多看一看教参的解释就开始上课。实际教学中，或者照本宣科不敢展开。一旦展开分析和阐释，细究起来，漏洞百出。

上面说的是关于现任教师的情况。还有一点也不可不提，这也与我们这次会议有关，我们这个会是关于师范院校教师教育的会。那么，从师范院校培养出来的新任课的教师——也可推及师范院校或非师范院校在读的学生，未来的教师——的学科专业素养如何呢？可以说，现任教师现在表现出来的问题，或多或少会与该教师在高等院校学习和毕业时的状况相关。总的来讲，从高等师范院校进入中学的新任教师，水平还是不错的，也可以说达到了在中学任教的门槛，但是刚才我说到的现任教师中的三个问题，新任教师也存在。我和一些年轻的历史教师有过一些相关问题的交流，他们中的很多人坦诚地说在大学上学的时候对于历史没什么兴趣，他们对于历史的兴趣是到了工作岗位后才形成的。甚至不少人到了工作岗位也仅仅将此视为一份工作，没有真正地形成对于历史学科的兴趣。我们完全可以想象，这样的对历史学科无兴趣的教师多数不会自己主动地去阅读专业的历史书籍，那么，这位教师此后的专业成长也就无从谈起。我们今天所面对的教师专业素养方面的种种问题也就会在教师中一代一代地延续下去了。这种状况应该是高等学校的教师们要认真思考的问题。

中学教师讲课时太注重教法和技巧，知识方面薄弱；而大学的教师讲课往往太不注重教法和技巧，讲课使学生听得昏昏欲睡，培养不起对于历史学科的兴趣，没有兴趣学生就不会主动地钻研学问，自然也培养不出优秀的教师苗子，到了教师岗位上也不会主动地学习和钻研。现在的中学教育课业负担很重，学生自主读书学习的时间很少，因此，中学阶段很难培养起学生的专业兴趣，学生在高考选专业时有非常大的盲目性和功利性，很少有哪个学生真的为了一个兴趣非上某个专业不可。而在大学的学习中，也没有培养出专业兴趣来，至少是本科四年的学习就很难达到一个理想的效果。硕士和博士的学习阶段情况可能有些改善，但是很难说有全面的改善。尤其是硕士、博士阶段的学习专业细，直接涉及的面比较窄，本科阶段的欠账很难弥补过来。因此进入中学任教后，具有硕士、博士学历的教师在所学专业方面或许有一些优势，但中学历史教师应该对古今中外的历史都有比较充分的掌握，而在这方面，具有硕士、博士学历的教师也没有明显的优势。他们对于自己的专业以外的东西，也还是不同程度地存在不够系统、不够充实、不够准确的问题，甚至也有比较陈旧的问题。

最后一个问题是改善现状的途径，这应该是一个最重要的问题，但也是一个不用说太多的话的问题。简而言之，热爱教师的工作，这是一个最基本的师德问题，而热爱教师的工作，也一定要体现在热爱自己的学科专业，否则的话，热爱教师的工作就是一句空话，至少也是残缺不全的。有了对于教育工作的热爱，有了对于自己所从事的学科专业的热爱与兴趣，就会投入到对于自己所从事的历史学科的学习和探究中去，终生不辍的学习和探究。如果多数的教师都能做到这一点的话，中学历史教学的面貌肯定会有大的改观。

具体的、日常的做法，就我们所从事的历史学科教学来说，主要的就是读书，多读一些书。中学历史教师虽然没有大学教师学术研究的任务，但是，我们的教学范围涉及古今中外，一个优秀的中学历史教师，在读书方面的要求应该不会比大学教师低。历史学科的学问博大精深，浩如烟海，值得我们穷毕生之力去追求它。

专题一

教师素养与历史教师教育课程设置

历史学科师范生教师教育课程建设的实践与思考

郑林

（北京师范大学）

2007年，国务院决定在教育部直属师范大学实行师范生免费教育。“要通过部属师范大学的试点，积累经验，建立制度，为培养造就大批优秀教师和教育家奠定基础。”① 北京师范大学历史学院积极贯彻落实国务院的决定，围绕培养优秀中学历史教师的目标，加强教师教育类课程建设，提高师范生的历史学科教学能力。经过十年的努力，初步建成一套比较系统的免费师范生教师教育课程体系。现就该体系的设计思路、基本内容以及需要进一步解决的问题与同行们分享。

一、历史学科师范生教师教育课程体系设计思路

在教育部颁布的《中学教师专业标准（试行）》（以下简称《专业标准》）中，将教师的专业知识分为四类：教育知识；学科知识；学科教学知识；通识性知识。在北京师范大学历史学院，学科知识对应的是历史学专业基础课和专业方向课。专业基础课主要由两门通史、历史学理论与方法、文献学等构成，为必修课，每

① 教育部：《教育部直属师范大学师范生免费教育实施办法（试行）》，2007年。

门课程3学分，共42学分。专业方向课由各类断代史（如先秦史、秦汉史等）、专门史（如中国思想史、中国民族史等）、国别史（如古希腊史、德国史等）等约80多门课程构成，为选修课，每门课2—3学分，需要从中选修12学分。教育学知识和学科教学知识对应的是教师职业素养课程，由教育学、教育心理学、现代教育技术基础（每门课2学分），中学历史教学概论、历史教材分析（每门课3学分），国内外历史教材比较研究、历史教学技能实训、教育见习（每门课1学分），教育实习（10学分）构成，为必修课，共25学分。通识性知识对应的是全校公共课，包括外语、政治、体育、信息技术、统计学、社会学、传统文化、艺术鉴赏等课程，主要为必修课程，共55学分。加上其他社会实践类课程和毕业论文，总计145学分。[①] 从广义来说，这145学分的课程都属于教师教育课程体系的范畴。本文所谈教师教育课程，主要限定在由历史学院历史教育教研室负责开设的历史教学论类课程。即历史教学概论、中学历史教材分析、国内外中学历史教材比较研究、历史教学技能实训、教育见习。

作为一名未来的中学历史教师，首先应该具备丰富的历史专业知识。但是仅有这类知识还不够。因为大学和中学的培养目标不同，大学历史课程的内容不可能和中学历史课程内容一一对应，其深度和广度也远远超过了中学历史课程。中学历史课要学习哪些内容？怎样从大学的历史专业知识中精选内容，为实现中学历史教育的目标服务？这些都是师范生必须了解和掌握的。为此，我们开设了《中学历史教材分析》，作为连接大学历史和中学历史的桥梁课程，在大学三年级第一学期开设。此时，学生已经积累了一定量的大学历史专业知识，具备了高屋建瓴地把握中学历史教材内容的条件。通过《中学历史教材分析》，学生熟悉中学历史教材，分析中学历史课程内容的结构，追寻中学历史课程内容的来源；学会根据课程标准要求和学生情况补充教材以外的内容，建构自己的教学知识体系。一个历史问题往往有多种资料记述，可以用几句话记述，也可能用一本书来记述。怎样从不同的记述中取舍材料？取舍的依据是什么？教学所需资料收集整理齐全

① 《北京师范大学历史学院本科生教学手册（2016级）》，2016年。

后，怎样用学生能够理解的语言重新组成一段完整的历史叙述，以恰当的方式、在恰当的时机呈现出来？这些都是《中学历史教材分析》要解决的问题。[①]总之，《中学历史教材分析》课程的目标是建立大学历史专业知识和中学历史课程内容之间的联系，训练学生选择、转化、重组、呈现历史知识，并在课堂教学中灵活运用，使学生具备基本的教材处理和教学设计能力。

建立起大学历史和中学历史的关联之后，在大学三年级第二学期开设《历史教学概论》《教育见习》《历史教学技能实训》和《国内外中学历史教材比较研究》。《历史教学概论》课程主要是让学生了解与中学历史课程和教学相关的各种知识，用案例说明历史课程与教学的各种基本概念、方法，建立起文字符号系统和它指代的对象的对应关系。《教育见习》是用课例更具体地展示中学历史课堂教学是怎么开展的。《历史教学技能实训》则是指导学生实际操练各种教学技能。教学是一种实践活动，只掌握一些教学的知识并设计出一个教案，还远远不能讲好一堂课，必须要实际操练。《历史教学技能训练》课程就是要把关于教学的知识转化为教学的操作技能。这三门课程互相配合，形成一个整体。《国内外中学历史教材比较研究》属于拓展提升类课程，一方面让学生了解国外中学历史教材的特点，开阔视野；另一方面通过比较研究训练学生的科研能力。学完这五门课程后再到中学开展一个学期的教育实习，进一步巩固所学知识和技能。我们希望通过以上这套课程体系的教学，使学生初步具备基本的教育教学能力，能够在工作以后马上进入角色，承担历史教学任务。

二、《中学历史教材分析》课程内容与教学方式

《中学历史教材分析》是面向历史学科师范生开设的一门教师教育基础课程，主要由两大部分组成。第一部分为教材分析必备的知识以及教材分析的相关理论。第二部分为教材分析的实践，由学生选择中学历史教科书中的一节课进行教材分

① 郑林：《教育部直属师范大学历史教学论类课程建设的几个问题》，《史学史研究》2010年第1期。

析练习。通过本课程的学习，学生能够了解历史教科书的功能与结构，理解几种主要历史观与历史知识建构的关系，掌握分析历史教科书的理论和方法。通过实践练习熟悉中学历史课程的知识体系，根据历史课程的目标，运用教材分析相关理论方法，分析一节课、一个单元、一本书的教材内容；确定教学重难点，根据教学需要取舍教材内容，补充相关史实。为达此目的，设计了如下课程内容和教学方式：

（一）绪论

主要介绍为什么要做历史教材分析，历史教材与教学的关系，历史教材的功能与结构，以及本课程的学习要求和评价方式等。教师讲述为主，讨论为辅。向学生讲清楚基本概念、基本理论，通过讨论理解教材与教学的关系。

（二）分析历史教材的方法

包括理解和把握历史教育的总目标、熟悉历史专业知识、了解学生历史学习现状；分析教材的编写意图和特点、分析教材的知识结构、分析历史知识的教育价值、确定课时教学目标、分析教材的重点与难点；教材分析典型案例研究等。这部分的教学以案例分析为主，教师讲授为辅。通过实际案例分析，帮助学生掌握分析教材的方法。

（三）历史观与历史知识的建构

这是分析教材要具备的理论基础。主要内容包括影响历史知识建构的几个因素，如历史学科内容的分类、历史观、历史时段的划分；唯物史观、文明史观、全球史观、现代化史观及其在历史知识建构中的应用；历史观与历史分期。这部分内容以教师讲授为主，讨论为辅。

（四）历史知识的教学分析

主要内容包括知识与知识分类、历史知识与历史知识分类、知识分类与历史教学、从知识分类学看教学具体目标的制定；事实性知识的教学分析案例；概念性知识的教学分析案例；方法类知识的教学分析案例。这部分内容以案例分析为主，教师讲授为辅。通过实际案例分析，帮助学生掌握分析历史知识的方法。

（五）教材分析实践

学生任选中学历史教材中的一课，课下做教材分析，课堂展示，教师点评。教材分析作业和课堂展示作为本课程的平时成绩记入考核成绩，占总分 40%，期末闭卷考试成绩占 60%。

三、《历史教学概论》课程内容与教学方式

《历史教学概论》是面向历史学科师范生开设的教师教育基础课程，由《历史教学概论》《历史教学技能实训》和《教育见习》三门课程组成。通过本课程的学习，学生能够了解中学历史课程、教材、教学和评价的基本理论和知识；掌握历史教学的基本方法和技能，并在教学实践中运用；掌握备课的方法；树立基本的教师职业道德，热爱中学历史教学。为达此目的而设计的课程内容有：

（一）历史教学基本理论

介绍历史教学相关概念和理论，包括什么是历史教学、历史的教育价值、历史教育目标、历史教学内容、历史教学过程、历史教学模式、历史教学原则、历史教学组织形式。这些内容以教师讲述和案例分析为主，讨论为辅。举例说明基本概念和基本理论，通过讨论加深理解。其他教学环节还包括教学视频观摩分析等。

（二）历史课程标准与教材分析

包括我国现行历史课程标准分析、中外历史课程目标案例研讨、中外历史课程内容案例研讨；历史教科书的功能与结构、我国历史课程标准实验教科书结构分析、外国历史教科书体例结构分析。教学方式以教师教授和案例分析为主。

（三）其他历史课程资源在教学中的应用

主要介绍史学论文与著作、文字史料、实物史料、图片及影像资料、图表如何在教学中应用。教学方式以案例分析为主，教师讲述为辅。

（四）历史教学方法

分为课堂讲授的方法、课堂活动的方法、课外活动的方法三大类。每类的具体教学方法通过案例分析来说明。其他教学环节还包括单独设一门教育见习课程，通过观摩研讨，了解历史课堂教学的组织与实施。

（五）历史课堂教学技能

主要有导入技能、讲授技能、提问技能、过渡技能、板书技能、结课技能。这项内容单独设一门课程进行案例分析和教学技能实训。

（六）现代教育技术在历史教学中的应用

包括多媒体在历史教学中的应用、互联网在历史教学中的应用、微信在历史教学中的应用。教学方式为教师讲述和案例分析。

（七）学习方法指导

内容有怎样阅读历史教材，怎样读图，怎样归纳总结已学知识，怎样检索历史资料，怎样鉴别资料的可靠性，怎样分析事物的因果联系，怎样评价历史人物、事件、制度，怎样写历史小论文。主要通过案例来说明。

（八）历史教学设计

包括什么是历史教学设计、怎样分析学习内容、怎样分析学生的学情、怎样制定教学目标、怎样选择教学策略、怎样设计教学过程、怎样编写教案等。主要通过案例分析来教学。

（九）历史教学评价

介绍什么是历史教学评价、教学评价的功能、教学评价的类型、教学评价的步骤与方法、教学评价工具的开发。教学方式为教师讲述和案例分析。

本课程的考核方式，概论课程为平时作业和期末闭卷考试；教育见习为听课记录和学习总结；教学技能实训为教学片段设计作业和课堂试讲。

四、《国内外中学历史教材比较研究》课程内容与教学方式

《国内外中学历史教材比较研究》是面向历史学科师范生开设的一门教育研究与拓展课程。通过比较国内外中学历史课程标准中的课程目标和内容，以及历史教科书的体例结构，拓展学生视野，激发学生的研究兴趣，指导学生对国内外历史教材进行比较研究。通过本课程的学习，学生能够了解国内外历史课程标准的结构和内容，比较中、美、英、中国澳门等国家和地区课程目标和内容的差异；了解国内外历史教科书的体例结构和内容，比较中、美、英、中国澳门等国家和地区历史教科书的差异；分析各国课程标准和教科书差异的原因；掌握历史教材比较研究的基本方法，完成一篇教材比较研究论文。课程内容如下：

（一）绪论

介绍国内外中学历史教材比较研究的课程目标、主要内容、研究方法、学习方法、考核方式。教学方式以教师讲述为主。

（二）历史课程标准比较研究

包括我国历史课程标准研究（我国历史课程标准的沿革、各个历史时期课程标准结构比较、各个历史时期课程目标比较、各个历史时期课程内容比较）；中美国家历史课程标准比较研究；中英国家历史课程标准比较研究；内地与澳门历史课程标准比较研究。

（三）历史教科书比较研究

包括我国各版本历史教科书比较研究；中美历史教科书比较研究；中英历史教科书比较研究；内地与澳门历史教科书比较研究。

上述三类研究的教学方式都以学生研究成果展示为主，辅以必要的教师讲解和案例研讨。本课程的考核方式为小组合作研究成果展示和研究论文。

五、历史学科师范生教师教育课程建设的几点思考

经过多年的努力，我们初步建立起一套历史学科师范生教师教育类课程体系，并出版了配套的教材。这套课程对于提高师范生培养质量发挥了重要作用。不过，对于培养卓越教师的要求来说，还有一定的距离。要进一步完善教师教育课程体系，需要解决好以下问题：

第一，各师范生培养单位的协调问题。目前的师范生课程主要由各个培养单位分别设计，而各单位的课程又分别由专业课老师和教学法课老师分别设计，缺乏协调。这就导致一些教师必需的知识和能力在大学课程中得不到培养。例如，作为教师，除了专业课教学外，还要担任班主任工作。据毕业生反映，到工作单位后，深感管理学生的知识和能力不足。这类知识和能力在师范大学由哪个院系负责？应该开设哪些课程来培养？为什么以前在课程设计时没有考虑到？

第二，同一培养单位内学科教师和教学法教师的协调问题。学科教师大多不了解中学，所教内容主要从本人的兴趣和特长着手，这些内容是否适合中学教学的需要，他们并不清楚，也不关心。教学法老师熟悉中学，知道师范生需要什么样的历史知识，但是，他们主要负责教学法课程，管不了学科专业课程。这就造成很多师范生对历史专业知识的掌握不系统，不全面，不能从容应对中学历史教学。如何处理好大学学术和中学教学的关系？

第三，师范生的职业理想信念问题。热爱教师这一职业，是学好教师教育类课程的前提。如何帮助学生树立从事基础教育的理想信念，使他们乐于中学历史教学？理想信念是能通过开设课程树立起来的吗？开设什么样的课程才能达到

目的?

第四，师范生课程和教育硕士课程的衔接问题。免费师范生工作一年后返校读在职教育硕士，本科时学过教育学、心理学、历史教学论、历史教材分析等，研究生阶段还要再学同类的课程，不同学段的课程内容有什么差别?

这些问题都需要从学校课程设计的宏观层面统筹考虑才能解决。

整合视角下历史学科教师教育课程的改革与实践

张卓鸿
（东北师范大学）

一、教师教育课程改革的整合主义取向

20 世纪 80 年代，伴随教师专业化运动兴起，教师应该掌握或产出哪些知识，而为此教师教育课程又该如何设置，这些问题成为教育研究的焦点。

舒尔曼（Shulman）从教师应具有的专业知识标准的角度对教师知识进行分类研究，在他的分类框架下关注“学科教学知识”（pedagogical content knowledge），一般理解为：“如何利用教学法知识将学科知识转化为易于学生理解、接受的知识的知识。”① 对应到目前我国师范教育的课程序列中，可以对舒尔曼的知识图谱做如下解读：学科教学知识是由学科教师教育课程完成，如“学科课程与教学论”“学科课程标准与教材研究”之类的课程，该类课程的任务是整合学生之前学习的专业基础或主干类的课程知识，即学科知识（content knowledge）；以及教育学、心理学等公共课程知识，即一般教学知识（general pedagogical knowledge）和课程知识（curriculum knowledge）。在整合的基础上，师范生再结合对教育的价值认知，

① 马云鹏、赵冬臣、韩继伟等：《中学教师专业知识状况调查研究》，《东北师大学报》2008 年第 6 期。

以及对学情的了解，在具体的情境中走上讲台，实施教学行为（如图 1 所示）。由此我们可以看出，教师并不是掌握了学科知识和教育理论，就可以在未来的教学中实现知识的生产，而需要知识间的整合。显然在舒尔曼的分类系统中，学科教学知识是整合的“中枢”，而这一过程在师范教育序列中恰恰是由学科教育课程完成的。

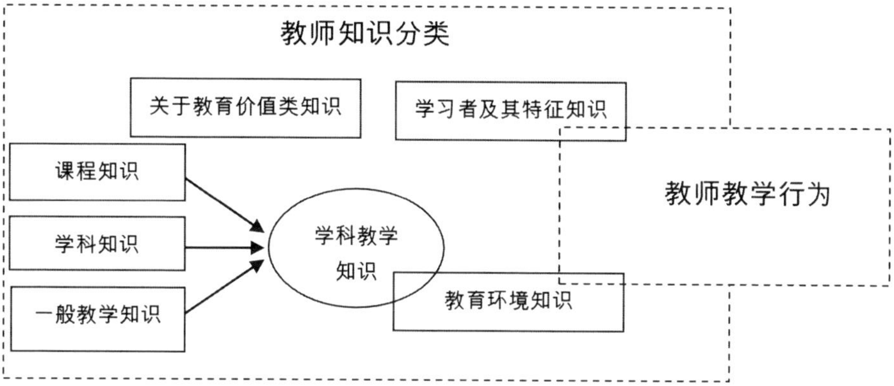

图 1　舒尔曼的教师知识图谱

与此同时，关于教师知识的研究还有一种范式，即对教师实践知识的研究，如埃尔巴兹（Elbaz）、康纳利（Connelly）、舍恩（Schon）等学者的研究。随着建构主义学习理论的发展，对教师知识的研究更加深入，其不仅仅在于由外至内给教师输入了多少知识，更取决于教师自身主动的意义建构，而在这种建构过程中一方面关涉外在的知识输入，另一方面则关涉教师曾经的教育背景、兴趣、价值等，尤其强调具体复杂的实践情景。所以教师实践知识“是特定的教师在特定的课堂，以特定的教材、特定的儿童为对象形成的知识，是作为‘案例知识’（case knowledge）加以累积、传承的”[①]。或者我们可以理解成教师只有在实践中、在具体的复杂的情景中，才能实现知识的成长和产出。

这两种研究范式的切入角度是不同的，前者强调专业化标准，即研究教师究

① 曲铁华、冯茁 、陈瑞武：《教师专业发展与高等师范院校课程改革》，《教育研究》2007 年第 9 期。

竟该拥有哪些知识才是一个具有专业化水准的教育工作者；在第二种范式中，教师既是知识的学习者，同样也是知识的生产者，强调教师知识的个别性，强调复杂情境下的知识生成性。但两者却有着一个相同的取向，即强调教师教育课程的整合性，只不过前者更侧重理论知识间的整合；后者则强调教师教育课程与复杂实践情景的整合。由此，我们亦可这样认为，在教师专业化运动中，整合主义成为教师教育课程的主流演进取向，“要求构建理论课程之间、理论课程与实践课程之间连贯一致与整合的结构，要求教师掌握连贯一致的教育知识，并到实践情景中去体验和构建教学，从而真正掌握教学的知识和技能，达到专业教学目标”①。

二、关于教师教育课程的两个反思维度

为了更好地调查当前我国教师教育课程存在的问题，笔者以职前教师教育课程的有效性为主题进行调研，对分布在黑龙江、吉林、辽宁和山西四个省份17所学校的150名中学历史教师进行抽样问卷调查，并针对调查结果对部分教师进行访谈，其中有效样本144份，基本情况见图2。

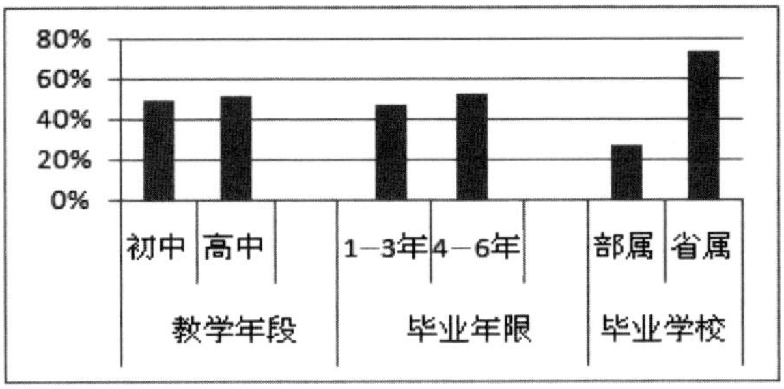

图2 调查样本基本情况

① 戴伟芬：《由技术理性主义到整合主义：美国专业取向教师教育课程的演进》，《教育发展研究》2012年第2期。

调研中发现，整体上看大学期间所习得的指导，在从教 1—3 年的教师群体中，60% 以上的人认为这两类知识应用效果一般或者很差；而在从教 4—6 年的教师群体中，该比例虽有下降，但仍在 30% 左右。而在访谈中，这部分教师中一些人认为大学期间对所学的教育学、心理学、课程论等知识都缺乏一个理解性的认知，而另外一些教师虽然能够说出一些相关概念、理论，但却不知道在什么情景下、以什么方式实现这些理论、概念与历史课堂教学的有机结合，并发挥有效指导作用；而在从教 4—6 年的教师群体中，虽然在这方面有所改善，却往往是出于经验的积累，而不是理性的自觉。即使是历史学科知识，也难以做到很好地取舍以实现对中学历史教材的科学解读。

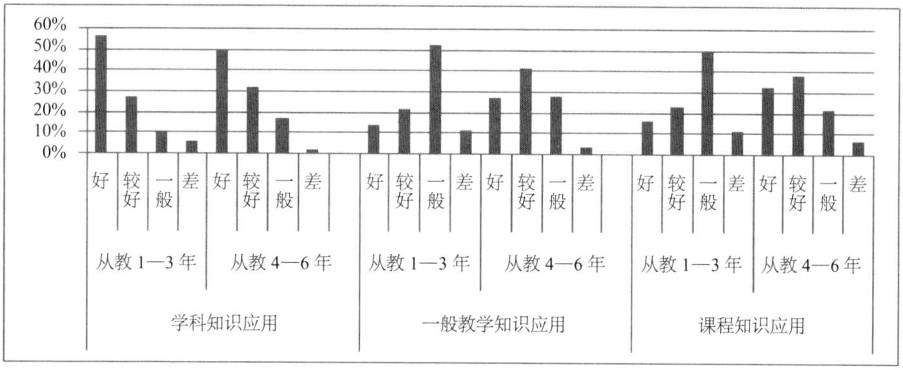

图 3　测试问题与调查结果

针对如上调研信息，该如何反思我们的教师教育课程？教师知识分类研究与教师实践知识研究的两种范式在某种程度上具有一定的互补性，故我们在教师教育实践中，可汲取两种研究范式各自所侧重之处，以满足现实之所需；亦可从各范式之薄弱之处找到教师教育课程领域两个相向的反思维度。

一方面，从教师知识分类的角度出发，我们强调各类教师知识的标准时，亦该反思对实践情景的关怀程度。综合以上调研信息可发现当前教师教育课程是以理论性知识为主体，诸多的教育学、心理学、课程论、通识等课程往往是大班额教授的公共课，多为理论知识的导学或科普，很难关照现实情景的复杂性需求和学习者的个别性差异，而开设的教育实习和见习类课程，虽与理论课程前后相继，但亦是相对孤立的，两者之间缺乏深入的整合。

另一方面，从教师实践知识的角度，我们在认同情景的复杂性和个体认知的个别性的同时，更要去反思理论知识是否能够为实践教学和思考提供必要的控制和指导。在上述调研信息中，工作 4 年以上的历史教师所呈现出的长足进步多源于实践经验，但其风险性也是同时存在的，即这些经验即使使用得称心应手，也未必都能经得起道德性、合法性和科学性的认知检验。所以教师的专业成长需要在理论知识与复杂情境的碰撞中实现同化和顺应，这就要求教师教育课程能够按照教育实践的一般化需求推进理论性知识的整合，并通过主体建构的复杂过程来增强师范生的理论转化意识，使师范生不仅知道理论知识是什么，更要明白这些理论知识能在哪些领域应用，该如何协同，又该如何作用于实践。

三、历史教师教育课程的改革探索

（一）理论知识间的科际整合

依据以上论述，我们需要对学科教师教育课程予以新的定位，仅将其定位为一类传授具体教学方法和技能的课程是狭隘的，忽视了其在整个课程序列中过渡型课程的地位，即之前学习的理论型、基础型课程（如学科专业课程、教育理论课程、通识课程等）与之后实践型课程间的过渡。换句话说，学科教师教育课程是整个课程序列中的运行中枢，将不同学科所教授的理论性知识依据师范生未来课堂教学一般化需求在这个平台上进行整合，进行适用性的编程，使学生建构起一个关于学科教学知识的基本图式，为接下来在实践类课程的学习中的同化与顺应做好准备。

以历史专业中“课程标准与教材实施”这门学科教育课程为例，就可以以科际理论性知识整合为主要目的，以小组合作研讨为模式进行课程设计。（见表 1）

表 1 “课程标准与教材实施”课程设计

主题设计	·史学理论与中学历史教学的整合（探讨唯物史观、整体史观、现代化理论、新社会史学、微观史学、宏大叙事等理论、观念在历史教学中的运用问题） ·学习理论与中学历史教学的整合（探讨认知主义、建构主义学习理论，如细化理论、支架式、抛锚式、自主式、合作式学习策略在历史教学中的运用问题） ·跨学科知识与中学历史教学的整合（探讨哲学知识、地理知识、文学知识、自然科学知识等在历史教学中的运用问题）
流程设计	·组建 6—8 人的合作研讨小组若干 ·各组自主选择一个或多个主题，并选择与之相契合的某一中学历史教学问题或具体课目，以组内合作研讨的方式依次完成 5 个模块的任务 ·以多种形式呈现小组合作成果
模块设计	·核心理论解读（包括理论、观念的概念、流变、研究现状，以及其与中学历史课程整合的空间等） ·核心知识解读（针对某一中学历史教学问题或具体课目进行核心知识解读） ·主体策略选择（针对整合应用的可行性和具体传播需求，进行策略的选择与设计） ·说课与讲课（凸显主题，强调理论性知识的整合和实际应用） ·自评与反思（主要评价科际知识的整合程度，以及在中学历史教学中的应用效果）

该门课程设计凸显了整合主义的取向，学生在合作研讨和成果汇报中努力试图将之前学习的不同科目的知识纳入到实践的语境中进行可操作性的选择、转化和整合，如此一来，之前学习的学科知识、课程知识、一般教学知识不再是相互孤立的知识系统，也不是无序的碎片，而是带着问题意识和实践逻辑进行整合，使师范生构建一种新的认知图式。

（二）两类知识的对话

学科教师教育课程不仅要为科际理论性知识的整合搭建平台，还要为理论性知识与实践知识之间建立联系。“教师的实践知识是教师个人在特定教学情境中形成的，反映了实践知识的个性化及情景化特点。”①是认知主体历经长期的教育体验、观察和反思而逐步建构起来的知识。职前阶段的师范生缺乏个体建构实践知识的环境，但课程设计者可以通过学科教师教育课程这个平台帮助学生实现两者之间的对话，进一步实现对理论话语的诠释，帮助其向实践话语转化，其中双导

① 韩曙花、刘永兵：《西方教师知识与教师专业发展研究评述》，《外国教育研究》2011 年第 11 期。

师制与微格教学（microteaching）相结合便是两种知识对话的有效路径。

双导师制是当前诸多师范院校实施的一种教师教育模式，校内学术导师与校外实践导师合作，共同帮助学生提升专业素养。而微格教学则是一种以理性主义为主要取向的教师技能培养模式。而将两者结合，一方面为双导师制提供了一个课程载体，以任务驱动方式提升该模式实施的有效性；另一方面则是对微格课程进行改造，使之不仅是技能训练的载体，更是理论知识和实践知识对话的平台，凸显了整合主义的取向，丰富了微格教学的内涵。在这个平台上，校内导师和师范生所持的知识以理论性知识为主，而校外导师所凝练的则是以实践知识为主，三者在微格课程的实施过程中建立的是一种合作伙伴关系。校外导师和师范生均为典型案例的提供者或示范者，亦是评价者，三者结合具体的情境对教学案例进行片段式的分析、研讨和反思。仅从师范生的角度看，其所持有的理论知识在实践认知中被诠释、修正和发展，这是其知识体系在科际整合基础上进一步朝着应用性转化的科学路径。

（三）浸润式社团活动的推动

教师知识的形成要基于真实情境的教学，而教师知识的使用亦是“在情境中的选择过程，是基于情境的需要，在众多的原则、惯例、认知、经验中提取元素，并瞬间组合形成判断”[①]，因此对实践知识情境的关怀程度直接影响着教师教育课程有效性的实现，而浸润式社团活动的介入为此开辟了更多空间，在一定程度上弥补了理论性课程在这方面的不足。在杜威（John Dewey）的实用主义教育哲学中强调“学校即社会”“教育即生活”“做中学”，都是强调学生在实践活动中、在个体体验中、在环境熏陶中实现成长。而教育话语中“浸润”与杜威这些观点又有诸多相似之处，其可以说是通过教育环境的营造，实现对教育者润物细无声的熏陶，亦可理解为教育者全身心置于情境之中。故浸润式社团活动强调目标导向的明确性、活动设计的常态性、情境创设的真实性，以及认知主体的深度参与和深

① 吕立杰：《教师知识研究的反思与启示》，《中国教育学刊》2009 年第 1 期。

刻反思。换句话说，学生在以教师教育为主题的社团活动中，能够常态化地以教育者的身份进行自我认知，去切身体验实践情景的复杂性，并感受这种复杂性对于本人选择和使用知识的影响，并在此基础上对自己的知识储备和实践行为进行观察和反思。

以教师教育为主题的浸润式社团活动内容丰富，且在诸多院校都已形成系统，如开展“课堂教学模拟大赛”“教育研讨会”，建立朋辈“导师团”“教研组”“磨课组”，以及开展支教类的公益活动等，融模拟体验与观察反思为一体，成为教师教育课程的必要补充。

中学历史教师的关键能力及培养略论

侯桂红

（北京师范大学）

当下，随着学生核心素养的热议，中学教师核心素养亦迎来普遍关注。对于什么是核心素养，国家课题组在《论学生发展核心素养的内涵特征及框架定位》一文中指出："核心素养是学生在接受相应学段教育过程中，逐步形成的适应个人终生发展和社会发展需要的必备品格与关键能力。"[①]同时，《普通高中历史新课程标准（征求意见稿）》也声明"历史学科核心素养是学生在学习历史过程中逐步形成的具有历史学科特征的必备品格和关键能力"。以此简单推论的话，教师的核心素养也应包括必备品格和关键能力。可见，关键能力是核心素养不可或缺的重要组成部分。"能力为本的取向"也是各国教师教育实践的主流。[②]虽然这一取向并非完全符合人的发展的应然终极价值，但较为务实。2012 年教育部《中学教师专业标准（试行）》规定的四个理念之一亦是"能力为重"（其余三个为"师德为先""学生为本""终身学习"）。[③]所以，探讨中学历史教师的关键能力

① 辛涛、姜宇、林崇德、师保国、刘霞：《论学生发展核心素养的内涵特征及框架定位》，《中国教育学刊》2016 年第 6 期。

② 叶菊艳：《各国教师教育取向及其核心素养主张》，《人民教育》2016 年第 23 期。

③ 教育部关于印发《幼儿园教师专业标准（试行）》《小学教师专业标准（试行）》和《中学教师专业标准（试行）》的通知，中华人民共和国中央人民政府网：http://www.gov.cn/zwgk/2012-09/14/content_2224534.htm，2017 年 10 月 7 日阅。

必要且迫切。

到底中学历史教师应该具备什么样的关键能力及如何培养，由于相关教师核心素养的论述本身名称繁多且莫衷一是，这一研究尚无确论。鉴此，笔者意欲首先择要介绍相关研究，其次概要提出中学历史教师的关键能力结构，最后就培养中学历史教师关键能力的几个关键问题进行扼要探讨以抛砖引玉。

一、关键能力

“关键能力”作为专门概念源自20世纪70时代的德国职教界，是由德国劳动和社会学家梅腾斯在对劳动市场和劳动者的职业适应性进行研究时针对职教学生提出的，而后受到职教界的普遍关注。梅氏将关键能力视为“进入日益复杂和不可预测的世界的工具”，是“促进社会变革的一种策略”。① 换言之，“关键能力”对学生的未来职业生涯至关重要。20世纪末，关键能力席卷欧洲的高等教育领域，甚至2006年12月，欧洲议会和理事会颁布《公民终身学习关键能力——一个欧洲的参考框架》(后简称为《关于终身学习关键能力的建议》)于《欧盟官方公报》上。为此，欧盟各成员国在国家战略与一般政策上进行了程度不同的响应，但结果喜忧参半。②

至于什么是关键能力，在“已有的近三百种关键能力概念的描述中，很难找出具体完全一致的概念”，但“总体来说，目前国内外研究者较为认同梅腾斯提出的观点”。③ 最初梅氏对关键能力界定是“一种普遍的、可迁移的，在个人的职业生涯、个性发展和社会活动等各个方面起关键作用的能力，是指与专业不直接相关的知识和技能，包括在不同场合和职责情况下做出判断、选择的能力和处理人生生涯中不可预计各种变化的能力”。后来，德国高校也开展关键能力研究与实践

① 转引自翁震华：《德国高校“关键能力”培养研究及其启示》，《教育与职业》2015年第15期。
② 林海亮：《欧盟〈关于终身学习关键能力的建议〉及其借鉴意义》，《教师教育学报》2014年第5期。
③ 胡昌送、李明惠、卢晓春：《“关键能力”研究述评》，《山西师大学报》2008年第6期。

后，提出了新的概念，认为“关键能力是一种超越学校知识和认知的能力”①。上述欧盟的文件中认为“关键能力是知识、技能和态度的综合”，具体包括母语教育、外语交流、数学能力和科技的基本能力、数字化能力、学会学习、社会和公民能力、首创精神和企业精神、文化意识与表达八种能力。②

关键能力作为专有概念在我国至今还基本在职教领域，此领域的学者对关键能力的界定与国外大同小异。如某学者提出“所谓关键能力，是一种与专业知识与专业技能无直接关系、但又深刻影响甚至决定着专业能力发展的普适能力”，包括三个层级的能力，第一层级处理事件的“五何”（何时、何地、何人、何事、作何准备）准则的运用能力，第二层级独立计划与沟通能力，第三层级生存能力、应变能力、发展能力；关键能力具有隐性、综合性很强特征。③总之，中外“研究者对关键能力的基本性质和特征方面的观点趋向一致，但在关键能力所包含的具体内容上却有着很大的区别”④。即使是“关键能力”这一概念的原产国——德国，其各高校跟进研究后，其结构也是见仁见智。

在我国教师教育领域，将关键能力作为专有概念的专门探讨比较鲜见，大多对教师关键能力的关涉是依附于教师核心素养之中，此类成果大致有以下特征：（1）相关关键能力的概念纷繁。这是因为当下相关教师核心素养的提出一般是基于学生核心素养、学科核心素养、教师的专业化、教师专业资本⑤等，其名称各异，如教师素养、教师基础性素养、教师专业素养、教师复合型专业素养⑥、优秀（成功）教师素质、教师（发展）核心素养、卓越教师（核心）素养、教师专业素质（养）、教师专业化、教师胜任特征⑦，由此导致在这些概念下析出的有关教师关键能力的提法也见仁见智，如专业技能、基础技能、关键技能、核心能力等。

---

① 转引自翁震华：《德国高校“关键能力”培养研究及其启示》，《教育与职业》2015年第15期。
② 林海亮：《欧盟〈关于终身学习关键能力的建议〉及其借鉴意义》，《教师教育学报》2014年第5期。
③ 宣仲良：《论关键能力及其培养》，《苏州市职业大学学报》2007年第2期。
④ 胡昌送、李明惠、卢晓春：《“关键能力”研究述评》，《山西师大学报》2008年第6期。
⑤ 高振宇：《教师专业资本的内涵、要素与建设策略》，《教师发展研究》2017年第1期。
⑥ 教育部师范教育司组织编写：《教师专业化的理论与实践》，人民教育出版社2003年版，第34页。
⑦ 黄牧航：《历史学科核心素养与历史教师的专业发展》，《历史教学》2016年第11期。

（2）大多数研究由于立论依据不同，尚无关键能力具体结构的指涉和界定。如一学者提出教师核心素养中的“关键能力”包括“教书能力”（包括“扎实学识的素养”“精益教学的素养”）和“育人本领”（包括“立德树人的素养”“创新发展的素养”）[①]。再如有学者将卓越教师核心素养的四个组成部分概括为“教育情怀”“专业知识”“反思精神”“创新精神”[②]，还有学者提出中学历史教师核心素养包括“历史的视野与洞见”“史料与史学素养”“阐释与反思素养”等[③]，也有学者将中学历史教师的“胜任特征”建构为“历史教育智慧”“历史思辨能力”“学科拓展能力”“人格影响力”“成就动机”[④]。（3）有的研究有具体指涉，却又将关键能力等同于教育教学技能。如有学者提出，一个优秀或成功的教师应该具备的专业素质主要包括三个方面：专业知识、专业技能和专业情意，其中专业技能包括基础技能（如口语技能、书写技能、信息技能与沟通技能）、教学技能（如教学设计技能、教学操作技能、教学评价技能）、教育技能（如思想教育技能、班级管理技能）和教研技能（如教育教学研究技能）[⑤]。

笔者认为，从所属范畴讲，技能是在活动中由于练习而巩固，并在活动中应用的基本动作方式，能力是顺利完成任务的个性心理特征；从生理机制讲，技能赖以获得的神经机制，是形成暂时神经联系和动作定型，而能力的神经基础是中枢神经系统在暂时神经联系形成和巩固过程中表现出来的某些特性；从概括化的内容与结果来讲，技能是在行为方式练习、巩固过程中对相应行为方式的概括化结果，而能力则是调节行为、活动的相应心理过程的概括化结果；最后从迁移的范围来讲，技能的迁移范围只能在类似的活动、行为或情境中发生，能力则在很多场合间（包括相似与不相似）即更广范围内发生，技能水平高不等于能力水平

① 杨志成：《中国中小学教师发展核心素养体系建构研究》，《教师发展研究》2017 年第 1 期。

② 冯艳明、刘笑宇：《“卓越”教师核心素养探究》，《才智》2017 年第 25 期。

③ 夏辉辉：《核心素养的教师话题：做一个完整的人——“京津冀中学历史教学教研协同发展”活动的启示》，《历史教学》2017 年第 11 期。

④ 黄牧航：《历史学科核心素养与历史教师的专业发展》，《历史教学》2016 年第 11 期。

⑤ 高亚兵、何伟强：《高师院校综合化后师范生培养中存在的问题及建议》，《浙江教育学院学报》2010 年第 2 期。

高。因此，无论是属性、生成逻辑，还是作用机制、迁移范围，二者均不在同一层级上。确切地说，能力与技能间还是存在道与术、体与用的差别的。

二、中学历史教师的关键能力

目前如欲建构中学历史教师的关键能力，可供参考的专门成果不多，一类是两个民间研究，一类是两个官方的成果。第一类民间研究包括陈华忠和宋波、陈良的研究成果，前者提出一般教师的四大关键能力为：独立备课的能力（解读课标和教材的能力、了解学生的能力、独立设计教学的能力）、课堂调控的能力（教学方法的调控、教学流程的调控、学习状态的调控、课堂练习的调控、突发事件的调控）、反思研讨的能力、应用信息技术的能力。[①] 后者提出历史教师的五个关键能力为学习力、内驱力、判断力、理解力、胜任力。[②] 第二类官方的成果：一是教育部师范教育司 2003 年组织编写的《教师专业化的理论与实践》，在概括国内外已有众多研究成果的基础上，提出"一个优秀或成功的教师"应该具备的"专业要求"包括"专业知识""专业技能""专业情意"三个方面，其中"专业技能"包括"教学技巧"（导入的技巧、强化的技巧、变化刺激的技巧、发问的技巧、分组活动的技巧、教学媒体运用技巧、沟通与表达的技巧、结束的技巧、补救教学的技巧）和"教学能力"（教学设计的能力、教学实施的能力、学业检查评价的能力）。[③] 这里的"教学技巧"显然是通常所说的基本教学技能，实际应包含于"教学实施的能力"之中。二是教育部 2012 年颁布的《中学教师专业标准（试行）》，规定了包括历史学科在内的各科中学教师专业标准的基本内容，包含 3 个一级维度（"职业理念与师德""专业知识""专业能力"）、14 个二级维度、63 个"基本要求"，其中第 3 个一级维度"专业能力"包括（九）至（十四）共 6 项 26 个"基本

① 陈华忠：《教师专业发展四大关键能力》，《今日教育》2016 年第 12 期。

② 宋波、陈良：《历史深度学习应关注的五个关键能力 —— 基于培养历史学科核心素养的有效路径探寻》，《中小学教学研究》2016 年第 10 期。

③ 教育部师范教育司组织编写：《教师专业化的理论与实践》2 版，人民教育出版社 2003 年版，第 54、63 页。

要求”（详见表 1）。①

表 1　教育部《中学教师专业标准（试行）》中的“专业能力”

维度	领域	基本要求
专业能力	（九）教学设计	38. 科学设计教学目标和教学计划 39. 合理利用教学资源和方法设计教学过程 40. 引导和帮助中学生设计个性化的学习计划
	（十）教学实施	41. 营造良好的学习环境与氛围，激发与保护中学生的学习兴趣 42. 通过启发式、探究式、讨论式、参与式等多种方式，有效实施教学 43. 有效调控教学过程，合理处理课堂偶发事件 44. 引发中学生独立思考和主动探究，发展学生创新能力 45. 发挥好共青团、少先队组织生活、集体活动、信息传播等教育功能 46. 将现代教育技术手段整合应用到教学中
	（十一）班级管理与教育活动	47. 建立良好的师生关系，帮助中学生建立良好的同伴关系 48. 注重结合学科教学进行育人活动 49. 根据中学生世界观、人生观、价值观形成的特点，有针对性地组织开展德育活动 50. 针对中学生青春期生理和心理发展特点，有针对性地组织开展有益身心健康发展的教育活动 51. 指导学生理想、心理、学业等多方面发展 52. 有效管理和开展班级、共青团、少先队活动 53. 妥善应对突发事件
	（十二）教育教学评价	54. 利用评价工具，掌握多元评价方法，多视角、全过程评价学生发展 55. 引导学生进行自我评价 56. 自我评价教育教学效果，及时调整和改进教育教学工作
	（十三）沟通与合作	57. 了解中学生，平等地与中学生进行沟通交流 58. 与同事合作交流，分享经验和资源，共同发展 59. 与家长进行有效沟通合作，共同促进中学生发展 60. 协助中学与社区建立合作互助的良好关系
	（十四）反思与发展	61. 主动收集分析相关信息，不断进行反思，改进教育教学工作 62. 针对教育教学工作中的现实需要与问题，进行探索和研究 63. 制定专业发展规划，积极参加专业培训，不断提高自身专业素质

① 教育部关于印发《幼儿园教师专业标准（试行）》《小学教师专业标准（试行）》和《中学教师专业标准（试行）》的通知，中华人民共和国中央人民政府网站：http://www.gov.cn/zwgk/2012-09/14/content_2224534.htm，2017 年 10 月 7 日阅。

《中学教师专业标准（试行）》是从社会学的特质模式，即在结构功能主义的社会分析理论指导下，把教师专业视同为成熟、理想的模式，从中归纳出一系列的应然专业特质，以此建立一套具有普遍性的专业特质量表或评价标准体系。可以说，这一文件基本回答了教师究竟需要具有哪些关键和迫切的知识、能力与思想观念才能应对现代教育挑战的问题。实际教师专业标准、教师核心素养和教师关键能力均是“从学习结果界定未来人才形象”的同类概念[①]，即是一种应然理想判断。同时，《中学教师专业标准（试行）》中“专业能力”的具体结构已经涵盖了前三个专门研究成果所提出的能力，即未来教师的应有能力，且有较为清晰的行为描述。故笔者认为此文所规定的教学设计能力、教学实施能力、班级管理能力、教学评价能力、沟通与合作能力、反思与发展能力六项，可视为中学历史教师的关键能力的范畴。如果非要调整、更新的话，可以合并教学设计与教学实施两项能力为教学设计与实施能力，并将教学评价能力并入此中，因为教学评价是教学实施的当然组成部分。同时，鉴于关键能力中“关键”一词的语义学解释是“事物中最关紧要的部分，对于事物发展起决定作用的因素”[②]。而有些省份中学历史教师考核与晋升没有当班主任的硬性要求和现实环境，所以，班级管理能力可以不列入关键能力。这样，教师关键能力的结构可确定为“教学设计与实施能力”“沟通与合作能力”“反思与发展能力”三个一级维度。

还需赘述的是，笔者不欲重构新的关键能力的原因，除了上述外，还有两点，一是教育界从不缺新名词、新概念，关键是可操作化并真正落实。“如何将核心素养从一套理论框架或者育人目标体系，落实与推行到具体的教育和社会活动中去，进而真正实现其育人功能与价值，是教育领域面临的重大问题。”[③]关键能力亦然。另起炉灶建构新的关键能力只会徒增教师的脑容负担，丝毫不会助益于教师核心素养及学生核心素养的加速达成，不如务实地把已有的搞好落实。二是上述三项关键能力是所有学科公用的，有学者曾提出不同的学科核心素养应有其自身

---

① 崔允漷：《追问“核心素养”》，《全球教育展望》2016 年第 5 期。

② 夏征农、陈至立主编：《辞海》第 6 版缩印版，上海辞书出版社 2010 年版，第 629 页。

③ 姜宇、辛涛、刘霞等：《基于核心素养的教育改革实践途径与策略》，《中国教育学刊》2016 年第 6 期。

的特色。由此而论，似乎中学历史教师的关键能力，除应考虑中学教师的共性外，也应考虑历史学科教师有别于其他学科的专业性和不可替代性。笔者也认为，名为历史教师的关键能力，却没有历史学科的特质和重要内容，至少是名不副实的。但历史教师的专业特色不必体现在关键能力的一级结构维度上，可放在一级结构维度下的二级或三级指标的内容或行为描述的细化上体现，如在“教学设计与实施能力”的二级维度中增加史料与史学、唯物史观等学科特色的表征。实际上国外的通行做法也是制定通用的框架，如美国即如此。所以，笔者比较认同上述由教师专业标准“专业能力”六项合并为三项作为教师核心素养中的关键能力，还可体现教师教育发展的延续性、发展性、务实性和阶段性。

三、培养中学历史教师关键能力的关键问题

既然中学历史教师关键能力的关键问题是落实，而以下问题则又是落实中的关键问题。

（一）进一步丰富教师教育的教学方法

众所周知，“各国际组织和国家对中小学教师核心素养的价值取向都有所趋同。但由于社会经济发展、文化特征、教育发展水平以及针对的价值对象的不同，其价值方式往往存在本同末离的现象，即本旨虽都指向中小学教师核心素养的培养，但是方式却各有不同”[①]。由此，笔者认为，关键能力的培养应根据各地历史教师的各种既定条件和问题，灵活制定多样化的关键能力培养方案和方法。如未来教师（包括师范生）培养可取“教、研、训、习、测”五维一体模式，多采用启发式、互动式、讨论式、实验探究式、开放式等组合式的教学方法；摒弃灌注式、单向式、记忆式、封闭式、守旧式和单一固定式的教学方法。巧妙运用激发、渗

① 曾文茜、罗生全：《国外中小学教师核心素养的价值分析》，《外国中小学教育》2017年第7期。

透、迁移、转化和变通等创新组合教学模式。[①] 对在职教师要注重通过团体辅导、小组学习和个体咨询等方式，引导教师对自己的体验进行分享、交流、反思和提炼，提升教学能力。如每周举办研讨会，在相互讨论和导师引导下对教师的实地体验进一步赋予意义，探索自身的教育信念，并发展其对他人感受的理解与共情能力；教师还可以在历史学理论、教学法、教育基本理论等相关专业讲师团的引领下，结合自己的体验设计个性化学习项目，也可以自主评估自己的进步与成就；教师还可在历史学家和课程论专家的指导下，结合学校条件开展“高端备课”、校本和地方课程、教育课题研究。如此培养出来的教师，才能既有上位的课程设计能力，又有下位的课程执行能力，教师不仅要做教材的使用者，而且要做教材的引导者、设计者，由此实现教学设计与实施能力、教学反思与发展能力、沟通与合作能力等关键能力。总之，以问题解决为思路的关键能力落实应秉承这样的思路：以关键能力建构为基点，通过多样化教育实践和教学整合，带动多种能力及素养的提升。

（二）进一步增强未来教师教育的实践环节

这一点主要针对师范生培养关键能力而言，尤其是针对走综合化道路的高等师范院校大多实践弱化、偏少的这一堪忧问题。教学本身就是一种多变的、复杂的、不确定的专业实践，教育价值的创生也离不开教育主体的实践，最终又指向教育实践。[②] 而实践对于未来中学历史教师关键能力及核心素养的培养同样关键。古今中外学人对此均有共识。《辞海》对素养的语义学解释为：（1）“经常修习涵养”。（2）“平素所豢养”。[③] 一国外学者根据他人提出的业余钢琴师和专业钢琴师练习总时长的标志性区别（专业钢琴师在20岁关键年龄时，钢琴练习总时长已达到1万小时，业余钢琴师只是前者的1/5）提出，教师“只有在教学岗位上待满足

---

① 李松岭、李明雪：《“五维一体”创新型师范生培养实践性研究》，《江苏师范大学学报》2013年第1期。

② 张书琛：《探索价值产生奥秘的理论——价值发生论》，广东人民出版社2006年版。转引自曾文茜、罗生全：《国外中小学教师核心素养的价值分析》，《外国中小学教育》2017年第7期。

③ 夏征农、陈至立主编：《辞海》第6版缩印版，上海辞书出版社2010年版，第1799页。

够长时间（若按1万小时计算，教师须有教龄10—15年），不断检视自己的教学实践，并运用自己的专业才智做出独立判断，才能最终形成较高的决策资本和人力资本中所提到的实践智慧”[①]。可见，素养也好，专业资本也好，能力也好，都必须经历长时间的实践锻炼，否则难成大气候。

因此，有两点值得注意，一是增加实践的时间。现在我国免费师范生的实习时间大多为3个月，普通师范生只有1个月，即使加上教育见习时间也不足半年。外国的经验值得我们反思，如芬兰的教师教育中有两年的教学实践。[②]二是必须打破过去集中讲授、集中实习实践的老套路。“改革教育实习模式，构建集中与分散相结合、多阶段延续的教育实习模式。”[③]同时创设由“演习、见习、实习、研习”构成的教育创新性实践模式，实现教育实践模式科学化、实践活动多样化、实践环节连续化、实践效果高效化[④]，以教学设计与实施能力为中心，全面提升未来教师的关键能力及核心素养。

（三）充分增强教师反思能力的养成

由于“价值创生是一个基于实践不断反思、重构的过程，那么教师对教育价值的创生就既不是孤立地进行教学实践，也不是对自身做孤立的考察和反思，而是在教学实践过程中进行生产性反思的实际过程和结果”[⑤]。而且“教师的教育价值观念更新也越来越需要教师对教学实践的自觉反思和自我矫正”[⑥]。因此，反思能力毫无例外地纳入了各国际组织和国家教师素养或专业化的范畴，并成为重要指标。如澳大利亚发布的《教师素养框架》将教师素养的发展分为三个阶段，具体包括“专业态度”“专业知识”和“专业实践”，而反思与创新同等位列于“专业

① 高振宇：《教师专业资本的内涵、要素与建设策略》，《教师发展研究》2017年第1期。
② 谢凡、陈锁明：《聚焦教师核心素养　勾勒“未来教师”新形象——中国教育学会小学教育专业委员会2016学术年会暨第三届小学教育国际研讨会综述》，《中小学管理》2016年第11期。
③ 王淑莲、谢林森：《创新师范生培养途径的探索》，《大学（研究与评价）》2007年第12期。
④ 李松岭、李明雪：《“五维一体”创新型师范生培养实践性研究》，《江苏师范大学学报》2013年第1期。
⑤ 曾文茜、罗生全：《国外中小学教师核心素养的价值分析》，《外国中小学教育》2017年第7期。
⑥ UNESCO, Rethinking Education Towards A Global Common Good, 2015, 6: 55.

态度”。再如新加坡国立教育学院制定的“21世纪教师教育模型”中将“反思技能和批判思维倾向”列入教师的首要必备技能。[①] 美国制定全国通用的职前和在职（优秀教师、杰出教师）三类教师的标准均是以包括“反思能力”在内的四个指标（其余三个为“知识”“教学策略”“了解学生”）来划分的。[②] 美国认为善于经常反思教学效果是21世纪教师所需的必备技能。[③] 在德国“关键能力”的专门研究中，反思性更被认为是“关键能力”的核心。但笔者在近10年的教师教育执教中发现，不论是在职教师的继续教育，还是师范生、专业硕士学生的职前教育，对教学反思普遍没有形成自觉和认同，这不能不说是当前关键能力及核心素养培养中的一大隐忧。

培养“关键能力”要求能够进行反思性思考和行动。“在反思过程中，思维的主体成为客体，以多元认知能力的应用、创造性和批判性的行为为前提，不仅对事情本身进行思考，还包括对经验的处理和结果的反馈。只有当个人达到社会的成熟水平，才能排除社会压力，接受不同的意见，对事件和经验进行独立评价。”[④] 国外学者考尔德希德也指出，“成功的、有效率的教师倾向于主动地、创造性地反思他们事业中的重要事情，包括他们的教育目的、课堂环境，以及他们自己的职业能力”[⑤]。所以，教师要养成关键能力，要实现教育价值的创生，就须在日常历史教学的真实具体的问题情境中对自己的教学设计、教学方法、教育内容等开展一种内在自觉、富有深度的循环往复的检视与思考。

（四）转变教师观和教师教育观

教师观和教师教育观对教师关键能力的培养具有根本定位和深层引领的作用。当下，很多教师教育中出现的问题背后实际折射的均为教师观和教师教育观的问

① 转引自曾文茜、罗生全：《国外中小学教师核心素养的价值分析》，《外国中小学教育》2017年第7期。

② 谢凡、陈锁明：《聚焦教师核心素养 勾勒“未来教师”新形象——中国教育学会小学教育专业委员会2016学术年会暨第三届小学教育国际研讨会综述》，《中小学管理》2016年第11期。

③ National Institute of Education, Singapore, A Teacher Education Model for the 21st Century, 2010, 3: 4-5.

④ 翁震华：《德国高校“关键能力”培养研究及其启示》，《教育与职业》2015年第15期。

⑤ Calderhead, P. Gates, *Conceptualizing Reflection in Teacher Development*, The Falmer Press, 1993: 123.

题。因此，转变教师观和教师教育观是培养中学历史教师关键能力在思想观念层面的关键问题。

尽管教师观和教师教育观是极富时代性和社会建构性的问题，“没有一种统一的教师观和教师教育观，不同教师教育项目往往是基于项目设计者对于所处时代脉络下‘有素养的教师’（quality teacher）的理解和信念而产生的，具有较强的社会建构性。但总的来看，不同的教师教育项目可以归纳为三种取向：能力取向、人本主义取向、改造主义取向”，能力取向规定教师所需要的核心知识与能力；人本主义取向认为高效教师是高度个人化问题；改造主义取向规定教师应该承担起改造社会、促进社会正义的责任。[①] 虽然，三种取向各有侧重，但无论遵从其一还是兼采众长，以下认识的转变都是不可或缺的。

传授给中学历史教师具体且难以穷尽的知识与技能并非至为关键。教育学界认为，教师教育和教师发展包括更新与转化，更新不必多说，“转化就是把理想的教师知识结构、能力结构、态度和信念结构等转化为教师个体的知识、能力、态度和信念，转化为教师个体的人生智慧和实践品格，并在日常的教育教学过程中体现出来”；“转化的根本目的不在于教师对所学知识的量的积累，而是以理想的教师素养结构内容为基础的教育行为的质变及超越现有发展水平的过程。”[②] 一历史学家在论及中学生的核心素养时指出，“如果说，以前我们注重的是怎样把知识‘喂’给学生，囫囵吞枣也好，细嚼慢咽也罢，总之进到嘴里胃中就行。那么现在，培养素养就还要再进一步，要关注知识的消化，关注它是不是发生了有益于吸收、转化为有益于生命的‘酶化’”[③]。此话对于培养教师的关键能力同样切中肯綮。再进一步上溯的话，相较给中学历史教师传授具体且难以穷尽的知识与技能而言，引导教师清晰地认识自己，培养其有积极的自我观和强烈的教师身份认同，显得更为关键与重要。身份认同是一种强大、耐久的内驱力，教师具有身份认同，才会将教育教学视为事业而不是职业，才会自然而然地内发出不断主动积极学习

① 叶菊艳：《各国教师教育取向及其核心素养主张》，《人民教育》2016 年第 23 期。

② 梁军萍：《教师素养的过程属性及其意义》，《教育理论与实践》2012 年第 28 期。

③ 吴伟：《历史学科能力与历史素养》，《历史教学》2012 年第 21 期。

和发展的需求与行动，才会有充盈、欣然的内心去面对日益加剧的职业倦怠感，还有越发复杂的教育教学情境和变化着的社会需求和学生。尤其历史教师在面对其他学科教师不能同日而语的大幅度改革所带来的更多困难与压力时更需一颗强大而坚定的内心。所以，外国学者帕克·帕尔默说："认识学生和学科主要依赖于关于自我的认知。好的教学来源于教师的自身认同和自身完整。"[①] 另一外国学者帕特森也指出，"教师教育应发展师范生的人本主义信念和性情取向，应该健全师范生的自我观并培养能够自我实现的教师"[②]。德国大学中培养"关键能力"也特别强调其包含比教师传授获得的知识更多的内容。[③] 因此，"随着社会的发展，各国教师教育项目越来越走向三种取向融合的趋势，越来越注重强调教师的人文关怀能力和促进社会正义的能力，强调教师的自我理解、身份认同及在转型的社会脉络中保持自身的完整与认同的能力"[④]。因此，培养中学历史教师的关键能力，至少要"在课程内容上，超越以知识形态为主的课程设置，注重培养未来社会所需的能力；在教学方法上，突破枯燥单一的传递式教学，采用多种形式引导有价值的知识和技能"[⑤]，同时更多关注对教师身份的榜样影响和观念认同引领。

（五）形成中学教师关键能力培养的有效政策体系

形成政策体系是培养教师关键能力的战略与政策层面的关键问题。国家战略虽然不是教师教育培养关键能力的先决条件，但是没有国家战略作为宏观引导与支持，就难以获得比较清晰的培养教师关键能力的方向和标准，使得关键能力的培养成为一种随意性的甚至是盲目的教育行为。同时，一些配套的改革政策也应有所设计与实施，已有的教师教育政策下培养出来的教师已经不能胜任学生关键能力及核心素养培养的新任务了。因此，教师教育政策及相关规制等必须要有所更新以支持教师关键能力的养成与提升，使教师能够顺利完成新的教育任务。如

---

① 转引自李百艳：《对话：教师核心素养的本质、传统与未来》，《中小学管理》2017 年第 6 期。

② 叶菊艳：《各国教师教育取向及其核心素养主张》，《人民教育》2016 年第 23 期。

③ 翁震华：《德国高校"关键能力"培养研究及其启示》，《教育与职业》2015 年第 15 期。

④ 叶菊艳：《各国教师教育取向及其核心素养主张》，《人民教育》2016 年第 23 期。

⑤ 曾文茜、罗生全：《国外中小学教师核心素养的价值分析》，《外国中小学教育》2017 年第 7 期。

有学生历史学科核心素养中关键能力的具体政策规定，也应有教师核心素养下关键能力具体政策的顶层设计。欧盟各国关键能力实行结果喜忧参半的原因之一就是 2009 年年底统计时只有五分之一左右的成员国根据关键能力培养的需求制定了相关的教师教育政策。[①] 因此教师教育的配套改革不能滞后。

有效的政策体系一定是宏观、中观和微观三位一体的，以往改革效果不明显均证明了这一教训，因此抓紧研制三个层级的政策规制是实现教师关键能力及核心素养目标的关键的关键。由于当今包括中国在内的各国教师教育的主阵地下移至学校，因此，学校层面更要有系统规划与设计。英国从 2011 年开始，教师由接受国家战略层面的培训，转向参与校本的学校引领的培训。美国也是建立学校本位的教师专业发展制度，如校本培训制度、专业发展学校等，建立职前教育与在职培训一体化的教师专业发展体系。[②] 学校应创造性地为教师提供合作的时间和空间，给予教师集体教研活动和专业化学习的机会；在每个学校内部或者校际之间，形成“学习”的文化，而不是“评判”的文化。学校内可搭建各种各样的平台，如专题沙龙、年会、交易会等，让不同年龄、不同年级、不同特性的教师分享经验、展现智慧；校际、省际同样可以采用类似“京津冀中学历史教学教研协同发展”的方式，共同加快中学历史教师各项关键能力的提升与发展。

关键能力及核心素养的培养是当前教育改革的重要问题，更是决胜我国未来教育的重要问题。对这一问题的探索是历史课程改革深化的体现，随着这方面研究与实践的深入与拓展，历史教师教育及历史教学的改革与发展必将出现更新的局面。

---

① 林海亮：《欧盟〈关于终身学习关键能力的建议〉及其借鉴意义》，《教师教育学报》2014 年第 5 期。

② 谢凡、陈锁明：《聚焦教师核心素养　勾勒“未来教师”新形象 —— 中国教育学会小学教育专业委员会 2016 学术年会暨第三届小学教育国际研讨会综述》，《中小学管理》2016 年第 11 期。

“走近生活　探寻历史与社会”史迹考察实践性课程探索

——以丝绸之路史迹考察为例

王耘

（北京教育科学研究院基教研中心历史教研室）

本文是作者开发“走近生活　探寻历史与社会”中学历史教师实践性课程并两度实施（环渤海史迹考察和丝绸之路史迹考察）后进行的梳理与研究，主要包含实践性课程建设的理论性思考、实践性课程实施的反思。前者在介绍本实践性课程开发的目的、课程预期目标、实施条件等的基础上，重点论述了本课程教学内容的开发设想和结构框架；后者以丝绸之路史迹考察为例系统总结、分析了该实践课程的实施成果，主要包括：专题性内容设计的深度把握、突出专业研究特征的组织管理方法、考察成果的资源性建设、实践性课程意义与特征的深度追问。

一、实践性课程的理论性思考

开发本门课程的初衷在于，在教育改革和课程改革的背景下，中学历史学科非常强调教学内容的生活性、开放性、综合性，因此，教科书中增加了大量反映人类文明发展成果的直观和间接材料，如文物、历史遗迹和文化遗址的图文材料等。普通高中的历史学科新课标教材则更加注重以文明史观的高度去关注人类发展的历史进程，因此，专门设置了文化必修模块和"探索历史的奥秘""世界文化遗产荟萃"等选修模块。这一系列课程改革对中学历史教师提出了更高要求——在以往关注政治史、经济史教学的基础上，务求进一步强化文化史、社会生活史的讲授，为学生构建起立体、丰满、生动的人类社会发展史。这样的要求，无疑对学科教师提出了巨大挑战，也形成了巨大的压力，需要教师大量吸纳文化与社会生活方面的史识，拓展自身的知识领域，尽快适应历史新课程教学的需要。本门课程正是适应一线教师的上述迫切需求进行开发和设计的。

此外，研读课程标准可以看出，历史学科作为培养学生良好品德和健全人格的重要学科，注重选择体现时代性，符合学生的心理特征和认知水平，贴近学生生活、贴近社会的内容，以促进学生的社会性发展。所以教学内容所包含的社会要素是综合的，所涉及的社会领域和学科知识也是交叉的，这些知识不仅仅在教室里、书本中，而是蕴含在社会生活的各个层面。故此，具有实践意义和特点的社会考察课程对于上述理念的达成即显现出独特的优势。

基于上述认识，课程开发者规划了相应的课程目标。首先，在学科知识方面，将教科书中涉及的内容与实际生活中的知识建立联系，确立研修专题。通过对研修专题资源的搜集、积累，拓展专题的知识领域，了解专题的基本线索，发展脉络；通过对专题内涵的分析形成从不同视角、不同层面揭示人类社会发展的基本过程，了解和思考人与人、人与社会、人与自然的关系。其次，在教学过程方面，希望创设开放、弹性的学习环境，令一线教师和培训者都能够在其中享受自由互动的收获和乐趣；自觉感受和体会考察全过程亲历、亲闻的历史与社会生活万象，自觉体悟、省思其间丰富的人文情怀和文化滋养。再次，在教师长远的学力发展方面，则希望通过实践性教学课程使参训者构建起新课改理念下学科教师应具备的"学习有用的历史"这一重要教学意识；提升教师搜集生活中的人文教育资源的自觉、自主意识；开阔人文视野，丰富人文情怀，自觉汲取生活中的文化滋养，并将此作为自身教学实践的学养保障。

当然，在设计本课程时，作为开发者，我们非常明确此课程都是实践性教学内容，是基于教学实践的需求，且对教学实践具有极大丰富性和拓展性的内容，故具有很强的实践意义与价值。而且，实践课程的亲历性，更使得现场感受中国社会文化、古迹与遗存的印象难以忘怀。加之一路行程亦是不断感受，不断积累的量变过程，因此，非常有利于学员直接而深刻地体会和感悟中国社会文化的内在思想和精神实质。在这种启发之下，学科教师将更加乐于提升自身的专业能力，这对于其专业发展的可持续性将大有裨益，而老师们自身的人文学养也必将渐趋厚实。

由于本门课程主要体现为实践性教学课程，是故史迹考察的学科专业性和实践性务须保障有力。为此，在考察线路和行程的设计上特聘请具有深厚中国传统文化教学积淀的文物专家专门设计并担任考察主讲；考察地区均选择文化积淀厚重，现存丰富的，涵盖中国古代、近代、现代各个历史时期，涉及政治、经济、文化、社会生活各个领域，并在历史发展进程中具有重要地位的遗迹和遗存；考察过程中聘请各地专业研究团体——研究院、博物馆、著名文化遗址的学者、研究员、首席讲解员等为学员进行面授讲座，提供专业讲解和参观向导。这些举措都将大大提升历史专业学术考察的品质。对于教师教学实践的需求保障则表现在依托学科课程标准中涉及的相关文物、遗迹、遗址知识遴选考察内容；在此基础上，通过参观诸如省地综合性和专门性博物馆、宗教文化场所、名人故居与民居、当代大型水利工程，以及与专家、学者、专业研究人员的对话、交流等考察内容，进一步拓宽历史认知视野；为了进一步锻炼和提高教师自主搜集、整理、使用资料的能力，学员将沿途拍摄专题图片和影像资料，搜集文献资料，为今后的教学工作积累“原创”资源，增强独立、自主开发课程资源的能力和信心。课程结构设计如下：

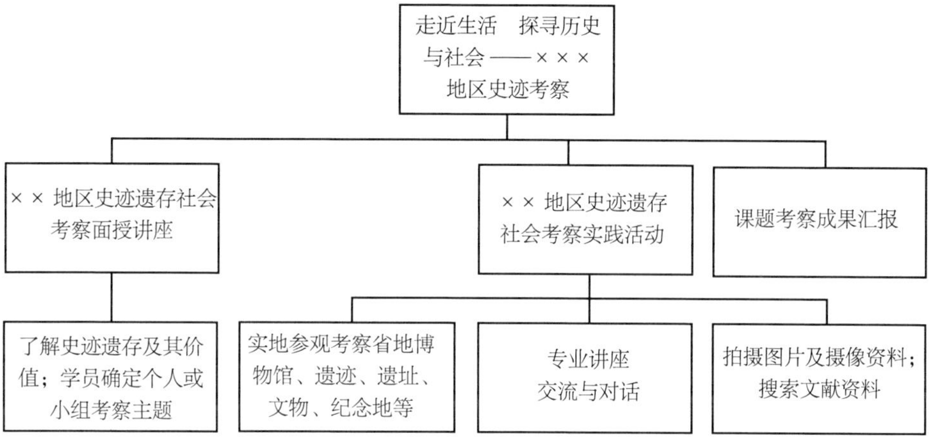

图 1　课程结构图

为了更好地保障本课程的顺利实施，作为开发者，我们还特别寻找了富有专业教育考察经验的旅行社作为合作伙伴，并使之深谙史迹考察活动的专业特点和要求：非一般性风景名胜休闲旅游，而是独具专业认知特点的史迹探访与考察；全部行程、考察地点均由考察活动组织者制定。

在课程开发之初，作为设计者，我们也按照实践性课程的特点确定了考核方式，即参训教师完成本课程时需有史迹考察课题报告、个人照片（录像）等影像资料、合作完成的影像资料等。

对于整体课程效果做出基本和较高两个层次的预期。基本预期为全体学员共同经历实地考察过程，切身感受（而非书本汲取）中华文化之精粹，涵养自身专业；共享考察成果，为未来的教学实践积累更为鲜活的文化资源。较高预期为教师在学习和考察过程中能够真切体验和感受人文万象，用心灵去“触摸”真实的历史、社会生活印迹，并将这些感性层面的收获沉淀、内化于心，熔铸于理性认知层面，积蓄未来自身实践学科教育过程中的外显能量。

现以丝绸之路史迹考察为例，系统研究本门实践性课程的全程设计与实施，以期体现本次史迹考察成果对本系列课程的反哺作用。

二、丝绸之路史迹考察实践性课程的设计、实施与成果

（一）专题性史迹考察线路的思考与设计

丝绸之路在我国古代对外交往的历史中具有举足轻重的地位，主要涉及的汉、魏晋、唐、明各朝和历史时期也是中国古代历史发展进程中的重要时代，自然在中学历史教学的内容中占有相当比重。丝路文化涉及相关历史时期的政治、经济、思想文化、民族关系、对外交往等各个社会关键领域，因此专项史迹考察的内容并不会因确定专题而过于单一和狭窄，反而会在专题指向明确的情况下将考察关注点和日后的研究方向更加确认到位，以下考察的具体内容即是明证：

本次丝绸之路史迹考察集中于甘肃、陕西两省，途经嘉峪关、敦煌、兰州、会宁、天水、宝鸡、咸阳、西安等城市。考察活动涉及博物馆、石窟艺术、古代陵墓、寺庙城关建筑、水利工程、遗址纪念地等各时代、多类别的历史文化遗迹、遗存，具体包括：嘉峪关关城、长城博物馆、悬壁长城、魏晋壁画墓、天下第一墩、讨赖河；敦煌阳关、玉门关汉长城遗址、鸣沙山月牙泉、莫高窟；安西榆林窟；酒泉胜迹、酒泉夜光杯厂；张掖大佛寺；山丹汉明长城遗迹；武威博物馆、雷台汉墓、文庙、乌鞘岭秦汉长城遗址；兰州刘家峡、炳灵寺石窟、甘肃省博物馆、兰州黄河风情线；会宁红军会师旧址；天水伏羲庙、麦积山石窟、天水博物馆；宝鸡青铜器博物馆、秦公一号大墓遗址博物馆、秦雍城遗址考古发掘现场、凤翔县博物馆、岐山周公庙、北京大学田野考古教学实习基地、大散关、五丈原、法门寺；咸阳阿房宫遗址、乾陵、永泰公主墓、昭陵、郑国渠遗址、香积寺、兴教寺、咸阳博物馆、西安大雁塔、陕西省博物馆，共计 46 处。

本次史迹考察所含历史上至距今六七千年新石器时代的马家窑文化，下至 20 世纪 70 年代建成的刘家峡水库，其中的考察重点定位于商周时代、秦汉时期、魏晋时代、唐明两朝。

本次专题性史迹考察将考古体验首次引入史迹考察——陕西岐山周原遗址考古体验。虽然就其历史时代而言，先秦与丝绸之路专题所涉及的历史时期并无显见的关联，但是真实的考古体验和零距离的文物接触对于我们的专业教师来说却

有莫大的吸引力，也是莫大的幸运。事实证明，这一考察内容确实给老师们带来巨大的震撼力，也确实呈现出以往隔着橱窗感知历史、了解文物所不能发现的专业素养问题。

安排专业的学术讲座是本门实践性课程的重要内容。本次史迹考察专题讲座的专业级别令人目眩——敦煌研究院樊锦诗院长的专题讲座《丝绸之路与敦煌莫高窟》，西安佛教研究院教授、法门寺考古发掘人韩金科先生的专题报告《法门寺与法门寺文化》。此外，考古体验日里陕西考古研究院秦汉部主任田亚岐研究员在秦公一号大墓和秦雍城遗址秦人墓考古发掘工地的两次现场授课、北大考古文博学院商周考古专家雷兴山教授在周原遗址和北大田野考古实习基地的两次现场授课又以实地勘察与讲解的授课方式大大提升了本次史迹考察的专业水平。

（二）行前准备工作与设计思考

在 2010 年暑期环渤海史迹考察成果总结的基础上，继续行前手册的制作工作，除考察史迹的具体简介外，还按照行程安排为参加考察的老师准备了便利的日记页和聆听专家讲座的笔记页。

此外，作为课程的设计者，我们将拟好的专题意向表（见表 1）下发给考察成员，请老师们提前思考并按照个人的爱好确认此次考察的专题意向。

表 1　丝绸之路史迹考察研修专题意向

姓　名		
单　位		
专题内容		选择意向（画√）
1	石窟艺术陶冶	
2	城郭遗址探源	
3	博物馆览胜	
4	陵墓探秘	
5	文物史迹与教学结合点	
6	其他（请说明）	

上述准备工作的目的是希望参加考察的老师们能够吸纳考察手册中传达出的沉静、平和之意，随时记录下自己的见闻、思考与感悟。同时在出发前即对自己的研究意向有相对明确的指向，以便有目的地搜集、整合各类相关资源，为考察后的自主研究做好充分准备。

特别值得欣喜的是，在最初专题意向的选定和最终考察成果的显现上，教师们确认和呈现最多的是“文物史迹与教学的结合点”专题。这说明随着专业史迹考察的深入展开，老师们已经日渐明晰了专业学术考察不同于其他教育考察的特征，并逐渐清晰认识到史迹考察的专业价值，更重要的是开始自觉地与自身职业进行有效对接。这不仅仅体现了对本职工作的责任意识，更重要的是专业意识的自觉提升。

（三）史迹考察成果画册的建构意图

本次史迹考察成果画册的专题研究报告部分完全以考察预设的专题内容汇集而成，并从实践性课程的主体架构角度予以呈现：

实践性课程之石窟艺术陶冶；

实践性课程之城郭遗址探源；

实践性课程之博物馆览胜；

实践性课程之陵墓探秘；

实践性课程之文物史迹与教学；

实践性课程之考察启悟。

彩页部分虽延续了环渤海史迹考察成果画册的相应板块，但在“人文风情系列摄影作品”“行程苦乐篇系列摄影”“专注研学篇系列摄影”“博物精品系列摄影作品”基础上增加了“师者风范篇”，将一路考察中老师们记录下的学术大家、专业学者们具有感召力的镜头集中呈现出来，从中体味这些前辈学人的治学、为师、为人风范。

设计思路方面的调整则不再将老师们一路记录下的影像资料当作单纯的摄影作品，而是将这些珍贵的照片记录看作是实践性课程不可多得的直观性课程资源，这些资源在未来的教学实践中或可直接转化为显性的教学资源，如“博物精品篇”；或者在教师的潜意识，甚至是意识层面留存下来，成为自身认知社会、体悟职业与生命价值的财富，这样的隐性资源似乎并未直接作用于教学，但其润物无声、大象无形的滋润作用将会成为镌刻在老师们心中永远的印记，如“自然风情篇”“专注研学篇”“行程苦乐篇”。当然，那些一路启迪与点化我们的专业学者，他们不仅可以被看成是本门实践性课程的人力资源，更应该作为老师们实现可持续的专业成长和身心协同发展的宝贵的社会资源。基于这样的思考，成果画册的彩页部分即以课程资源的视角予以呈现：

课程显性资源之博物精品篇；

课程隐性资源之自然风情篇；

课程隐性资源之专注研学篇；

课程隐性资源之行程苦乐篇；

课程社会资源之师者风范篇。

基于上述成果画册板块的架构思考与设计，对此次丝绸之路史迹考察的系列画册名称也进行了相应调整，从环渤海史迹考察成果画册“行路·感悟——‘走近历史与社会’实践课程之环渤海史迹考察记”的名称调整为“‘走近历史与社会’实践性课程资源——行路·感悟——丝绸之路史迹考察记”。

（四）史迹考察的效果沉淀

从成果画册专业研究报告的构成看，一线教师的研究报告各具特色，或汇集考察过程中的同类文物进行深入考究（博物馆览胜专题）；或将史迹考察的丝丝缕缕化作教学实践中扶助学生学力增长的课程资源（文物史迹与教学专题）；或从切肤的考察感受里尽显职业心态，深悟师者之道（考察启悟专题）。这些类型各异、视角独特的研究报告，都富含了专业教师所推崇的格物之学道和为学为师的感悟力与实践力，透射出中学历史教师专业发展所必需的科学性、独立性和自由精神，故而对于同行的启思力、感召力将是巨大的。

1. 感知与领悟

从这些专题研究报告中，我们能够感受到老师们的一路观览、一路经历、一路感动之后的切肤思考，更能欣喜地看到老师们对自我身心修为的深度反思直至深入骨髓的领悟：

（1）老师们对“物”的感知与理解

窟内是个人世界，窟外是人人世界……莫高窟禅定佛身形柔润，发自灵魂深处的会心微笑让静静的观像者领悟到何为“禅悦”。这种领悟无须肢体语言，只是凝望中心与佛的一点灵犀。麦积山大佛则以法相庄严为参拜者所仰视。大佛可以俯视众生，膜拜者可以五体投地。（刘晓慧《佛教石窟艺术——从佛造像的变化看佛教的本土化》）

（2）老师们对“人”的感动与领悟

樊先生给我们做报告的内容是她早已烂熟于胸的。由这样的大家为我们梳理对莫高窟和藏经洞的认识，实在是奢侈……田老师、雷老师在我们的考古体验日里热情安排、款待我们一行人，但是我们做的也就是现场体验洛阳铲，下到先秦埋葬坑里草草地体验考古挖掘，与先秦文物亲密接触那么一下……“因为热爱而来，由于专注而留下”，显然，一路上遇到的各位前辈都希望通过自己的努力，让我们也能更加细致地领略到历史深处的魅力，然后通过我们的教学传递给孩子们。（韩丹《热爱　坚守　绽放》）

（3）老师们对“事”的探知与思考

边研习燕礼，边沉思三代青铜酒器承载的中国礼制文化——用道德来约束君王与臣子。燕礼等礼制在正正经经、规规矩矩的君臣之乐中进行，为的是明确“君王的尊贵”与“臣子的义务”。三四千年的“君贤臣忠”，事实上是建立在道德约束之上的。这约束力强焉？弱焉？若说其“强”，集权统治下，君可以不贤，臣则不可以不忠——束君之力明见；若说其“弱”，竟能维系三四千年，且至今不衰——上下尊卑观念已入骨髓耳。初起的制度文化已成民族的心态文化，可喜乎？可堪乎？（黄文静《“酒池肉林”的联想——夏、商、西周青铜酒器探究》）

（4）老师们对“己”的反思与启迪

原本猎奇似的兴奋一扫而光，潜藏的人文精神如梦方醒，心中不自觉地“咯噔”一下，的确，这是数千年前我们祖先的安息之所啊，我在干什么？惊扰了先人的安息不说，还在这方净土上作秀，这是何等的不敬，俨然不是一个所谓“文明”历史人的作为！退一步讲，由于我们的造访，已经打乱了田队长原有的考古计划，如果再继续“野蛮挖坟”，就是对考古队员劳动成果的不尊重啊！直到当天深夜，依然内心惶惶不安，唯愿逝者安息！愿田老师和考古队员们原谅我们这些无知者无畏的后生小辈！（王良《做一个行者，游走于看得见与看不见的历史之间》）

（5）老师们对“精神”的参悟与笃定

读书人在哪里？他们很孤傲，因为他们有理想，梦想着河清海晏，国泰民安，君明臣贤，万世太平；他们很痛苦，因为理想在现实中往往碰得粉碎……他们很执着，因为自幼信奉的便是“修齐治平”“虽千万人吾往矣”……然而，当读书人执着于自己的理想时，他们无意中把自己和政权绑定到了一起，而丧失了最可宝贵的特质——独立的立场、自由的精神……时至今日，雷教授的一个动作都还定格在我的记忆里——他用一支未点燃的香烟做“教鞭”，在甲骨上比画着。当时的我不禁哑然。好个自在的老雷！他虽然离周公很“近”，但这一支香烟的功用竟是如此洒脱，浑然忘却功名之累。这，或许就是心中自由为上的知识分子应有的风貌吧。（赵利剑《周公之梦》）

2. 整合与应用

在老师们的专题研究中最令人欣慰的研究成果即在“文物史迹与教学”专题中。这不仅因为此专题下的成果最为丰富（见表2），还在于其间已有教学实践中的切实应用与反思。

表2 “文物史迹与教学”专题研究成果

序号	成果名称	学校	作者姓名
1	史迹考察与历史教学——丝绸之路考察有感	北工大附中	郝 薇
2	丝路考察随想	东方德才学校	张 泓

续表

序号	成果名称	学校	作者姓名
3	黄河千里外　丝路万年长——考察归来话心得	垂杨柳中学	李 琰
4	从周公庙、周原遗址看西周教学	东方德才学校	崔秀真
5	丝路史迹考察与初中历史课程资源的开发与利用	北京四中	王小琼
6	朝圣之旅后的第一节导言课	清华附中朝阳学校	黄文静

（1）“文物史迹”与“教学”结合的深度思考

深入阅览此专题会发现，本次“文物史迹”与“教学”的“结合”深度、广度，紧密程度，理性思考的程度都有了质的飞跃。

一路前行，一路思量：未来在西周政治文明的《从内外服联盟到封邦建国》一课中，如果就以今日所置身的周公采邑为例来解读西周的分封制，其间还能够将一代名相对中国政治制度与思想文化的辉煌贡献融于一炉，加之自己身临其境的真实感受，拉近这相隔3000多年的历史距离似不再难。而从周公这个已经在自己头脑中越来越鲜活的人物身上去探知西周早期的文明发展，又可以大大降低教材的理解难度……这就是活生生的人——因为眼前的甲骨正是周公旦的亲用之物，当我们把它置于掌心时，已经完成了与一代贤相的握手！这就是活生生的历史——因为它带着周公的气息，记着周公的故事！数片甲骨让3000年不再遥远！而这又是何其珍贵的教学资源！（崔秀真《从周公庙、周原遗址看西周教学》）

除了上述切实可行的实践性思考，更可贵的是老师们各具特色的实践应用。

（2）“文物史迹”与“教学”结合的实践性应用

a. 以认知历史学为目的的方法性结合

考古学为我们了解历史提供了真实的第一手资料，尤其是在文字出现以前，考古成就更是我们了解历史的重要途径；生活在北京的中学生（其实也包括我们老师在内），对考古现场及与考古相关的物件不甚清楚，又非常好奇。鉴于此，在讲《中国历史》第1课的第一个环节时，我充分利用了今年暑假的周原考古体验……

我的周原考古体验为此课程资源的开发与利用提供了可行性，四张照片和一段视频的精心选择构成五个步骤，并衍生出七个问题，均是围绕期望达到的课程目标来实施的。通过这个教学环节，学生初步感知了考古，训练了从图片中提取有效信息分析、解释历史的能力，初步理解了考古学的意义，更从考古工作者的坚守中，潜移默化地在情感上受到熏陶和激励。（王小琼《丝路史迹考察与初中历史课程资源的开发与利用》）

b. 以感悟精神境界为目的的价值性结合

敦煌学人理解他，那种坚韧不拔的意念。遗像前的那束干草花就像沙漠里不死的胡杨一样，一如墙角的那束即使早已干枯的干草花。

我不知道是不是敦煌人会认为他们自己就像这种植物一样，生命不死。（黄文静《朝圣之旅后的第一节导言课》）

三、实践性课程意义价值的追问与反思

回望、思忖，两度史迹考察使老师们收获了宝贵的课程资源，并使自身为师治学的研究功力日渐深厚。故而，作为史迹考察这门实践性课程的设计者，我们确实需要进行一些追问：原初预设的课程目标指向与眼界是否具有前瞻性和开阔性？实践性、系列性、专业性的史迹考察课程到底应该具有怎样的课程特征？

（一）史迹考察的实践性课程之于教师专业能力的发展意义探究

整个史迹考察过程其实就是历史教师自主建设个性化历史课程的资源累积过程，历史与社会实际问题的感受、思考与启悟过程，更是将现有教学与亲历史迹考察收获深度结合的过程。在这种深度结合中，包括了种种历史教师重要的教学能力：

史料教学的全程把握——搜集→整理→运用；

史料类型的多重构建——文本、图片、影音等；

史料整理方法的研习——分类、编辑、整合、分析、辨别等；

史料运用的深度透析——与教学内容的契合性。

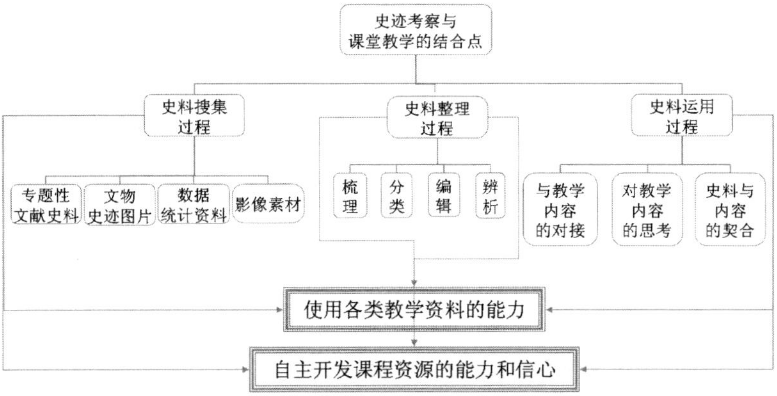

图 2 史迹考察与课堂教学关系

透视上述考察成果，史迹考察途径对于提升学科教师的“原创”性课程资源自主建设能力具有无可替代的意义和价值。而系列史迹考察更以其所体现出的历史高度的包容性、囊括性、生动性、鲜活感等特性，在大大促进了历史学科课内教学的同时，也大大提升了历史教师可持续发展的专业教学能力。

（二）课程设计的前瞻性、开阔性、可持续性追问

对于历史学科而言，我们的教学每天都在与远逝的历史对话。这样的对话是开放的、自主的、人文的、理性的，更需要对话者富有积蓄、拓展、体悟、省思、沉淀、涵养的心理能量和深刻、敏锐、灵活、逻辑、独创、批判的思维品质。这些能量的汇聚与品质的提升靠了开放的、弹性的、自由互动的学习环境；靠了自觉吸纳专业性与人文性课程资源的意识；靠了亲历历史与社会生活万象的经验；靠了感受与领悟人文情怀和文化滋养；靠了理性认知、内化并践行的实践积累。而这些正是创建此系列实践性课程时确认的课程目标。因此这一课程目标的制定确实能够有力保障课程实践过程中所需的前瞻性、开阔性、可持续性。

（三）实践性史迹考察课程特色的追问

条分缕析之后，对于课程特色的追问大致可以从两个方面进行：

1. 考察过程之特色

（1）走出文字书写的历史，巡礼华夏文明史迹，知天地广大，道理精微；

（2）亲临实境，体察与触摸历史与社会真实；

（3）以真实的地域文化为背景，进行现场解读的导学课程；

（4）随团文物与历史教学专家全程讲解，更易知晓地域文史与人文风情；

（5）各地专家、专业人士精讲解说，尽显深厚的学术造诣与人格魅力；

（6）综合性考察与专题性研究兼济；

（7）同行、同道随时随地的切磋、研磨、碰撞，广集众家智慧，生发难得思维灵感。

2. 考察结果之特色

（1）使课本中以文字呈现的历史更具生动性、形象性；

（2）吸纳、累积了种类丰富的、从有形到无形的、具有可持续性的课程资源；

（3）思维认识更具深刻性、逻辑性、开放性、自由性、独立性、批判性；

（4）感受力、洞察力、领悟力、思想力、内化力、实践力获得实在提升。

创建工作坊提升中学历史教师学业水平监测素养

张逸红
（北京市西城区教育研修学院）

学业水平考试主要衡量学生达到课程标准的学习要求的程度。[①] 学业水平监测素养指教师运用现代测量工具或手段，对学生的学业水平进行检测并诊断，给学生提出改进意见或改进自身教学的意识和能力。当前，中学历史教师学业水平监测素养普遍低下，培养手段单一，实践机会缺乏，已经成为制约专业发展的一个重要因素，也不利于学生核心素养的培育和健康成长。

一、提升历史教师学业水平监测素养的重要性

历史学业水平测试是以教育部制订的《历史课程标准》为依据，考查学生历史知识的掌握情况，以及在唯物史观指导下运用历史知识和方法分析问题、解决问题的能力，改进教师教学，促进学生核心素养水平提高的过程。

① 《课程标准（征求意见稿）》，“学业水平考试命题建议”部分。

（一）问题的提出

当前我国基础教育改革进入深化阶段。此轮改革的基本趋势是进一步确立教育的基本目标、完善课程内容、改革课程实施方式，深化考试和招生制度的改革，整体提升教育质量。而现代教育背景下，“考试”承载了更多的内涵——不仅要测试学生的知识输入情况，还要检测学生的学科能力，从试题命制和测试中关注并引导学生的发展变化。在中学阶段，学生的学业成长是一个持续的过程，因此同样需要持续的学业水平监测。

1. 教师学业水平监测意识不强

一个完整的教学过程，通常要考虑以下因素：目标——要到哪里去？过程——怎么去到那里？目标检测——去到那里了吗？但事实是一线教师很少有意识进行这样的反思。

一种情况是教学目标不明确，教学过程无监测，教学结果（学业水平）无反馈。在新课程理念的引领下，许多教师的教学设计颇具创意，课堂教学“游刃有余”。然而对学生学得怎样，收获如何，不知道或不清楚。部分老师常抱着“教过了，讲过了，就算完成任务”的心理，没有对于学生学业水平负责任的强烈意识，更没有依据课标、运用科学工具反思教学的习惯。结果到了毕业年级，或面临严格的测试，往往无所适从，焦虑不安。学业测试成绩不理想，只找学生的问题，年复一年，低水平重复教学经验。

另一种极端做法是，目标过于功利，只关注卷面上能检测出来的学生学业水平，照本宣科，方法单一，结果造成学生对历史学习失去持久的兴趣。这类教师不是靠学科内容和教学的魅力吸引学生积极主动地学习，而是用考试高压逼迫学生被动地学习，“考什么教什么”“怎么考怎么教”。

测试是学校教学工作的一个重要环节，它是检验教学效果、改进教学的信息来源之一。教师的学业水平监测意识不强，最终造成学业水平测试的教学导向功能无法发挥，教师缺少对自己教学的反思，教学改进更无从谈起。

2. 运用测量工具或手段的能力不足

从教师寻找命题工具的能力看，只会“拿来主义”，从网络上“东拼西凑”一张考卷，或者直接从教辅材料中抽取试卷，缺少对习题的精选和整合。从命题技术来看，许多教师的命题观念陈旧，思路保守，内容浅显，设问缺少意义关联和层次递进。

教师在给学生讲解题目时，只讲答题技巧而不讲答题的“理”。往往是就题讲题，就着答案讲答案，不能参透试题背后所体现的学科知识体系，不会分析题的类型和思路，“题海战术”大行其道，造成学生刷题无数，遇到新题还是一筹莫展，无从下手。可见，若教师命题能力不强，学生不仅受累，自信心也会受到打击。

测试数据统计出来后，对于数据的解读能力欠缺，不知道运用数据分析和诊断学生学习目标的达成情况，进而对学生提出有效的改进策略。

（二）原因分析

1. 对课程标准、教学和评价三者关系理解不到位

课程标准、教学和评价三者的关系如图所示。概要地说，围绕学生的学业成就，课程标准规定了课程内容和学生应达到的学习程度，即“学什么”“学到什么程度”，是教学与评价的基本依据；教学是达成学业水平的实施过程；评价是为了测试教学实践是否达到课程标准的要求，以促进学生取得学业成就。

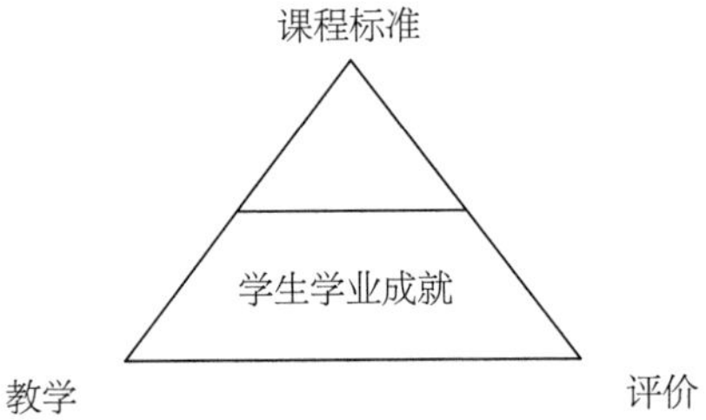

图 1　课程标准、教学和评价三者关系示意图

学业水平监测直接检验教学是否达到课程标准所规定的要求，反馈教学效果。学业水平监测素养是教师基本功的重要组成部分，依据课程标准制定目标并实施和进行测试是教师专业素养的具体体现，反映出教师对课程标准、教材的把握，对学生学习的了解程度。选题和命题更是集中地反映出教师对学科思想的把握，

因为通过对试题进行评估，可以判断出试题是否体现了教考一致、难度把握得如何、是否体现区分度、有无难题偏题怪题等。

因此，好的教师不仅是教学专家，还是评价专家，只有这样才可能促进教学与评价的有机结合。

2. “拿来主义”多，命题研究少和实践机会缺乏

一方面，学校采用上级统一命制的试题，基层教师的命题权丧失。“命题是一门科学，一门专业，并非是一位高水平的学科专家或有经验的中学教师就自然会命制试题。要学会命题，必须有相当的学习或训练。”[①] 虽然学生考试多了，但实际上基层教师命题的机会却很少。考虑到试题的保密性，诸如期末考试等比较重要的考试，大多由区县教研室抽取学校中水平较高的老师来联合命题，基层的教师尤其是年轻教师，根本没有命题机会。

另一方面，有关命题的研修活动过少，教师缺少必要的指导。学业水平测试是一个科学的过程，除学科知识外，还包含统计学方面的知识，以确保试卷的信度和效度。命题能力对教师多方面能力提出要求，并不是通过简单的自修就能习得。遗憾的是目前针对命题能力的培训和研讨并不多见，对教师命题等进行指导的针对性也并不是很强。

（三）问题解决的途径

基于以上分析，解决此问题的出路在于，关注并通过各种渠道提高教师的学业水平监测素养。学业水平监测素养的内涵如图 2 所示，由低到高包括三层。

可见，学业水平监测能力不等同于单纯的命题能力，树立意识，找到合适的工具，并进行分析改进才是重点和关键。我们强调命题能力的重要性，并不是提倡所有题目都由教师原创。我们需要的是一种对测试和命题持久的关注度，只有加强对命题的研究，才能更好地选题、讲题。作为教研部门来说，应该创设平台，提供机会。作为教师来说，更应该自觉地把对命题的研究作为提高教学能力的一个突破口。

---

① 聂幼犁：《命题理论与技术：新课程背景下如何改革》，《中学历史教学参考》2007 年第 4 期。

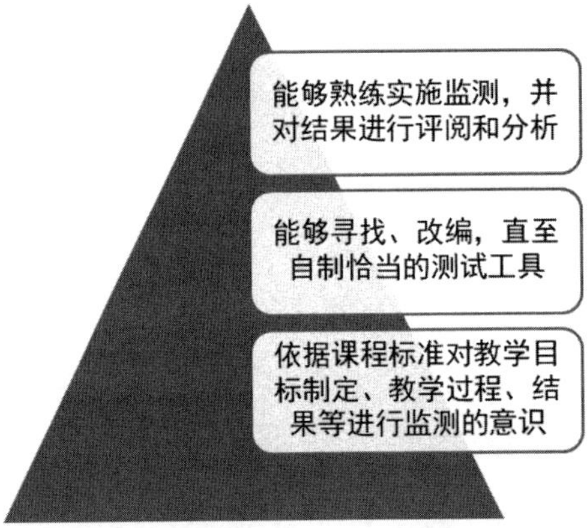

图 2　教师学业水平监测素养内涵示意图

工作室或工作坊的教师培训模式目前流行于世界许多国家。尽管名称不尽相同，但都有共同的前提，即要提高职后教师的专业水平，就要理论与实践相结合，聚焦学科的真实问题，依托专业引领，在行动中研讨，最终达到丰富教师的教学理论，提升教学能力的目的。

学业水平监测工作坊借鉴名师工作室或工作坊的形式，是以一个相对完整的学业水平监测为具体任务，在实践中提升学业水平监测意识和能力的教师在职研修模式。它的特点是以命题为核心，针对提升教师学业水平监测能力，其主体是教师、教研员，也包括大学教授等各类专家。实践证明，通过工作坊（室）的方式，组成一个团队共同攻关，在教师培训中取得过非常好的效果。

二、学业水平监测工作坊工作流程

学业水平监测工作坊的基本流程如图所示，大致包括：确定任务—组建团队—制定方案—理论学习—实践操作（制定蓝图—试题初稿—修订试题—研讨定稿）—数据分析和诊断。同时，因为它是在职研修的模式，还有一条培养的主线贯穿始终，各个环节都要从任务和培养的角度进行考虑。

在工作坊展开活动的过程中，以下具体环节需要特别关注。

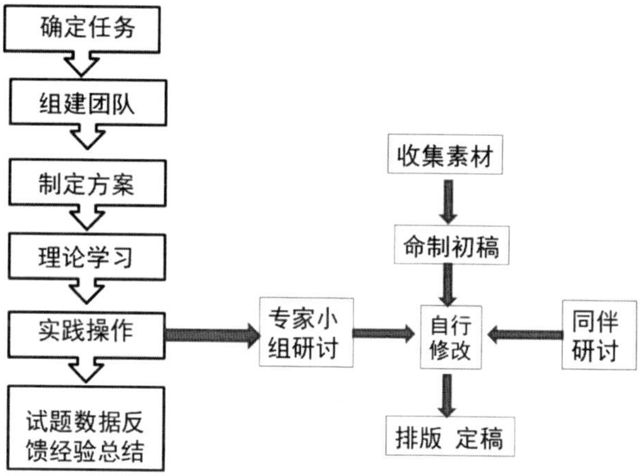

图3 学业水平监测工作坊工作流程示意图

（一）寻找合适的命题项目

教师职后教育属于成人学习，其特征是以问题为中心，讲求立即应用，要求有明确的学习结果，工作与进修互动推进。本项目以完成既定的命题任务为目标，在此过程中锻炼队伍，提升教师的水平监测素养。以此目标来衡量的话，对于初中学段，较为合适的项目是集团校（区域的联合）、规模较大学校的月考、期中或期末命题，区县毕业考模拟题；对于高中学段，适合期中、模块测试、会考的模拟题等。选取项目要把握的共同原则就是主要发挥测评的诊断、鼓励的功能，而不是选拔性功能。

（二）组建结构合理的团队

围绕既定的研究任务，建立一支结构合理的团队是工作坊效果的保证。从项目任务的不同范围出发，既可以在不同学校间建立跨校联合体，也可以在校本研修中组成校本研讨组。团队成员的组成要注意互补性，然后建立明确的分工，任务到人，以实现个人反思、同伴互助与专业引领相结合，促进教师的专业发展。

工作坊成员组成及分工示意图，具体要求如下：

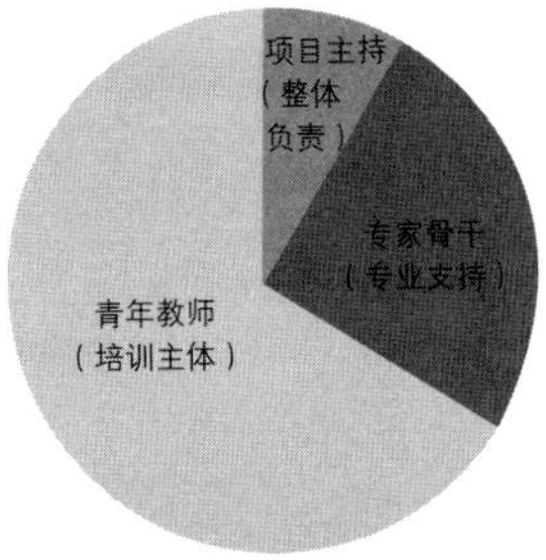

图4 工作坊成员组成及分工示意图

其一，项目主持——掌握方向，把握全局，如进度、难度等，一般由教研组长或教研员来承担，要求有较丰富的命题经验和较强的组织能力。

其二，专家骨干（2—3人）——本学科领域带头人，要求熟悉命题技巧，掌握数据分析的方法，能起到专业引领的作用，是命题质量的重要保证。

其三，青年教师（4—8人）——这是培训的主体，要求有一定的经验和理论基础，思维较快，悟性较高，但还不足以单独承担高质量命题的任务。其来源最好是能代表所测试对象的不同学校，对学生情况较为熟悉。

这种团队构成，避免了教师同水平的简单重复，而且分工协作，发挥各自优势，有利于建构和谐平等的研究氛围。需要注意的是，项目组成员具有相对性，随着具体任务级别不同，除青年教师作为培训主体以外，某些成员的角色也会发生变化。例如在高级别项目内，研修员或教研组长是项目主持人；在较低级别的项目内，就有可能承担起专家骨干的角色。

（三）制定方案

方案的内容主要包括时间、步骤、内容、形式、人员及分工等。一个项目一般持续两到四个月的时间，成果包括试题及其数据分析、教学意见改进等。由于团队中每位成员往往都身兼多重事务，因此一定要提前统筹，制订计划，让每位成员心中有数，提前做好工作安排。时间间隔上，既要保证有时间寻找素材，命制试题，又要避免因个别拖延而影响全局。

表 1　学业水平监测工作坊推进方案举例

时间	内容	形式	参与者
第 1 周	基本理论的再学习	讲座	学科专家骨干教师和青年教师
第 2 周	制定命题细目表	研讨	项目负责人
第 3—7 周	寻找素材和命题初稿	自主活动	全体
第 8—9 周	同伴磨题和修改	研讨	同伴
	同类题与专家磨题和修改		同伴 + 专家 + 负责人
	大团队磨题和修改		全体
第 10 周	排版和审读		全体
……	测试	考场观察	青年教师
最后 1 周	数据统计和分析	研讨	全体

（四）基本理论的再学习

在项目组教师已具备一定基础的前提下，为更好地完成任务，获得提升，要突出以下内容的再学习：

1. 查阅文献和学情调研——作为学业水平测试命题的根本遵循

一方面，了解考试的沿革与变化，当前历史中考、会考、高考的趋势与特点。可以采用讲座的形式，由骨干教师主讲，全体成员参与。应强调近年来的历史试题的发展趋势，摒弃以前那种呆板、沉闷的提问方式，试题更加新颖，更具有趣味性、实用性和人文性；考察的内容源于教材但又不拘泥于教材，激发学生自主学习；注重对学生能力、方法、情感、态度和价值观的考察，而不只是单纯记住一些史实等。

另一方面，应收集近年相邻水平学校的试题及分析，通过研讨交流，了解近两至三年与命题任务对应年级的命题和学生答题的情况，如难度、区分度等数据，以此作为命题的基本出发点。

2. 研读历史课程标准——树立依据课标进行测评的意识

课程标准是教学与评价的基本依据。学业水平试题的命题原则就是遵照课程标准的要求，评价目标应与课程标准中提出的课程目标相一致，考查内容及范围以课程标准所规定的课程内容为主，命制的试题要符合课程标准中提出的学业要求。

一方面，《历史课程标准》从“知识与能力”“过程与方法”“情感态度与价值观”三个维度，明确提出了课程目标；另一方面，《历史课程标准》在“内容标准”中就历史学习“学什么”“学到什么程度”提出了明确的要求。这为我们开展历史学业水平测试提供了指南。为确保学业水平测试与《历史课程标准》的一致性，有必要对课程的学习内容在“识记”“理解”“运用”三个方面的能力评分进行梳理和统计，作为历史学业水平测试的试题结构和难度的主要依据。

表 2 能力层级分类说明及课标试题举例

能力层级	常用行为动词	举例	
		课标要求	例题
识记	列举、知道、了解、说出、讲述、简述	简述“一国两制”的理论和实践	大陆海协会会长汪道涵与台湾海基会董事长辜振甫进行多次会谈，1992 年双方达成的共识是 A.“海峡两岸均坚持一个中国原则” B. 允许台湾居民赴大陆探亲交流 C. 两岸实现直接通邮、通航、通商 D. 实施“一国两制”的伟大构想
理解	概述、理解、说明、阐明、归纳	列举罗斯福新政的主要内容，认识罗斯福新政的特点	“提高农产品价值……将分散的、不经济、不平等的救济活动统一起来……对所有公共交通、通讯及其他明显具有公众性的设施进行全国性的计划监督。”发表此施政方针的是 A. 凯末尔 B. 罗斯福 C. 戴高乐 D. 撒切尔
运用	比较、分析、评价、探讨、论证	概述新文化运动的主要内容，探讨其对近代中国思想解放的影响	晚清至民国，中国在外抗强权和内求变革的过程中遇到重重阻力。先进中国人针对“传统文化的习惯势力”和“在这种制度和文化统治下的民众的种种弱点”提出了 A.“师夷长技以制夷” B.“中学为体，西学为用” C.“民族、民权、民生” D.“民主”“科学”

基于表 2 的水平分层，以历史必修一为例，进行统计如下表：

表 3 《高中历史课程标准：(实验)》必修一内容标准能力水平分类统计表（单位：处）

序号	必修一内容	识记	理解	运用	小计
1	古代中国的政治制度	5	3	0	8
2	列强侵略与中国人民的反抗斗争	3	2	1	6
3	近代中国的民主革命	2	6	0	8
4	现代中国的政治建设与祖国统一	3	6	0	9
5	现代中国的对外关系	3	3	1	7
6	古代希腊罗马的政治制度	3	3	0	6
7	欧美资产阶级代议制的确立与发展	3	3	1	7
8	从科学社会主义理论到社会主义制度的建立	2	6	0	8
9	当今世界政治格局的多极化趋势	4	2	0	6
总计		28	34	3	65

必修二和必修三同理统计。在此基础上，可以形成高中三本必修内容标准能力要求数据表。依照课程标准，得出以上的数据比例，在进行阶段测试时即可以照此比例，确定学科测试框架。

三、命题操作的实施及其应注意的问题

（一）制定双向细目表

“双向细目表”包括两个维度：一是纵向知识内容，确定考查的知识点或能力测试点及其所占比重；二是横向各知识点的具体要求，保证试题的数量以及难度比例，从而避免重复、混乱、偏离等现象。常见的双向细目表如表 4 所示：

表 4 双向细目表举例

考试内容				考试要求			预估难度值			题型		试题来源		
内容领域	题号	知识点或能力测试点	分值	A	B	C	0.4 以下	0.4—0.8	0.8 以上	选择题	非选择题	原题	改编	自编

对要考查的历史学科能力和试题的难度值进行预估，以保证命题质量和适用性。从培养和锻炼教师的角度出发，尽可能少用原题，多用自编的新题。对于能力要求的层级，对应课程标准的能力要求可以命制相应等级的试题。

（二）命题任务分配

命题实践分配任务时，一方面，依据青年教师的情况，可以选择题和非选择题两类题型都有所涉及，便于教师能尽快承担起独立命题任务；也可以分类推进，能力较弱的老师从命制选择题入手，能力强些的老师命制非选择题。另一方面，为确保试题的质量，专家和教研员也应承担相应的命题任务。

在此阶段，项目负责人要强调以下几点：

第一，依据课程标准、教学要求和双向细目表，自行收集材料，命题材料标明出处，且不做删减和摘编，以便后面核对。

第二，命题要有思想。即在遵循《历史课程标准》，强调能力和素养立意，注重考查三维目标的前提下，找出新视角，以增强试题的创新性、灵活性和探究性。正面引导学生，注意试题要有一定难度和学科特点。

第三，非选择题的问题的设计要有层次性，设问之间环环相扣，层层递进，体现了不同的能力要求。如，第一组设问要求是读懂材料；第二组的设问在理解、分析、比较材料的基础上才能作答；第三组的设问则是考查如何运用材料。

（三）命题研讨三步走：同伴磨题——小组磨题——全体磨题

试题初稿拿出来后，集体审读打磨，不断完善试卷及答案的科学性。

1. 命制相同或相近内容的青年教师组成同伴互助组，相互研讨

主要解决的问题是对照课程标准和命题蓝图，互检是否超出标准、是否符合命题蓝图的要求、是否与学生水平相适应等，进行初步的筛选。这一步骤主要是培养青年教师形成依据课程标准和蓝图命题的意识。

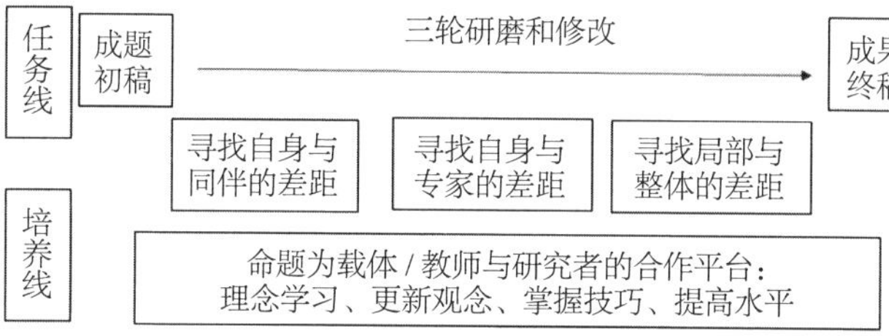

图 5 学业水平监测工作坊任务线和培养线设计理念示意图

需要注意的是，一是这个阶段尚不需要对题进行细致研讨，先把握大方向；二是素材相近的题，选择较好的题；三是引用原文作题干，其材料不宜删减，多些保留便于专家骨干教师全面理解材料的主旨。在此阶段要建立起团队讨论机制，因为培训过程不是单向传授，而是依赖于培训者与被培训者之间的互动。

2. 由专家、负责人和青年教师组成小组对试题进行研讨

首先解决的问题是每道题目的立意、选材、成题是否一致，确定是否采用该题，或是修改后用。其次，在确保主旨的情况下，对题干材料进行补充或删减，以全面体现材料的原意，并符合学生的认识水平。第三，对设问和选项进行进一步打磨。

此阶段培养青年教师应关注以下两点：一是对材料的鉴别能力，有的材料因为作者的立场、观点、视角不同形成多种解释，青年教师易偏离材料内在联系，不能“融会贯通”；二是问题的设计能力，青年教师容易把相关的问题都设计进去，对材料的利用率不高，成为一种变相的问答题，无法考查学生提取材料有效信息及进行归纳、概括和分析的能力。因此，问题的设计要围绕材料来展开，并能根据特定的材料、利用所学知识解答特定情境下的问题，而不是脱离材料来回

答课本上现有的结论。

3. 整个团队的再打磨

经过前面两步的修改，这时需要集中全体成员的力量整体打磨试题。一方面，对照命题蓝图，注意各部分内容的结构比例。同时，再三地读题，推敲问题情境是否交代清楚，表达是否简练，是否符合学生的阅读水平，进一步完善每道题的题干和选项。从培养教师的需要出发，专家和骨干教师不急于发表意见，让青年教师先发现问题，或把发现的问题让青年教师提出解决的方案。

另一方面，用心打磨试题的答题部分，主要是从学生的角度考虑，做好三个方面的工作：一是思考学生可能的答案，判定这些答案中哪些可以给分，哪些不能给分，把握评分的宽严；二是揣摩学生的解题思路，审视试题给予的情境是否充分，设问的角度是否有歧义；三是估计试题难度，一线教师基于对学情的了解，可以充分发挥其作用。

总之，学业水平监测素养的培育已成为当前中学历史教师专业发展迫切的要求。在一般教师培训课程之外，创建工作坊以帮助青年骨干教师实现命题经验和能力的重构是一个非常有效的途径。它提供给教师主动参与和深度参与的机会，团队形成合力，在交流中碰撞，在碰撞中反思，研究结果作用于工作实践，推动教师在反思中成长。

从中学教育教学实际看历史教师的素养

周云

（北京师范大学第二附属中学）

一、问题的提出

随着新一轮课程改革的启动、学生核心素养概念的提出，人们对历史教师[①]的素养又提出了新的、更高的要求。越来越多的学者和教育者指出，新课程改革下学生历史学科核心素养的提升，前提一定是历史教师必须首先具备这些素养，随后教师在实际教学中内化、渗透和真正落实这些素养。“没有好的历史教师，就没有好的历史教育”[②]，一个好的中学历史教师对中学历史教育而言至关重要。人们普遍认识到，“好的历史教师”一定是具备极高的综合素养，包括师德素养、专业素养等各方面素养，且对学生成长发展产生明显积极作用的教师。高素养的历史教师，通过课堂内外的教育教学实践活动，或直接或间接地影响着学生的成长与发展。所以，不管是从新一轮课程改革对历史教师发展的内在要求看，还是从历史教师对学生成长的帮助与影响观察，都不难发现，历史教师的素养在中学历史教育教学中至关重要。

① 如无特别说明，本文中的“历史教师”皆特指中学历史教师。

② 黄牧航：《历史学科核心素养与历史教师的专业发展》，《历史教学》2016 年第 11 期。

基于历史教师素养的重要性，学界和教育界一直非常关注对历史教师素养的探讨和研究，对历史教师素养的内涵、提高历史教师素养的策略等方面都提出过诸多有价值的看法和建议。[①] 总体而言，这些成果更多是从历史学的内在要求、历史学与中学历史教学的结合等角度进行的探讨。这些探讨站在学科的高度，对历史教师的素养提出了高屋建瓴的认识，具有极高的指导价值。我们知道，中学历史教师的主要活动空间在中学，中学历史教师素养主要在中学的教育教学活动中得以展现并发挥作用。如果忽略中学实际来谈中学历史教师的素养，难免有隔靴搔痒之感。作为中学一线教师，笔者认为，从中学实际出发，从中学历史教师在中学教育教学活动的角色、功能出发，分析探讨中学历史教师在实际工作中最为需要的素养，当不无益处。

二、中学教育教学中的历史教师

（一）中学历史教师在学校的不同角色

中学历史教师在学校中的角色是多样的。教学方面，除完成日常的国家课程任务外，历史教师一般还需要开设历史类校本课程，重点中学的历史教师还可能负责开设本校的大学先修课程。[②] 除历史教师的主要身份外，中学历史教师还可能是研究性学习的指导教师、自主研修的指导教师等。德育方面，在新一轮课程改革以前，历史教师，尤其是教授文科班的历史教师，极有可能担任班主任；新课程改革后，实行导师制的学校，历史教师一般会担任学生的导师。科研方面，重

① 如黄牧航《历史学科核心素养与历史教师的专业发展》（《历史教学》2016 年第 11 期），就历史学科核心素养的提出对中学历史教师提出的挑战、历史教师专业发展的意义和内容以及历史学科核心素养与历史教师的专业发展的契合点等方面提出了自己的认识；宋波《提升历史教师胜任力应关注三维素养》（《中学历史教学》2017 年第 6 期）从历史教师胜任力的角度提出了关注教师的师德素养、专业素养和信息素养等。

② 北京大学于多年前开始开设中国大学先修课程，历史学科开设的课程是《中国通史（古代部分）》，经过北京大学的培训和考核，由中学教师向选修此课程的高中学生讲授大学本科一年级水平的中国古代史内容。此项课程前些年主要是在全国各地的重点中学开设。

点中学的历史教师一般需要承担或者加入不同级别的教育教学课题。[①] 学生活动方面，历史教师一般需要担任相关社团的指导教师。此外，历史教师还需要很大程度上参与学校举办的各种教育教学活动，如外出社会实践、学校特色实践活动等。

不难看出，历史教师在中学的工作是多方面的，不仅局限在课堂历史教学上。当然，其他学科的教师也会不同程度参与学校的教育教学活动，但由于历史学科的学科特色，一般而言，在学校举办的各类教育教学活动中，历史教师参与的频率和参与程度都远高于除语文学科以外的其他所有学科。由于历史教师在学校的各种教育教学工作以及各种教育教学活动中扮演重要的角色，所以，历史教师需要具备的素养是多方面的。

（二）中学历史教师需要处理的几对关系

单就历史教学而言，笔者认为，中学历史教学主要涉及三部分内容：一是历史教师，二是学生，三是中学历史学科本身。中学历史教学工作中所涉及的各种关系，其实主要是这三个部分间的关系。具体而言，在日常教学中，历史教师需要处理如下关系：

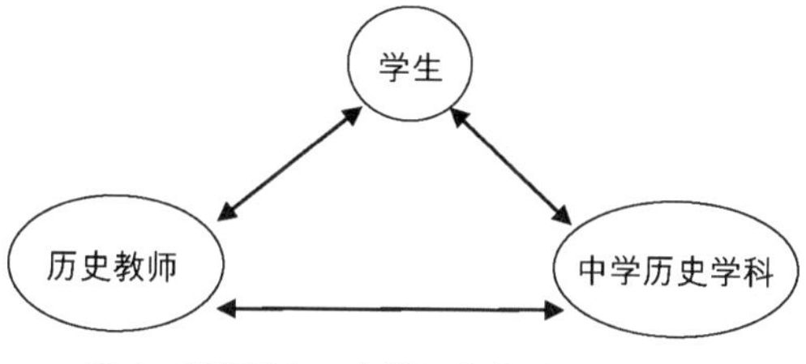

图 1　教师学生、中学历史学科关系示意图

其中的“中学历史学科”包含了中学历史学科的知识、方法与理念等。

第一种关系是教师→学科→学生。也就是教师研究、理解、掌握学科知识、方法以及理念，然后将这些知识、方法与理念通过各种方式传授给学生。

① 如笔者所在中学，历史教研组的每位教师都已参加或正在参与国家级、省部级、区级教育教学课题。申请高级职称时，教师需承担或作为骨干参与省部级以上的课题。

第二种关系是教师→学生→学科。包括两种情况：一是教师主动了解学生的状况，了解他们已知什么，缺少什么，需要什么，而后选择适当的教学内容，确定恰当的教学方式；二是在教师的引导之下，或受教师的影响，学生自己对历史学科产生了浓厚的兴趣，愿意自己主动去学习、探究历史学科的相关问题。

第三种关系是师生→学科→师生。也就是教师与学生间形成了良性的互动，一起对学科相关问题进行探讨，最后教师与学生都能够得到提高，也就是我们常说的“教学相长”。

不难发现，传统的中学历史教学模式更多是第一种关系的体现，而新课程提倡的更多的是后两种关系。很明显，在以上三种不同的关系中，历史教师的角色、作用是有所区别的，由此，对中学历史教师需要具备的素养也提出了不同的要求。

上述三种关系的处理是中学历史教学中的基本情况。其实，在实际的中学教育教学中，历史教师还需要处理更加复杂的关系。

众所周知，中学历史（中学历史教育、中学历史学科）与历史学有密切联系，但二者又有所区别：历史教育不等于历史学，中学历史学科也不等于历史学。所以，中学历史教师需要处理好中学历史与历史学的关系；在基础教育阶段，学生需要接受多个学科的教育，特别是在高中阶段，学生面临沉重的升学压力，各科的学习都很重要，需要提升学生的总体素养，所以，历史教师还需要处理好与其他学科教师的关系，与各科教师一起为学生的发展提供一个合力；新一轮的课程改革提出不分文理，给予学生更多的自主权，于是，在新课程改革之下，就会出现“选考”（即学生选择历史作为其高考科目）与“学考”（即学生参加学业水平考试，不把历史作为高考科目）的区别。二者对中学历史学科的定位是不同的，所以，在实际教学过程中，二者的教学内容、教学方式、教学难度等都应有所区别。

如果再进一步引申，中学历史教师还需要处理历史学与其他学科，如心理学、教育学以及中学中的其他相关学科的关系；还需要协调跟学校其他部门的关系；需要协调与学生家长的关系，等等。这些关系的处理与协调，是中学教育教学工作的重要组成部分，极大地关系到学生的成长发展，需要中学历史教师能够胜任。

三、立足中学实际的历史教师素养

基于中学教育教学实际，笔者认为中学历史教师需要优先并且重点具备以下三方面的素养。

（一）师德素养：深厚的情感、宽广的胸怀、奉献的精神

师德是教师的职业道德，是教师必须遵守的道德规范和行为准则。师德是基础，没有良好的师德，教师的其他素养便无从谈起。包括教育界在内的社会各界对师德做过不同层面的阐释，尤其是宏观层面的阐释。立足中学实际，笔者认为，中学历史教师需要具备的师德至少应当包括深厚的情感、宽广的胸怀以及奉献的精神。

深厚的情感是指中学历史教师应当对历史学充满热爱，对中学历史教学充满热情，对学生关心爱护，真心诚意地帮助学生成长。一个不喜欢历史学、不热爱历史学的人，不可能在历史学习或研究上下太多功夫，当然也不太可能具备较高的史学素养；如果一个历史教师对历史学没有兴趣，而是迫于无奈成为历史教师，那么他对中学历史教学的态度与投入也不会太高。笔者所在的中学每年都接收历史学院的免费师范生前来进行教育实习，曾不止一次碰到实习生不愿备课、不愿上课的情况。究其原因，是他们根本不愿意做中学历史教师，只是迫于学校的规定，被迫来中学实习而已。

教师的根本任务是育人，教师的主要工作对象是学生，正如前揭，中学历史教师在工作中处理的各种关系，其实都是围绕学生展开的。如果缺乏对学生真正的关心与爱护，对学生缺乏感情，那么，教师便很难主动做到经常与学生进行充分的交流，于是在课堂内容的设计、实施与反馈中便容易忽略学生的真正需要；在日常教学中，也很难基于对学生的总体发展考虑，主动做好中学历史学科与其他学科的协调关系；在做家长工作的时候也难免推脱、应付。

中学历史教师给人的印象一般是古今中外无所不知，但其实历史是复杂的、包罗万象的，而人的认识能力是有限的，所以，没有哪个中学历史教师能够做到

对每一个历史方面都有较深入的了解。由于兴趣不同、专业不同，仅就校内而言，教研组内、年级组内的不同历史教师熟悉的领域也有差异，不同历史教师对某个问题的认识也会有所不同。面对不同的观点，在教研组内、年级组内，教师们应该拥有宽广的胸怀，虚心听取别人的观点，哪怕是批评的意见，不盲从亦不固执己见。随着国民文化水平的提高，以及信息获取途径的多元，高中阶段的部分学生已经能够对某个感兴趣的历史问题进行深入了解甚至达到初步研究的地步。如笔者所在学校，就有学生对普鲁士的历史有深入了解，有学生对法国历史情有独钟。所以，在中学教学中，教师经常会遇到一时无法解答学生问题的情况。这个时候，教师不能以不知为知，勉强应付学生的问题，而应该首先拿出“知之为知之，不知为不知”的态度，坦诚相对。而后再采取相应的处理方法，要么从认识论层面对学生进行指导，要么查找资料予以解答，要么师生共同交流探讨。在复杂的历史面前，不管对同行还是对学生，始终保持一种宽广的胸怀，这不仅是历史教师自身素养的体现，对学生也是一种积极正向的引导。

前揭，因历史学独特的人文性与教育性，一般而言，学校的各种教育教学活动几乎都需要历史教师的参与，甚至假期的某些教育教学活动也不例外。以笔者所在中学为例，学校利用暑假时间，面向内地和港澳台高中学生，已连续三年举办“中学生优秀传统文化传承高端论坛”活动。在此活动中，除学生处教师外，其他主要的工作多是由历史教师和语文教师承担的。其中，历史组教师需要承担外出参观活动的设计与组织、学生志愿讲解的培训、文化遗址讲解以及担任学生论坛点评专家等任务。在中学，历史教师往往需要承担比其他学科教师更多的工作，在这个过程中，往往需要历史教师有更多的奉献精神。

（二）专业素养：扎实的学识、娴熟的技能、终身学习的能力

中学历史教师想要站稳中学讲台，必须具备较高的专业素养。学界和教育界对历史教师素养的关注，重点即在历史教师的专业素养上。新一轮课程改革提出“核心素养”的概念后，有相当一部分学者和教师已经开始探讨历史教师的核心素养了。立足中学实际，笔者认为，中学历史教师的专业素养，至少应当包括三个

部分：扎实的学识、娴熟的技能以及终身学习的能力。

一名合格的中学历史教师，首先一定具备扎实的专业知识，包括史学专业知识和教育学、心理学等与中学教育紧密相关的专业知识。只有具备了扎实的学识，才能站稳中学的讲台，才能提高传道授业解惑的质量。其次，对于中学历史教师而言，还特别需要娴熟的技能。这些技能建立在扎实的学识基础上，是胜任中学历史教育教学的重要能力。一般包括课堂授课的能力，如授课的技巧、语言表达能力、课堂活动的组织能力、课堂管理能力等；指导学生的能力，包括研究性学习指导、应试指导等。另外，史学研究在不断进步，新的研究成果不断涌现，中学历史教师虽不是专业的历史研究者，但中学历史教学毕竟与史学有密切联系，特别是新一轮课程改革提出“历史学科核心素养”后，中学历史教学与史学研究在“史料实证”“历史解释”等诸多方法层面有了直接关联，所以中学历史教师需要及时关注史学研究动态，了解相应研究成果，及时体现、运用在日常教学中。不仅史学，教育学、心理学等学科的研究成果也不断涌现，所以，中学历史教师需要不断学习与中学教育教学相关的不同领域的新知识，具备终身学习的能力。

（三）沟通素养：良好的沟通能力、合作意识与合作能力

我们知道，很多时候一位学识渊博的历史学者不一定能成为一名优秀的中学历史教师；一位优秀的命题专家也很可能承担不了一名中学历史教师的工作。在中学实际的教育教学中，教师的主要工作对象不是史料，也不是各种试题，而是学生。教师需要围绕学生以及与学生相关的人群展开工作，所以，除较高的专业素养外，教师还需要具备良好的沟通素养。

在中学实际的教育教学中，围绕学生，历史教师需要处理、协调各方面的关系。在这个过程中，就需要教师具备良好的沟通能力。以日常教学为例，历史教师需要在课前、课中以及课后及时与学生进行沟通，了解学生的学习需求、状况以及效果；课下需要与班主任、其他学科教师交流学生的学习状况；甚至需要与家长交流学生在家的历史学习状态等。除日常教学外，由于历史教师在中学的角

色与功能的多样性，在德育方面、在学生活动等诸多方面，历史教师还需要与学生、与其他教师、与学校其他部门、与家长进行更频繁更深入的沟通。没有良好的沟通能力，历史教师在中学教育教学中的重要作用便不能够顺利实现。

除沟通能力外，合作意识与合作能力也是中学历史教师沟通素养中重要的组成部分。由于历史学科涉及面广的特点，在中学教学中，历史学科往往会与地理、语文、政治等学科发生联系，学生在历史学习时会经常涉及相关的地理知识、古文学知识、哲学知识等其他学科的内容。新课程标准提出历史课程的设计“既要注意与思想政治、语文、艺术、地理等课程的关联，又要有助于学生对其他课程的学习，力图使其与相关课程发挥整体作用，共同促进学生人文素养的发展”。所以，中学历史教师往往需要与其他学科合作，创设新的课程，满足学生发展的需要。以笔者所在中学为例，历史学科教师就曾与地理、语文、政治等学科的教师开展了不同形式的多学科联合教学。[①] 所以，在中学实际的教育教学中，历史教师的合作意识与合作能力是非常重要的。

历史教师的素养是多方面的，在中学教育教学实际中，特别需要历史教师优先重点具备师德素养，包括深厚的情感、宽广的胸怀以及奉献的精神；专业素养，包括扎实的学识、娴熟的技能、终身学习的能力；沟通素养，包括良好的沟通能力、合作意识与合作能力。以这些素养为基础，历史教师还需要不断提升包括信息素养在内的其他方面的素养，努力使自己的素养满足中学教育教学的实际需要，成为具备较高综合素养的“好的历史教师”，为学生的成长发展提供强大助力。

---

① 见韩月华、周云《多学科联合教学的设计与实施》（《中国教师》2017 年 8 月），韩月华、陈颖、张洁《文综联合教学实施过程的实践探索》（《中国教师》2017 年 8 月），张彤、徐燕、何杰《文史政学科结合，提升学生的阅读能力》（《中国教师》2017 年 8 月）等文章。

专题二

历史教师教育教学改革

学深为师　品正为范

——对师范教育的再思考

李月琴
（华东师范大学）

对于全国的师范院校，可能都会有“学高为师，身正为范”“学为人师，行为世范”或者“学深为师，品正为范”的校训。无一不是从“学”和“品”两个方面强调的，也就是我们的专业素养和道德品行。这两个方面从陶行知先生提出这两句话，一直到现在，我想在不同的时代，它的内涵应该是不断发展的。就像今天，我们所提到的“师范教育”，尽管我们是师范学校的教师，但我们对师范教育似乎不大再提，取而代之“教师教育”。这两者的区别，不仅仅是名称，更是范围的扩大。虽然从“师范教育”到“教师教育”内容发展了，但它最根本的两条，“学”（专业素养）和“品”（道德品行）还是最基本的。然而以我个人从教以及对师范院校同行和学校的了解，我认为目前师范教育存在着一些尴尬。

第一，师范培养体系的滞后。虽然教育部于 2007 年投入大量财政，实行了 6 所部属师范院校免费师范生的培养工作，但这些院校的整个师范培养体系依然显得滞后，无论是课程设置、师资队伍、经费投入都远远满足不了培养优秀师范生的要求。在课程设置方面，虽然各个院校都增加了教师教育类的课程，也象征性地增加了实践的课程，如华东师大“见习、实习、研习”三位一体的课程设置、职前职后培养一体化等。但对于越来越深入的中学历史课程改革的内容，在大学课程中几乎没有针对性的设计，以至于我们培养的学生入职后对于中学历史教材中新增加的内容依然陌生。虽然名为师范院校，但因各种评估排名的评价标准少有从师范角度提出的，因而各个师范院校虽然高举师范大旗，但实际上都朝着综合性大学方向发展。各个学校从事学科教学论的老师无论是专业还是个人都在各自的单位被不断地边缘化，师资队伍的建设大都没有跟进。师范生培养的经费，虽然国家投入了，但基本用在学生的学费和生活费上，对于学校有关师资培养的各类专用教室、中学教师的合作培养等，都因经费的欠缺而使得工作难以展开和深入。培养体系的滞后，导致了第二个尴尬。

第二，与基础教育的脱节。作为 6 所部属师范院校，理应在基础教育发展方面起到引领作用。确实，在新一轮基础教育课程改革中，师范院校的教育研究专家们对于教育理念、课程设置进行了蓝图般的设计。然而，具体到各个学科，就很难说都做到了这点。这里所说的“脱节”一是高校教师对基础教育课程改革的不了解。除了学科教学论的教师，师范院校中有多少教师会关注基础学科的改革，除非他的孩子在小学、初中、高中，被迫对此有所知晓，其他的根本就不了解。我们又何谈去引领！如果能引领，那也只是少数、个别人的引领。目前对于“核心素养”这个词，从 2014 年年底再到现在几乎所有的中学老师都耳熟能详。但是有多少师范院校的教师关注过历史学科的“核心素养”呢？我们是培养今后将具备这些核心素养的学生的老师，他们还承担着培养中学生具备核心素养的使命，如果高校对此不关注，又何谈对学生进行核心素养的教育？师范教育当中的“学”之任务，如何完成？在课程设置上，无论是通识教育，还是专业教育，包括学科教育，基本上都是与基础教育脱节的。随着《普通高中历史课程标准》(2017 版，下简称《课标》) 的颁布，如果说必修课“中外历史纲要”与高校历史专业设置的课程内容还基本上能够对接的话，那么对于高中历史课程设置选修模块“国家制度与社会治理”“经济与社会生活”“文化交流与传播”中的很多内容，大学教材中有些几乎没有涉及。当两年后我们的师范生去面对高中的学生时，他们能够承担这个教学任务吗？《课标》中很多内容在高校里面都是盲区，教学内容不适应基础教育的改革。

“脱节”的另一个表现是教学理念与教学观念的落后。因为对基础教育改革了解甚少，对于中学历史教学中所谓“以学生发展为本”“转变学生的学习方式”“以促进学生发展为目标的多元性评价”以及“史学思想方法的体现”等教学理念，师范生如不在历史学科教学法课上认真学习关注，那他的教学观念就一定与即将开始的工作环境是脱节的。有不少教研员、中学老师，对师范院校培养出来的学生会有一种毕业即淘汰的感觉。在就业面试中、在正式上讲台后都会出现他讲的内容全是他在上大学之前所受的高中教育的情况。

第三，专业氛围的缺失。教师的素养如何形成，品行如何养成，目前各个师范院校都在各显神通。比如说华东师大专门有孟宪承书院对师范生进行全方位的培养，从大一到大四，安排得满满当当，各种各样的活动，加上“人生导师”的指导，按道理，4 年下来应该对做一名优秀的中学教师信心满满，但实际上热闹的活动并没有起到原先设想的作用。我们都知道要成为一个优秀的教师首要的是专业素养，当然专业素养中包括教学技能，而我这里所指是史学专业素养。四年的大学学习首先要在史学专业上有长足的进步，对于史学知识、史学理论、史学方法应该全面掌握，尤其是研究历史的方法。古今中外，上下五千年，历史知识浩如烟海，我们不可能穷尽，但掌握了历史学习的方法，我们就可以在今后的工作中继续学习。在大学的专业学习中，应充分利用大学的资源，对于中学教材中提到的内容有意识地进行学习，无论在大学的课堂中教师是否讲到，作为未来的教师都应自觉学习。作为师范院校，应该在教师的引领下形成专业学习的氛围，对于诸如史学研究成果如何在中学中运用，如何使用中学教材等进行专门的讨论，使师范生在师范院校的学习中就有明确的意识。教学技能当然也是作为教师必备的技能，但作为技能我认为是假以时日基本都能解决的，而且某种程度上说教师的基本技能有时就是一种天赋，虽然后天训练可以提高，但不必从一年级开始就进行教学技能的训练。对于大一的学生，角色转换、专业学习都需要时间，因而应该静等花开。而目前很多师范院校从一年级就开始安排教学技能的训练，脱离学生实际。因而如果师范院校对于师范生的培养有一个全面而专业的设计，形成浓郁的专业氛围，对师范生的成长将会十分有利。

第四，教师资格准入低标准的冲击。国家对于教师这一职业的要求越来越高，从新世纪开始，从事教师职业的人必须取得教师资格证方能进入教师队伍。然而，教师资格准入太低，使得师范院校的学生失去了原本应有的优势。目前教师资格证考试只要求笔试和面试，笔试的内容包括教育综合和学科教育，面试是试讲 10 分钟左右。对于一些“学霸”，知识类的考试从来就不是问题，而面试因不同地区的不同要求通过率也非常高。因而，在就业季我们就经常看到这样的情况：我们学校的学生去应聘一些好的中学，基本上都会碰到人大的、北大的、南大的、南开的、复旦的，等等。和这些学校的学生一起 PK，中学更多的是倾向于那些非师范专业毕业的 985 学校的学生。他们考个教师资格证就可以了，甚至，在现在教师准入制度还不完善的时候，你还可以先进来，入职后再考教师资格证，因为它看中了学科背景，认为师范院校的学生把很多时间放在了技能训练上，专业知识没有这些学校的学生扎实。我们都知道一些发达国家教师资格准入中有一条最基本的就是必须修完规定的师范课程，必须完成规定的见习和实习的时间，少则半年，多则一年，之后再次进行专业考试，师范课程和实践是必备的。而我国教师资格只要通过教育综合和学科两门知识性的考试和 10 分钟的面试即可，实在是对师范院校的冲击太大。

第五，人工智能的挑战。当我们的围棋高手被机器人“阿尔法狗”打败，当“阿尔法狗”的第二代之间可以交流，而创造它的人类却无法听懂时，我们惊呼：人类的未来到底会怎么样？科幻电影中经常会出现人类将会被机器人灭掉，面对人工智能时代的到来，这种情景可能就不再是科幻，有可能真的成为现实。

下表是一张英国所做的职业调查表。

表 1　职业被淘汰率调查表

被淘汰的职业	被淘汰率
打字员	98.5%
会计	97.6%

续表

被淘汰的职业	被淘汰率
保险业务员	97.0%
人事	89.7%
保安	89.3%
房产经纪人	86.0%
工人，以及瓦匠、园丁、清洁工、司机、木匠、水管工等第一、第二产业工作	60%—80%
厨师	73.4%
演员、艺人	37.4%
警察	22.4%
保安	89.3%
艺术家、音乐家、科学家	3.8%、4.5%、6.2%
律师、法官	3.5%
教师	0.4%

从表中我们可以看到符合“无须天赋，经由训练即可掌握的技能；大量的重复性劳动，每天上班无须过脑，但手熟尔；工作室在狭小格子间里，不闻天下事”这三点，就是可能被淘汰掉的职业。而符合“社交能力、协商能力，以及人情练达的艺术；同情心，以及对他人真心实意地扶持和关心；创新和审美”这三项的职业，基本上就不会被淘汰。那么我们看教师职业正符合这几个方面，因而淘汰率是 0.4%，几乎就是不会被淘汰的职业。既然教师这个职业不会被淘汰，那我们又应该怎么做呢？如果说在未来，大数据、机器将把人类知识领域的事全部做完，人类和机器竞争的关键在于智慧、在于体验，而智慧和体验是只有人类才能做到的，那么作为教师在不再教授知识后，如何去帮助学生获得智慧，产生体验呢？如果说工业革命催生了无产阶级，人工智能则产生了无用阶级。据说今后的发展是只有 5% 的人在用脑，95% 的人在享受。作为教师如何培养这 5%，更重要的是如何使另外的 95% 更好地生存和生活，这是作为教师应该认真思考的。

大胆创新　迎接挑战

——免费师范生和卓越教师历史课堂教学模式改革刍议[①]

宋永成

（陕西师范大学）

根据国务院决定，教育部从2007年9月开始在北京师范大学、陕西师范大学等6所部属师范大学实行师范生免费教育。《教育部直属师范大学师范生免费教育实施办法（试行）》明确指出，实行师范生免费教育就是“要通过部属师范大学的试点，积累经验，建立制度，为培养造就大批优秀教师和教育家奠定基础”。并且规定免费师范生毕业后必须从事中小学教育10年以上，鼓励他们长期从教、终身从教。[②]因此，如何培养出能够适应中学教育需要的优秀毕业生就成为6所部属师范大学所面临的一项紧迫任务。基于这一原因，笔者根据多年从教经验及对当前中学课改的调查研究，提出了对免费师范生历史课堂教学模式进行改革的设想，并且得到了陕西师范大学教务处和教师教育办公室的大力支持。从2009年2月到2017年7月，在陕西师范大学历史文化学院历史学专业的免费师范生和卓越教师班学生当中进行了实践。到目前为止，这一改革已初见成效。下

---

① 本文是陕西师范大学重点教改项目“历史学专业人才培养模式创新研究”的阶段性成果。

② 《国务院办公厅转发教育部等部门关于教育部直属师范大学师范生免费教育实施办法（试行）的通知》，http://www.gov.cn/gongbao/content/2007/content_638524.htm。

面从免费师范生课堂教学模式改革的紧迫性和必要性、改革方案、取得的成效、改革中遇到的问题、需要完善的地方、改革的积极意义和影响等方面对这一改革做一总结。

一、免费师范生课堂教学模式改革的紧迫性和必要性

我们为什么提出对免费师范生历史课堂教学模式进行改革？主要是基于以下五方面的原因：

（一）从基础教育发展趋势来看，当前国内正在推行的中学新课改对大学课堂教学模式提出了严峻挑战

为了贯彻党的十六大提出的全面建设小康社会的宏伟目标，进一步落实基础教育课程改革的总体目标，教育部在2003年颁布了《普通高中新课程方案（实验）》。2004年9月，山东、广东、宁夏、海南等4个省（区）率先开始实验。2007年9月，陕西、湖南、北京等11个省市的高一新生进入新课程实验。根据教育部的整体安排，2010年前所有省（直辖市、自治区）将全部进入普通高中课程改革实验。因此，课改不仅是中学教学的必然趋势，而且也是大学教育很快就不得不面对的一个重大问题。目前中国的课改有两大特点，一是农村包围城市，二是中学推动大学。中学改了，大学不改是绝对不行的。根据笔者调查的情况来看，经过课改的学生与此前的学生在学习理念、学习方法、认知能力、思想追求等方面都有着天壤之别。以课堂教学模式为例，在全国课改最有名的山东省茌平县杜郎口中学，学生从初一开始，就实行“10＋35”课堂教学模式，老师上课只讲10分钟，剩下35分钟由学生以小组为单位进行自主、合作和探究式学习。整个课堂分为“预习”“展示”“反馈”3个环节，学生成为学习的主人，成为课堂的主角，而老师则成为名副其实的引路人。课堂气氛之活跃、学生学习积极性之高、学习效果之好是局外人难以想象的。现在这里每天都有成百上千来自全国各地的教育工作者观摩学习。山东省昌乐二中则以“271高效课堂”而闻名。昌乐二中针对

传统课堂教学的弊端，从培养学生的学习能力出发，变备教材、备教法为备学生、备学法，优化课堂结构流程，形成了预习、互动、测评的高效课堂模式。所谓“271”，即课堂45分钟分别按照2 ∶ 7 ∶ 1的比例，划分为“10 + 30 + 5”，要求教师的讲课时间不大于20%，学生自主学习占到70%，剩余10%用于每堂课的成果测评。该模式的特点是“课前”准备紧锣密鼓、“课上”互动热火朝天、“课后”复习温故知新。教师将事先准备好的导学案，提前一至两天提供给学生，便于学生预习准备。上课后，前10分钟为预习；中段30分钟，教师针对各小组提出的问题迅速进行整理并结合自己已准备好的新授课的教学设计，进行点拨、引导、分析、讲解；后段5分钟，学生迅速整理本节课的知识结构及知识要点。该模式打破了教育的单向传授形式和学生学习天性受压抑的沉闷氛围，真正把课堂还给了学生，使得学生在灵动与鲜活的课堂上自主学习、协作学习、分享成果，切实提高了学生学习的积极性，实现了课堂教学效率的最大化。课堂教学模式改革在广东省深圳市红岭中学、河北围场天卉中学、河南省郑州市102中学、四川省成都市武侯实验中学、重庆市綦江县各中学等许多地方都蔚然成风。尽管这些学校的课堂教学模式形式各异，但却有一个共同特点：老师在课堂上讲授的内容大大减少，主要的教学内容都是由学生通过自主、合作和探究的方式来学习完成。我们在调查中发现，经过课改的学生不但自主学习能力强、思维活跃、善于独立思考问题、口才好，而且具有强烈的自我展示欲。他们一旦进入大学，必然会对目前大学课堂僵化的“满堂灌”模式产生强烈的反抗情绪。这是大学教育不得不面对的一个严峻挑战。

（二）从师范大学的职能来看，中学课改对免费师范生的人才培养模式提出了新的更高的要求

尽管中学课改在山东、广东、四川、海南等许多省份已经取得了令人瞩目的成绩，但是，在不少地方仍然举步维艰，甚至流于形式。其中一个很重要的原因就是从教育部门的主管者到一线老师既不愿意也不知道如何改。2007年下半年，教育部和陕西省先后在陕西各地举办了一系列的高中教师新课改培训会。但是，

我们在调查中发现，目前陕西的大多数中学仍然沿袭旧习，几乎没有进行课改。据了解，其他省市类似的情况也屡见不鲜。难怪有些学者惊呼："中学课改面临安乐死！"查其原因，除了高考应试的压力外，就是许多中学的领导和教师思想保守，观念陈旧，缺乏推动课改的动力。而那些曾经参加过新课改培训的老师即使想改，也因为对课改理论一知半解，缺乏实践锻炼，不知如何操作。造成这种现象的根源就在于我们的师范生从来没有接受过相应的教育训练，我们的师范院校没有培养出能够担当这一历史重任的合格教师。面对中学课改所面临的这种困境，作为为中学教育培养人才的师范大学，难道我们能置若罔闻，见死不救吗？"百年大计教育为本，教育大计教师为本。"[①]"任何教育改革最终都要依赖于教师的理解与执行，依靠教师来发挥作用。"[②]为了从根本上解决这一问题，我们就必须对目前师范院校的课堂教学模式进行改革。我们不仅要在更高的层次上研究中学课改，解决中学课改在教育理念、教学方法上遇到的各种难题，而且要培养出能够适应中学课改、推动中学课改、引领中学课改的新型师范生，这是我们义不容辞的社会使命。只有这样，我们才能更好地为中学教育服务。否则，闭门造车，盲目培养，就会使我们的毕业生刚一走出校门就陷入对新课改手足无措的尴尬境地，不得不去接受各种各样的课改培训。

（三）从学习效果来看，传统课堂教学模式弊大于利

苏联著名教育家苏霍姆林斯基曾说："在学生的脑力劳动中，摆在第一位的并不是背书，不是记住别人的思想，而是让学生本人进行思考，也就是说，进行生动的创造。"[③]美国著名的人本主义教育家卡尔·罗杰斯也指出，"凡是可以教给别人的知识，相对来说都是无用的；能够影响个体行为的知识，只能是他自己发现并加以同化的知识"[④]。传统的灌输式课堂教学模式不仅缺乏活力，扼杀了学生

① 《温家宝：百年大计教育为本 教育大计教师为本》，http://www.jyb.cn/china/gcdt/200901/t20090104_233087_1.html。
② 杨莉娟、项纯、李铁安：《如何提高教师对新课改的适应性》，《中国教育报》2010年6月11日。
③ 〔苏〕瓦·阿·苏霍姆林斯基：《给教师的建议》（上），杜殿坤编译，教育科学出版社1980年版，第22页。
④ 陈琦、刘儒德主编：《当代教育心理学》，北京师范大学出版社2007年版，第206页。

的创造性，而且学习效果也不尽如人意。1946 年美国著名学习专家埃德加·戴尔（Edgar Dale）提出了“学习金字塔”（Cone of Learning）理论。戴尔经过实验发现：阅读能够记住学习内容的 10%；聆听能够记住学习内容的 20%；看图能够记住 30%；看影像，看展览，看演示，现场观摩能够记住 50%；这些都是被动的（Passive）学习方式。而参与讨论，发言能够记住 70%；做报告，给别人讲，亲身体验，动手做能够记住 90%。这些才是一种主动的（Active）学习方式。随后，美国的教育体系就开始全面运用学习金字塔的方法了。

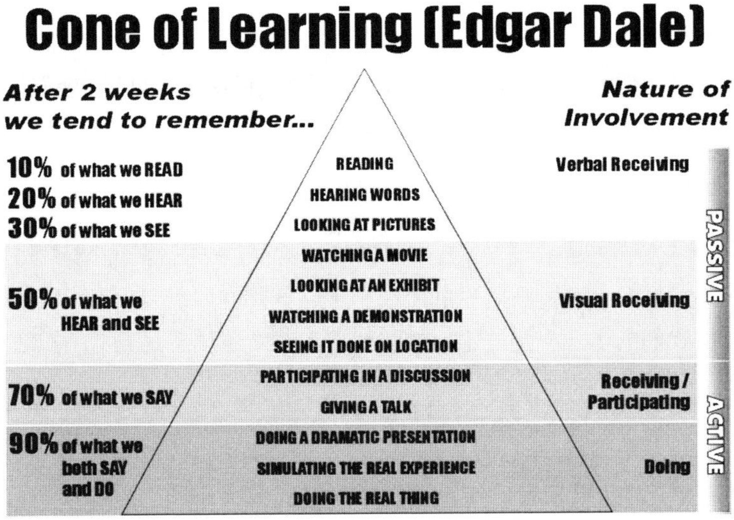

图 1　埃德加·戴尔的学习金字塔

美国缅因州国家培训实验室的研究同样也表明，学生通过讲座和听讲的学习方式能够保留下来的知识平均记忆率只有 5%，效果最差。相反，通过小组讨论的平均记忆率可以达到 50%，而通过给其他人讲授则更是高达 90%。因此，把学习的主动权交给学生，充分调动学生的主观能动性，通过分组讨论和展示来进行学习，无疑是一种更积极、更有效的教学模式。欧美大学盛行的 Seminar（即学术讨论班）其实就是这种课堂教学模式的典范。这种以学生讨论为主的教学方式之所以在西方经历几百年而不衰，就是因为它在培养优秀学术人才方面效果显著，并且因此被誉为“科学研究的养成所”。我们僵化的灌输式教学模式是不能望其项背的。仅从这一点来看，传统教学模式就必须改革、必须扬弃。

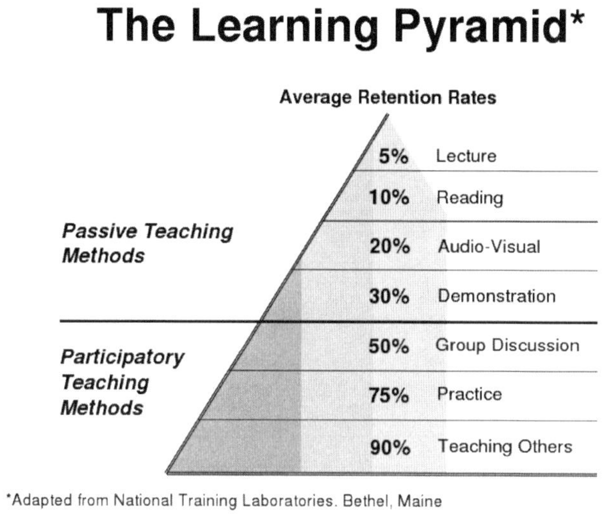

图 2　美国缅因州国家培训实验室的学习金字塔

（四）从国家的发展需要来看，目前我们传统的大学课堂教学模式不但培养不出国家亟需的杰出人才和创新型人才，而且还会断送中学课改的成果

“教育是一个国家发展的基石，教育改革和发展是关系国家和民族未来的大事。”[①] 无论是美、英等西方发达国家还是中国，推行基础教育改革的主要目的都是为了提高教育质量，培养具有国际竞争力的创新人才，提升国家竞争力。在实现这一宏伟目标的过程中，大学教育无疑是最重要的一个环节。但是，就目前来看，我们国内的大学课堂教学模式不仅无法与西方大学相比，而且已经远远落伍于国内的许多中学。“为什么我们的学校总是培养不出杰出人才？”这个已经引起国人高度关注的“钱学森之问”表明，我们目前的大学教育不仅培养不出社会亟需的杰出人才，而且已经严重影响到国家的长远发展。2006 年 11 月 20 日，温家

① 《温家宝一月连开五次座谈会 探讨教育改革引关注》，http://www.chinanews.com.cn/gn/news/2010/02-09/2115507.shtml。

宝总理在中南海主持召开教育工作座谈会时指出："学生在增多，学校规模也在扩大，但是如何培养更多的杰出人才？这是我非常焦虑的一个问题。"[①]因此，"说中国的大学教育正在发生'育人质量'危机，一点也不过分"[②]。2010年1月11日到2月6日，在不到一个月的时间里，温家宝总理连续召开五次座谈会，探讨教育改革问题。他明确表示，"教育质量亟待提高，教育投入亟待增加，教育体制亟待改革"[③]。2005年8月6日，数学界"诺贝尔奖"——菲尔兹奖得主、美国华裔数学大师丘成桐在访问北京时曾经指出，"如果不重视基础教育，以目前的本科教育模式，国内不可能培养出一流人才"[④]。现在，中学已经行动起来了，轰轰烈烈的课改已经在全国展开。但是，我们的大学教育却依然墨守成规，故步自封。这是一个很可怕的现实。如果大学教学模式不改革，高中新课改在这方面所做的一切努力、所取得的一切成就都将付诸东流，前功尽弃，国家在培养高层次人才方面的长远目标也将因此功亏一篑，半途而废。"钱学森之问"将永远难以找出破解的答案。因此，为了给国家培养更多的高质量、多样化的创新型人才，大学课堂教学模式改革迫在眉睫。

（五）从国家政策导向来看，大学课堂教学模式改革适逢良机

教育改革不仅仅关系到高校自身的生存和发展，而且直接影响着整个国家、整个社会、整个民族的兴衰。这个问题已经引起了国家领导人和教育部的高度重视。2009年1月，温家宝总理在讨论《国家中长期教育改革和发展规划纲要》的一次讲话中已经对我们目前的教学方法提出了批评，他说："在认知方法上我们还有缺陷，主要是灌输。其实，认知应该是启发，教学生学会如何学习，掌握认知的手段，而不仅在知识的本身。学生不仅要学会知识，还要学会动手，学会动

① 《国务院教育工作座谈会侧记：高等教育要提高质量办出特色》，http://news.xinhuanet.com/politics/ 2006-11/ 27/content_5397435.htm。

② 钟志贤：《大学教学模式革新：教学设计视域》，教育科学出版社2008年版，自序第1页。

③ 《温家宝一月连开五次座谈会 探讨教育改革引关注》，http://www.chinanews.com.cn/gn/news/2010/02-09/ 2115507.shtml。

④ 《数学大师痛击中国学术腐败》，http://edu.people.com.cn/GB/ 1055/3622257.html。

脑，学会做事，学会生存，学会与别人共同生活，这是整个教育和教学改革的内容。……教学改革还要回到学、思、知、行这四个方面的结合，就是学思要联系，知行要统一。我一直信奉这样一句话：'教是为了不教'。"以此对照我们的大学教学模式，可谓是切中时弊。温总理还强调指出，"教育要发展，根本靠改革。……要树立先进的教育理念，冲破传统观念和体制的束缚，在办学体制、教学内容、教育方法、评价方式等多方面进行大胆探索"。在谈到高等教育问题时，温总理特意指出，"高校办得好坏，不在规模大小，关键是要办出特色，形成自己的办学理念和风格。要对学科布局、专业设置、教学方法进行改革"①。2010年1月26日，温总理在与来自科教文卫体各界代表座谈时又说，"一所好的大学，在于有自己独特的灵魂，这就是独立的思考、自由的表达。千人一面、千篇一律，不可能出世界一流大学。大学必须有办学自主权"②。2010年5月，教育部发布了《深化教育体制改革工作重点》，其中把"培养体制改革"列为一项重点任务，明确指出，要"推进教育教学内容、方法改革。组织开展教育观念、教学方法大讨论。改革教学内容、教育方法和评价制度"③。2010年6月21日，中央政治局开会审议并通过了《国家中长期教育改革和发展规划纲要（2010—2020年）》，会议指出，"要把改革创新作为教育发展的强大动力，创新人才培养体制、办学体制、教育管理体制，改革教学内容、方法、手段"④。2014年4月25日，教育部颁布了《关于全面深化课程改革，落实立德树人根本任务的意见》，不仅要求高校进行课改，而且要求整合社会资源，高校和中小学要整体规划、协同推进课改，以期达成立德树人的目标。2017年9月8日，教育部部长陈宝生在《人民日报》上发表的《努力办好人民满意的教育》一文中提出了"深化基础教育人才培养模式改革，掀起'课堂革命'，努力培养学生的创新精神和实践能力"的号召。这些政策导向为我们的大学课堂教学模式改革提供了很好的机遇。

---

① 《温家宝：百年大计教育为本教育大计教师为本》，http://www.jyb.cn/china/gcdt/200901/t20090104_233087_1.html。

② 《温家宝：好的大学应有独立的思考自由的表达》，http://www.chinanews.com.cn/gn/news/2010/02-01/2103455.shtml。

③ 教育部发布《深化教育体制改革工作重点》（全文），http://www.chinanews.com.cn/edu/news/2010/05-17/2287338.shtml。

④ 《中共中央政治局21日召开会议，审议通过国家中长期教育改革和发展规划纲要》，《中国教育报》2010年6月22日。

二、免费师范生历史课堂教学模式改革方案

我们的免费师范生课堂教学模式改革选定在陕西师大历史文化学院2007级一班、2008级二班（第一、二届免费师范生）《世界现代史》课堂上进行。为了做好课改的准备工作，2008年11月、12月，笔者先后到因课改闻名全国的山东杜郎口中学、山东兖州一中和江苏洋思中学进行实地考察，深入了解新课改推行之后中学课堂教学模式的发展变化。随后，又研究了欧美国家的大学教学模式和学习理论。2008年年底，新的课堂教学模式设计完成。2009年2月至2010年7月，正式付诸实践。为了调动学生参与课改的积极性，我们向学生讲解并播放了深圳市红岭中学、山东杜郎口中学和兖州一中的相关课改影视资料。课改期间，我们经常召集学生进行座谈，征求意见和建议。经过反复论证和完善，最终形成了现在的“181历史新课堂”教学模式。该模式借鉴了由德国史学大师兰克率先运用于历史教学并风靡欧美大学的Seminar教学模式、美国著名教育家杜威的“教育即指导”[①]的教育理论、美国教育家帕克的合作学习理论、美国心理学家卡尔·罗杰斯的人本主义学习理论、中国古代大教育家孔子的启发式教学法、中国近代著名教育家陶行知首创的“小先生制”和“教学做合一”[②]的教育理念；同时，参考、吸收了红岭中学、杜郎口中学、兖州一中等学校在课堂教学模式改革中的一些成功经验，从而把大学教学与基础教育课程改革紧密衔接在一起，形成了一个以学为主、以教为辅、注重实践、全面发展的新型课堂教学模式。

所谓“181”是指在一个教学单元时间内，1/10的时间由老师讲授，8/10的时间由学生进行讨论、交流和展示，另外留1/10的时间由老师进行点评总结，同时安排下一节课的教学任务。整个学习过程在事实上分成前后两个阶段，第一阶段是课下自学。学生拿到导学案后以小组为单位，由组长分配学习任务。然后每个同学根据分配给自己的题目借书、查资料，独立解决问题。第二阶段是课堂学习。主要内容是围绕此前布置的任务，由师生共同进行交流、展示和切磋，以解

① 吕达、刘立德、邹海燕主编：《杜威教育文集》第二卷，人民教育出版社2008年版，第27页。

② 方明编：《陶行知教育名篇》，教育科学出版社2005年版，第132—134页。

决学习当中遇到的问题。

我们的具体方案是：

（1）把全班同学分成6—8个学习小组，每组8人左右，设组长一名，执行组长一名。组长常设，执行组长由每个组员轮流担任，每周轮换一次，以便给每个同学提供锻炼组织能力的机会。

（2）用导学案取代原来的教案。导学案由学习目标（每节课要掌握的主要内容、重点、难点），参考书目（原始资料、参考书籍、参考文章）和要讨论的问题三部分组成。其目的是帮助引导学生掌握相关教学内容，了解最新学术动态和学术成果，学会利用第一手资料分析问题，逐渐养成独立思考问题的习惯，初步掌握研究历史的方法。

（3）每个教学单元时间以200分钟（即两大节课）计。共分成4部分：【话说天下大势】；【组内讨论】；【分组展示】；【点评总结并发导学案】。

（4）在每个教学单元时间内，前20分钟为【话说天下大势】。由老师对本节课内容做提纲式发言，从宏观上概括该章历史的整体结构，阐明核心问题，学术界研究最新动态，以及有待解决的重要问题，务求言简意赅，高屋建瓴。

（5）中间160分钟：分成两个阶段。

第一阶段：【组内讨论】。每组一块黑板。由各小组成员对于本节课基本知识在组内进行交流、讨论和展示。每人8—10分钟，共计80分钟。要求人人争当小先生，并借此培养大家的合作学习精神。其间老师将深入各组进行巡回检查，纠错答疑。

第二阶段：【分组展示】。根据此前导学案所列出的重点问题，用抽签的方式把问题分到各组。然后由各组分别推荐一名首席发言人，上台讲解。其他各组可以向发言者所在的组自由提问，进行质疑。每个问题的展示和质疑时间大约10—15分钟，共计80分钟。2010年3月，根据学生建议，我们修改了用抽签确定发言人的方式，改为提前确定发言人选。这样，发言人的准备就更加充分。

（6）另外20分钟：【点评总结并发导学案】。这一段时间由教师灵活掌握。既可在学生展示和质疑期间进行穿插点评，也可由教师用在最后进行总结发言。最后在下课前，把下节课的导学案发给学生。

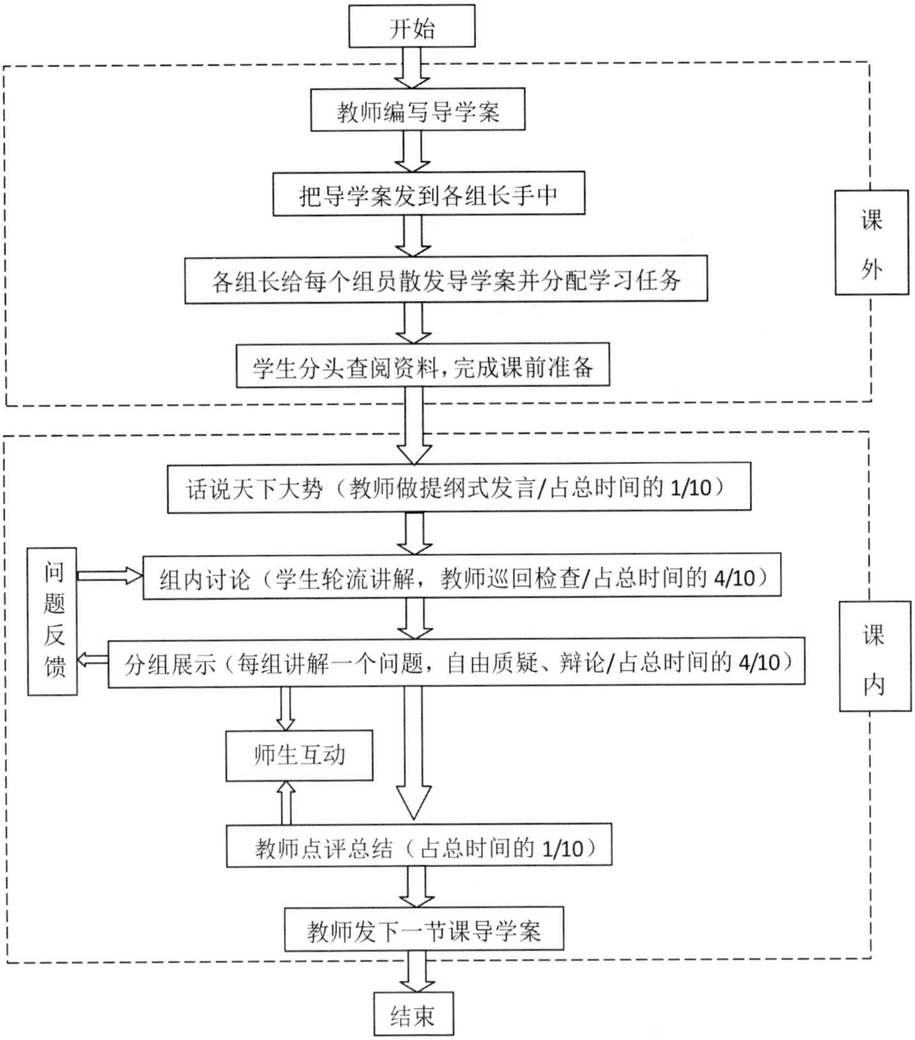

图3 “181历史新课堂”流程图

“181 历史新课堂”与大学传统课堂教学模式最大的差别就是，教师和学生在课堂教学中的角色发生了革命性变化。教师的主要任务不再是写教案，做课件，在课堂上唱独角戏，满堂灌，把现成的知识喂给学生吃，而是集中精力编写导学案，为学生提供原始资料、最新参考书目、学术界最新研究成果，在构建宏观知识体系的同时，引导学生进行自主、合作和探究式学习。学生也从被动的听众变成了课堂学习的真正主人，从背诵、记忆现成的知识变成了通过研读第一手的史料、借鉴最新研究成果形成自己的观点。用一句形象的话来说，原来是老师把知识嚼碎了喂到学生嘴里，而现在学生不得不学会自己找东西吃。现代社会是一个信息社会，知识（尤其是人文社科领域）更新换代极快。“目前流行的‘知识折旧律’是：一年不学习，你所拥有的全部知识就会折旧 80%。因此，适应变化是知识时代对人类提出的挑战。”① 美国著名知识管理学家德鲁克（Drucker）指出，知识社会要求所有成员学会如何学习，“因为知识的本质是经常发生变化的！”② 过去，培根有一句名言：知识就是力量！现在这句话则变成了“知识就是变化”。有些知识，学生甚至还没有毕业就已经过时。因此，不掌握如何获取最新知识的方法、不会自主学习是绝对不行的。古人说，授之以鱼不如授之以渔，著名教育家叶圣陶先生也明确指出，“教是为了不教”。温家宝总理说，“不在于老师是一个多么伟大的数学家或文学家，而是老师能给学生以启蒙教育，教他们学会思考问题，然后用他们自己的创造思维去学习，终身去学习”③。苏联著名教育家苏霍姆林斯基也曾指出，“在我看来，教给学生能借助已有的知识去获取知识，这是最高的教学技巧之所在”④。这正是我们课改的主要目的。

“181 历史新课堂”从形式到内容都是开放的。为了推动此次课改，我们先后聘请陕西师大教育学院博士生导师张立昌教授，《中国教师报》首席记者、中国教育学会初中专业委员会副秘书长、《杜郎口旋风》一书的作者李炳亭，陕西师大

① 钟志贤：《大学教学模式革新：教学设计视域》，教育科学出版社 2008 年版，第 8 页。
② 钟志贤：《第一需要》，《远程教育杂志》2009 年第 6 期。
③ 《温家宝：百年大计教育为本 教育大计教师为本》，http://www.jyb.cn/china/gcdt/200901/t20090104_233087_1.html。
④ 〔苏〕瓦·阿·苏霍姆林斯基：《给教师的建议》（上），杜殿坤编译，教育科学出版社 1980 年版，第 24 页。

教务处副处长、曾经留学美国并且对美国教育模式进行过专门研究的李贵安博士，陕西省西安市普通高中新课程改革领导小组成员、西安市教研室历史教研员闫璟老师等著名课改专家出任我们的课改顾问。这些顾问绝不是挂空名，搞噱头，他们都曾亲临课改课堂观摩指导。李炳亭先生还从山东乘飞机亲赴西安为我们的学生做了有关山东课改经验和当前国内中学课改中存在的问题的专场报告。香港中文大学毕业的杨远征老师在观摩我们的课堂后向同学们介绍了香港大学的先进教学模式。授课期间，我们先后聘请历史文化学院博士生导师杨存堂教授、何志龙教授，西北大学文博学院雷钰博士为学生做了关于十月革命、巴以历史和以色列的议会选举制度的学术讲座。学生不但开阔了视野，扩大了知识面，而且学习兴趣大增，取得了良好的学习效果。

三、课改的效果

经过两年的努力，参与课改的免费师范生的整体素质和个人能力都得到了大幅度提高。这主要表现在以下几个方面：

第一，讲课能力空前提高。讲课是免费师范生最重要的能力，并且是他们将来走向工作岗位后的看家本领。讲课能力是一个学生编写教案、语言表达、组织课堂教学等诸多能力的综合体现。但是，在现行教育体制下，我们的师范生在4年大学学习中能够获得的锻炼机会却微乎其微。就陕西师大而言，学生锻炼的机会仅限于历史教师职业技能课和大四第一学期的教育实习，二者加在一起也不过10节课左右，可以说是杯水车薪，没有办法从根本上解决师范生实践不足问题。但是，在我们的课改课堂上，学生在每个教学单元都必须在小组内上台讲课，而且最少有6名同学代表本小组在全部同学面前讲课。这样，一学期下来，他们上台讲课的实战机会最少也有二三十次。这是那些没有进行课改的学生望尘莫及的。前来观摩的西安明德中学党委书记鲁彦老师在与2007级一班学生交流时说，如果这些学生在大学学习期间能够一直按照这种方式进行培养，那么4年下来他们的讲课能力将会无与伦比，令人震惊。2007级一班的哈萨克族女学生加依娜缇告诉老师说，以前她最害怕的就是在众人面前讲课，因为听说大三的时候要在历史教师职业技能课上讲一节课，所以她一直忧心忡忡。但是，课改之后，她不害怕了，因为经过多次组内锻炼，她已经从心理上迈过了这道坎。我们在上课过程中特别注意学生演讲能力的培养。例如在讲罗斯福新政那部分内容时，我们要求大家替罗斯福撰写一篇就职演说，然后每组选派一名“总统”上台演讲。所有演讲者都充满激情，神采飞扬，言词铿锵有力，赢得了同学们的阵阵掌声。特别是杨昌志同学还出人意料地用英语进行了演讲，显示出超常的能力。由于经常讲课，面对面讨论、交流问题，并且要回答小组内或者全班同学的质疑，同学们的语言表达能力提升很快。可以毫不夸张地说，在本学期结束时，我们学生的讲课能力已经达到甚至超过了大四毕业生的水平。在 2009 年 11 月 20 日历史文化学院组织的“传统讲课比赛”中，2007 级一班的同学包揽了一、二等奖。在 12 月 2 日举行的“七分钟多媒体讲课比赛”中，他们包揽了二等奖。在 2010 年 6 月教育部第三届全国高等院校学生语言文字基本功大赛中，杨昌志同学为历史文化学院赢得了唯一的一等奖，张洁同学荣获二等奖。2010 年 6 月 23 日，陕西师大教学督导委员会的四位专家和北京大学外国语学院的张保胜教授在听完 2008 级二班的分组展示课后，对同学们的讲课能力也给予了高度评价。在 2010 年 11 月 24 日历史文化学院组织的“传统讲课比赛”中，2008 级二班的同学再次包揽了一、二等奖和部分三等奖，在 10 名获奖者中，该班就占了 6 名。2010 年 9 月到 2011 年 2 月，2008 级二班的仇晓曦同学到台湾“国立”云林科技大学去学习，因为此前已经经过了我们这种全新教学模式的培训，所以很快就适应了台湾的学习生活，收获颇丰。2011 年 6 月，杨昌志同学作为陕西师大 2007 级免费师范生代表赴北京参加了全国部属首届免费师范生毕业典礼，并且与温家宝总理合影留念。

第二，板书水平有了飞跃性发展。板书是教师的门面。课改之前，很少有学生练习写粉笔字。为了从总体上提高所有学生的书写能力，我们专门成立了班级粉笔字督导委员会，每组一人，负责监督、纠正本组同学的板书。同时，我们还专门聘请陕西师大附小的张明珠、罗坤老师为学生讲授粉笔字的书写技巧，手把手教学生练习。经过一学期的坚持锻炼，几乎所有学生的书写能力都有了大幅度提高，基本消除了板书过程中常见的上楼梯、下楼梯、字体东倒西歪、大小不一的现象。大多数学生都能写一手漂亮的粉笔字了。在 2009 年 11 月 4 日历史文化学院组织的“三笔字”大赛中，2007 级一班的同学包揽了粉笔字大赛的一等奖和二等奖。

第三，科研能力突飞猛进。在课改过程中，我们要求学生必须读第一手材料，把握最新学术动态，读最新出版的学术专著和最新发表的学术论文。例如，在学习《从 1905 年革命到 1917 年十月革命》一章的过程中，我们要求学生阅读十月革命的直接领导人托洛茨基的回忆录——《托洛茨基自传》和《托洛茨基亲述十月革命》、《克伦斯基等目睹的俄国一九一七年革命》、《苏联历史档案选编》中卢那察尔斯基（曾在列宁政府中担任第一届教育人民委员）关于 1917 年事态的信件等原始资料及国内著名苏联史专家郑异凡、杨存堂、金雁等人关于十月革命的系列文章，从而得出十月革命是一场和平革命、从未发生激烈战斗的结论，纠正了过去一些教材和书籍当中把十月革命描述为一场暴力革命的错误论点。在知识储备方面，我们的教学充分考虑到了免费师范生将来就业的需要。其中 1999 年出版的美国著名史学家斯塔夫里阿诺斯的名著《全球通史》、2007 年出版的杰里・本特利和赫伯特・齐格勒合编的《新全球史——文明的传承与交流》，既是目前美国最畅销的世界史教科书，也是北大等国内名校的世界史参考书，这些都是我们的日常教材。我们的教材在某些方面甚至超过了国内一些著名大学。例如，2009 年 4 月美国著名史学家帕尔默的畅销名著《现代世界史》（第 10 版）在国内刚一出版，就被我们用作教材。这样一来，我们的学生始终都能站在学科的前沿。我们使用的教材涵盖了现代化史观、全球史观、文明史观等最新的学术观点，这些既是大学学习应该掌握的内容，也是将来从事中学教学不可或缺的知识储备。

根据期末调查，我们学生的阅读量是没有进行课改班级学生阅读量的 4 到 5 倍。他们阅读的书籍和论文之多、知识之新甚至足以应对国内的研究生考试。2007 级一班班长余平同学说：“没有进行课改的班级在学习效果上根本不能与我们相比。因为那些班级的学生走进教室时，只带着两只耳朵，准备等老师灌输！

而我们走进课堂时却带着一大堆读过的书籍和论文，带着一大堆渴望讨论的问题。”这样，效果自然就大相径庭了。

在分组展示的过程中，同学们的思维异常活跃，辩论非常激烈。他们思考问题角度之广远非传统课堂老师的“一言堂”所能比拟。例如在上《冷战：从美苏对抗到两大阵营的形成》一课时，吴群芝同学把冷战爆发的根源归结为美苏国家根本利益的对立。但吴坤同学认为空谈国家利益根本说明不了问题，他认为冷战爆发最主要的原因是美苏争霸而不是国家利益。这时杨鹤同学站起来马上追问，“争霸？那么它们争霸的最终目的又是什么呢？”马光成同学回答，“我认为美苏争霸当然是多种因素共同作用的结果。但最主要的因素则是国家利益和意识形态，还有东西方之间的地缘政治所形成的战略对峙……”就这样，随着争论的一步步深入，同学们对于这个问题的认识也越来越深刻，越来越全面。这种热烈的氛围，在传统课堂上是根本看不到的。

2009 年 7 月 6 日，2007 级一班成功举办了世界现代史论坛，历史文化学院世界现代史专业的何志龙教授、胡舶副教授、李秉忠博士应邀担任评委。在论文答辩过程中，所有评委都对同学们的好学精神和研究能力给予了高度评价，胡舶副教授认为大多数论文已经达到了大四毕业论文的要求。何志龙教授指出，大学学习期间，掌握研究方法比单纯记忆知识更为重要，因为知识是记不完的，而掌握了研究方法，就可以由一个知识点扩展到面。通过论文答辩来看，现在我们的学生已经基本掌握了撰写论文的方法，这就是最大的收获。2008 级二班藏族学生杨巧英在期末总结时写道，“这学期我学到了很多东西，不仅仅是书本上众所周知的知识，更多的是学习的方法和思路以及新知识，这比我大学前三个学期的收获还多。更重要的是，我感觉到很充实，而不是茫然”。

第四，合作学习能力得到了充分锻炼。联合国教科文组织把“学会合作”列为中学生必备的四大基本能力之一。在课堂教学模式改革过程中，我们列出的教学内容大都必须通过小组内合作才能完成。例如每个教学单元列出的五六个要研究讨论的问题，都必须通过分工合作才能完成。在分组展示过程中，当其他小组的同学提出质疑时，被质疑的小组每个人都有回答问题的义务，而且有些问题还必须通过小组临时讨论完善后才能回答。这样，无形中就迫使大家不得不学会合作。2007级一班有两名新疆来的哈萨克族女学生加依娜缇和迪纳，两人在一起总有说不完的话，但却不大愿意和汉族同学交流。后来我们在分组时有意把她们分在不同的小组，这样就迫使她们不得不与汉族同学进行交流、合作。在组内同学的帮助下，她们的汉语表达能力进步很快，并且逐渐融入小组之中。这不仅提高了同学之间合作学习的能力，而且也加强了民族团结。分组展示经常会发生激烈的辩论，发言者各执一词，这本身也是一个合作学习的过程。因为我们的辩论目的不是为了打败对手，而是为了搞清问题，所以我们要求大家时刻牢记法国启蒙思想家伏尔泰的一句名言："尽管我不赞同你的观点，但我坚决捍卫你说话的权利。"无论在组内还是组外，我们都要求大家学会相互忍让，取长补短。分组学习本身就是中学课改最重要的方法之一。所以，我们在大学阶段的分组学习不仅锻炼了免费师范生的合作学习能力，而且为他们将来走向教学一线后参与中课改打下了良好的基础。

第五，个人修养有了质的变化。在培养学生方面，历史文化学院提出了一个响亮的口号：把所有男生培养成绅士，把所有女生培养成淑女。如果我们培养的学生空有一肚子知识，在为人处世方面表现很差，那么这绝不能被视为成功的教育。我们的免费师范生大多来自农村，或者是城市家庭的独生子女，无论在家里还是在学校，都缺乏相应的个人修养教育。为此，我们在每次上课前5分钟，要求班干部带领全班同学集体背诵一段《弟子规》，并作阐释。《弟子规》是中国传统经典，讲述的是弟子（学生）在家、出外、待人、接物以及学习上应该恪守的道德规范，它对我们学生的言行举止有着很大的潜移默化作用。到学期末，我们的《弟子规》也背诵完毕。在日常学习过程中，我们要求同学之间要学会相互尊重，以礼待人。例如，在分组展示过程中，我们要求全班同学在每个同学上、下台时鼓掌，以示尊重和鼓励；发言者演讲完毕后要说声"谢谢"；在激烈辩论过程中要相互谦让，禁止人身攻击；上课时要关掉手机，等等。尽管都是一些细节，但就是在这些看似微小的细节中，学生的个人修养得到了升华，变成了谦谦君子或窈窕淑女。

我们的课堂教学模式改革在校内外引起了不小的反响。陕西师大教育学院的张立昌教授、杨洁博士、牛晓牧副教授，季羡林先生的弟子、北京大学外国语学院的张保胜教授，陕西师大教学督导委员会委员吴成基教授、王较过教授、王茂金教授、王国杰教授，陕西师大人文社科基础教学部主任陈答才教授，陕西师大教务处处长李贵安博士，陕西师大高层次人才办公室的杨远征老师，陕西师大历史文化学院李秉忠博士，陕西师大数学与信息科学学院田枫老师，西安市教研室历史教研员闫璟老师，西安市未央区教育局历史教研员张晓娟老师，《中学历史教学参考》杂志社社长任鹏杰、主编张艳云老师，《陕西日报》理论部副主任贾玉锋先生，陕西师大教育学院访问学者鲁元老师，西安明德中学党委书记鲁彦及该校的 10 多位老师等都先后前来观摩指导或考察。他们对于我们的课改模式给予了高度评价，对同学们在课堂上表现出的独立见解和勇于探索的精神大加赞赏。张保胜教授明确指出："我们当年在北大学习梵文时，季羡林、金克木先生就是这样教我们的！"杨远征老师认为我们的课改已经与香港和西方的课堂教学模式接轨。闫璟老师站在全国中学课改的高度肯定了大学课改对中学课改的积极影响。鲁彦老师认为，如果这一改革能够推广到其他专业和更多的课堂，并且在大学 4 年中一直坚持下去，那么将使免费师范生的教学实践能力得到空前提高，为他们将来走向工作岗位打下坚实的专业基础。同时，我们的课改也引起了教育部《中国教师报》的关注和重视。《中国教师报》在 2011 年 7 月 11 日《一所大学的"课改"——陕西师范大学课改现象透视》和 2017 年 6 月 14 日《陕西：点燃高校课堂教学改革之火》中均对我们的课改有专门报道，并且在全国引起一定的反响。

四、课改的意义和影响

我们的课堂教学模式改革并非只能局限于免费师范生的培养，或者仅仅适用于历史学科。从长远来看，这一探索对于大学特别是师范院校的教学改革可以产生诸多积极的影响，具有广泛的推广价值：

第一，有助于优化国内大学，特别是免费师范生和卓越教师的人才培养模式。

众所周知，中国的大学教育是从1898年戊戌变法中京师大学堂的创立开始的。这是中国第一所国立综合性大学。1919年，私立南开大学成立。1928年国立清华大学成立。与西方国家相比，中国的大学教育在世界上无疑属于迟到者。但是，到1937年全面抗战开始，不到40年，中国的大学就达到很高的水平，这在世界教育史上都是个奇迹。以清华大学为例，区区10年时间，就发展成为世界知名的综合性大学。奥秘何在？究其根源，就在于办学者的水平高，办学机制比较灵活。曾经担任北大校长的蔡元培、蒋梦麟先生，清华大学校长梅贻琦先生，南开大学创始人张伯苓先生，都是从国外留学回来的著名教育家，均受过一流的西方教育。他们从一开始办学就与世界最先进的大学管理理念接上了轨。温家宝总理曾经指出，“我们需要由大批有真知灼见的教育家来办学”[①]。而蔡元培、梅贻琦、张伯苓就是这样的教育家。但是，新中国成立后，中国的大学教育逐渐接受了苏联的管理模式，体制僵化，观念保守，60年来我们的教育理论几乎没有什么变化。以课堂教学模式而论，教师高高在上，完全成为课堂的主宰，学生沦为被动的受众，只能聆听老师的说教。其结果是，学生的个性遭到压抑，创造性被无情地扼杀。泱泱大国，13亿人口，为什么60年来竟然连一个诺贝尔奖奖金获得者也培养不出来？为什么中国人到了美国、英国就可以成为诺贝尔奖奖金获得者？这难道不是我们大学教育的失败和悲哀吗？温总理说，“要认真思考我们为什么培养不出更多的杰出人才？从而对教育体制、办学模式以及小学、中学、大学的教学改革进行深入研究，整体谋划”[②]。21世纪国家之间的竞争归根到底是人才的竞争。如果我们要提高我们的综合国力，就必须培养出具有国际竞争力的人才。而要培养出具有国际竞争力的人才，就必须改革我们的人才培养模式！我们的免费师范生历史课堂教学模式改革仅仅是一个粗浅的尝试。如果要建立全新的、成熟的、卓有成效的大学人才培养模式，就需要有更多的有识之士加入这个行列，在各个学科、各个专业进行大胆的探索和研究，从而形成一股强大的改革

① 《总理批评了不止一次》，《华商报》2009年11月6日。

② 《温家宝：百年大计教育为本　教育大计教师为本》，http://www.jyb.cn/china/gcdt/200901/t20090104_233087_1.html。

潮流！

长期以来，实践不足成为困扰师范生教育的一个重要问题。为了克服这一弊端，教育部要求把免费师范生的实习时间延长到半年！这样做固然有助于提高实践能力，但是从另一方面来看，它却严重削弱了学生在校学习时间，使免费师范生成为介于本科和大专之间的两不像学生！如果我们能够改革现行的大学课堂教学模式，那么，我们就能够在提高免费师范生专业知识的同时，强化其教学实践能力。这是一个事半功倍、两全其美的方法。我们何乐而不为呢？

第二，有助于大学教育与中学课改接轨。

如果说大学教育是中学教育的延续和升华，那么，我们现在的大学教育就必须接过中学课改的接力棒，建立全新的人才培养机制和教学模式。这不但是社会发展对教育本身提出的客观要求，而且也是承载着国家崛起和民族复兴重任的大学教育工作者义不容辞的历史使命。温总理指出，“高等学校改革和发展归根到底是多出拔尖人才、一流人才、创新人才。高校办得好坏，不在规模大小，关键是要办出特色，形成自己的办学理念和风格”[①]。因此，改革大学教育体制，改革大学教学模式，特别是课堂教学模式，建立独具特色的免费师范生培养模式，就成为时代发展的必然要求。只有这样，我们才能充满自信地迎接中学课改对大学教育提出的挑战，满足课改后进入大学学习的新一代人才的成长需要。

第三，有助于提升免费师范生和卓越教师班学生的就业竞争力。

众所周知，师范院校是为中学教育培养人才的。根据教育部的相关规定，免费师范生毕业后必须到中小学从事教学工作 10 年以上。在这种形势下，如果我们能够根据中学课改的实际需要，培养出既能适应又能推动中学课改的新型人才，那么，大学课改就可以成为我们免费师范生未来就业工作的一大亮点，我们免费师范生和卓越教师因此也能成为中学最亟需、最受欢迎的人才。

---

① 《温家宝：百年大计教育为本　教育大计教师为本》，http://www.jyb.cn/china/gcdt/200901/t20090104_233087_1.html。

五、课改遇到的问题和需要完善之处

因为免费师范生历史课堂教学模式改革刚刚起步，在国内大学教育中几乎无先例可循，所以我们的改革在初见成效的同时，也遇到了不少问题，在诸多方面都有待于调整完善。

第一，学生学业负担过重。在历史课堂教学模式改革当中，因为专业特点的需要，学生不仅要阅读大量的教学资料，而且在每个教学单元都必须撰写讲稿！这样，就需要有足够的可以自由支配的时间。但是，由于目前学生必修的学分太多，从周一到周日，从早到晚，都忙于上课，几乎没有多少闲暇来完成这些任务！有时只能疲于应付！苏霍姆林斯基曾经对这种把功课塞满学习日、使学生精疲力竭的教学方式提出过严厉批判，认为“它归根结底将会摧残学生的体力和智力，使学生对知识产生冷淡的和漠不关心的态度，使得一个人只有学习，却没有智力生活”。所以他指出，“自由时间的问题，不仅是涉及教学，而且是涉及智育、全面发展的最重要的问题之一。正像空气对于健康一样，自由时间对于学生是必不可少的。……自由时间是丰富学生智力生活的首要条件。我们要使学生的生活中不单单只有学习，还要使学习富有成效，那就需要给学生自由时间”①。尽管陕西师大已经认识到学分过多带来的种种弊端，有所压缩，但是仍然不能满足我们的课改需要。另外，学校整个教学计划安排严重失衡。与大三、大四相比，大一、大二课程过于集中，学生压力太大。这也成为一些学生满腹牢骚、不支持课改的重要原因之一。因此，如果我们要加大课改力度，就必须再砍掉一些学分，合理安排教学计划，给学生留出更多可以自由支配的学习时间。否则，任何改革都会流于形式！

第二，图书资料严重不足。学习小组是课改的关键。对于每一个学习小组而言，每一单元的教学内容都有大量同样的书籍需要阅读。以 2008 级二班为例，该班有 8 个学习小组。这就意味着老师开列的每一本参考书学校图书馆至少要有 9

---

① 〔苏〕瓦·阿·苏霍姆林斯基：《给教师的建议》（上），杜殿坤编译，教育科学出版社 1980 年版，第 69—70 页。

套（其中一套供教师参考）。如果把另外两个班级师生的需要考虑在内，那么每一本参考书的藏书量最少也应该达到 13 册以上！然而，把师大图书馆和历史文化学院的藏书加在一起，也不足一半。尤其是一些最新出版的学术专著，图书馆从编目到流通，往往需要数月甚至半年之久！另外，现在图书馆采编部的工作人员大多是非专业人士，他们在采购图书时往往带有很大的盲目性，其结果就是广大师生亟需的图书买不到，买回来的图书用不上。这不仅造成了资金和资源的浪费，而且严重影响了我们课改的正常进行！许多学生常常因为借不到需要的参考书而怨声载道。而国外的大学图书馆在这方面做得非常好。既能根据教学的实际需要订购图书资料，也能够通过调整借阅时间来满足广大读者的需要。因此，我们的课改亟须得到图书馆的大力配合。

第三，部分学生在观念上跟不上课改的需要。从课改结束后的调查报告来看，绝大部分学生都是支持课改的。但是，由于不少学生在中学没有经过课改的熏陶，多年来一直接受的是传统的灌输式教育，因此，他们在理念上一时难以适应课改提出的新要求，不愿意主动地去读书、去思考问题。我们课改的核心是知识问题化，问题小组化。不少学生在其他同学上台讲课时没有认真做笔记，结果造成了知识的断裂和缺失，影响了知识的完整性。反过来，这又影响了他们学习的积极性，甚至蜕变为课改的反对力量。

第四，课改面临重重阻力。免费师范生课堂教学模式改革是国内大学教育中的一个新生事物。一些教师既不了解国家对于大学教育改革的迫切需要，也不关心中学课改的现状，对国外先进的教育理念和教学模式更是一无所知，完全痴迷于传统的教学观念。他们认为学生就是不如老师，因此上课只能听老师讲，对于我们的课改一时从思想上还难以接受和认同。加之现在的大学重科研，轻教学，一切都围绕着教育部的评价体系做文章，许多教师不愿意把时间花费在教学上，甚至担心这会影响自己的科研和评职称。所以，不少人通过各种方式对大学课堂教学模式改革进行抵制和反对，甚至强烈要求限制或取消这一改革。我们的课改不仅常常得不到应有的支持和重视，甚至面临夭折的危险。改革前途令人担忧！

我们的免费师范生和卓越教师课堂教学模式改革绝不是为了标新立异，贪图名利，更非一时心血来潮。它代表着大学教育特别是师范院校教育改革的方向，承担着中学课改未竟的历史使命。所以，尽管它本身还有许多需要完善之处，但是，我们决不能因噎废食，逆历史潮流而动。温家宝总理指出，“教育要发展，根本靠改革。……要树立先进的教育理念，冲破传统观念和体制的束缚，在办学体制、教学内容、教育方法、评价方式等多方面进行大胆探索。……教育的根本任务应该是培养人才，人才培养观念更新和培养模式创新要成为规划的亮点”[①]。这事实上已经为我们未来的教育改革指明了方向。因此，我们应当大胆探索，积极、主动地迎接时代的挑战，把我们的大学教育推上一个更高的层次，使中国的大学教育能够尽快赶上甚至超越西方的大学教育，为国家发展培养更多、更优秀的人才。

① 《温家宝：百年大计教育为本　教育大计教师为本》，http://www.jyb.cn/china/gcdt/200901/t20090104_ 233087 .html。

历史教学论课程“评学教一体”改革实践与思考

曹华清
（西南大学）

有老师谈道：“《历史教学概论》（或名为《历史教学论》）讲的有关历史教学的知识，因为学生没有实践过，没有亲身感受……到教育实习的时候，可以实践了，可以亲自体验教学了，但是却不容易和上学期理论课上的内容互相印证。这就产生了理论学习和实践运用脱节的缺陷。”①这个现象并非个别②，学生们在教育实习中常常对学过的历史教学论知识产生怀疑，认为它并不实用。历史教学论课程价值受损，处境尴尬。

从根本上讲，学生提出历史教学论“理论无用”问题的根源并不在理论本身，而在于学习——学生是否真正领会相关理论知识，并在领会基础上尝试运用，进而灵活运用。运用是深化理论的理解和巩固的有效方法。为此，笔者在近年的“历史教学论”课程教学中，融入“评学教一体”理念，以期利用评价杠杆推动学

---

① 郑林：《教育部直属师范大学历史教学论类课程建设的几个问题》，《史学史研究》2010 年第 1 期。

② 吉林师范大学的李西亚在《新课改背景下高师历史教学论课程改革刍议》（载《牡丹江教育学院学报》2010 年第 1 期）一文中甚至提出“有 60% 以上的毕业生反映，高师所学《历史教学论》的许多内容，对实际教学指导意义不大。即或把高师所学全部运用到教学实践中，仍有力不从心之感”；首都师范大学赵亚夫在《历史教学论要解决的问题是什么》（载《中学历史教学参考》2006 年第 10 期）中直言：《历史教学论》既不“理论”，也不“实用”。

生主动地自觉运用理论，实现理论知识在实践环境中的迁移。

一、“评学教一体”理念与“历史教学论”课程教学特点相契合

“评学教一体”并不是新鲜事物，其理念源于20世纪90年代英国评价改革小组（Assessment Reform Group，ARG）提出的“为了学习的评价”（Assessment for Learning，AFL），澳大利亚许多州的课程大纲修订案中，甚至将“为了学习的评价”纳入教育政策话语的一部分[①]。基于“为了学习的评价”，国内不少一线教师在实践层面探索“评学教一体”以改进教学，如：成都高新区在小学语文教学中通过创建“教学评一体化 ”语文教育评价体系，推动语文课程改革纵深发展；[②] 钦州学院在大学英语课堂教学中推行“MS-EEPO”学评教三位一体的教学改革。[③]

这些“评学教一体”实践强调的是教学过程中，学业评价、学习过程和教师教学三者的“三位一体”关系。这正是“评学教一体”理念的基本含义。有研究者比较清晰地阐释了这种“三位一体”关系[④]：（1）评价是教学过程中的一个重要组成部分，是教学中一个不可缺少的环节。（2）教学与评价是不可分离的，评价应当伴随整个教学的全过程。（3）评价内在于学校、教师的教学过程之中。（4）评价的直接目的是为了改善学校的教学，而最终目的是为了学生的发展。

显而易见，在“三位一体”的关系中，评价是关键要素，伴随教与学过程的始终，居于“手段”的位置；但评价不是核心要素，核心要素是学生的学业发展，它是评价和教学所追求的目标；评价应通过激发学生的主体性促进学业进步和发展，即三位一体关系中，动力源于学生主体性的激发。

为什么要在历史教学论课程教学中引入“评学教一体”理念呢？只需看看历

---

① 陈娟：《澳大利亚：教学评一体化以评促学》，《基础教育课程》2010年第7期。
② 杨丽：《“教学评一体化”开启语文教育新境界》，《教育科学论坛》2012年第3期。
③ 简文艳、翟子惠：《构建学教评三位一体的大学英语课堂》，《钦州学院学报》2012年第7期。
④ 张德伟：《日本中小学教学与评价一体化原则及其对我国的启示》，《外国教育研究》2005年第2期。

史教学论这门课程的特点便一目了然。历史教学论课程脱胎于早年的“中学历史教材教法”课程后，在保持原课程“技能性”“实践性”特点的同时，又突显了其理论性，强调该课程“应探讨具有历史学科特点的教学理论”①，是一门理论与实践并重的课程。就该课程的教学目标而言，要求学生在领会历史学科教学理论的前提下掌握中学历史教学的基本技能，发展中学历史教学能力，最终能够胜任中学历史教学。其中最为关键的是学生能够通过自觉的实践活动，运用相关理论解决问题，从而真正领会理论，内化知识，实现知识的迁移。

例如，关于教学目标制订中比较简单的“ABCD”法。课堂教学中，教师讲解“ABCD”的含义、具体方法、注意事项，同时举例示范，学生一般会记下笔记。但是，如果你以为这样学生就掌握此方法了，则大错特错——期末检测会发现，许多学生并不能有效运用此种方法制定目标。陆游有言：“纸上得来终觉浅，绝知此事要躬行”，没有经过基于操作练习的体验和深思，学生并没有真正理解该方法的精髓。如果学生在学习过程中有足够的机会讨论、练习、评价反馈，效果定会大不相同。

此外，在历史教学论课程教学中，理论阐释与练习实践本来就该相得益彰，然而，每周2—3学时（笔者所在学校为2学时/周）的课时量在需要完成的“相得益彰”任务面前捉襟见肘，所以只能借助学生课堂外的自主学习来弥补。课外自主学习该如何评价及教师如何有效指导是课外自主学习需关注的问题。

概言之，在历史教学论课程的教学中，激发学生领会并运用相关教学理论的自觉意识非常重要；学生有足够量和质的练习实践也很重要。课外自主学习中纳入“评学教一体”理念，无疑有助于解决这两个重要问题：通过评价从外部强化学生运用理论的自觉意识，缓解本文开头提到的理论与实践脱节问题，从而促进学习，改进教学。

---

① 朱煜：《论历史教学论的学科定位及研究范式》，《课程·教材·教法》2008年第9期。

二、“评学教一体”理念在历史教学论课程教学中的运用实践

从2013年开始，笔者即开始在历史教学论课程中引入“评学教一体”理念，以提高课程教学实效。

（一）基本思路

第一，在本项教学实践中，“评学教一体”理念主要贯穿该课程的课外延伸学习，以实践练习为主，课堂教学也有体现，但不典型。

第二，明确本项实践拟解决的核心问题。根据历史教学论课程学习特点，实施“评学教一体”的核心问题是：如何利用评价杠杆，促进学生主体地（自觉、自主）学习？为此，开学第一课即开宗明义讲明了本课程的学习和评价要求，指导学生划分学习小组并强调了小组自我考核的重要性和考核内容、方法，明确提出将自主学习成就纳入课程考核范畴（权重为0.4）。此举意在让每个课程学习者都确知自己的学习责任，关注学习过程，激发外在动机。

第三，确立“为学习而评价”的基本思想。前述第二项由于特别强调将学习成就纳入课程成绩，所以可能将学生带入“为评价而学习”的歧途，为免于此误，在学习活动设计中，特别需重视通过设计让学生面临真实问题的情境（中学历史教学中的实际问题），意识到相关学习对个人专业发展的价值，唤醒内在的成长需要，从而激发内部动机。

近些年的教学实践表明，将评价与学习交互融合，有机统一，才能充分调动学习的内外动机。

第四，为实现“为学习而评价”的理念，小组在对个体学习成就的评价中，坚持以个体的进步表现为评价依据，即要求小组提交的评价成绩根据成员的进步表现评定，淡化成员间的横向比较评价。还需说明的是，本项教学实践中的评价主要是与课外自主学习和小组学习有关的评价，不包括期末测试。

第五，教师关注小组学习进展情况并适度指导。根据维果茨基最近发展区理论，儿童在与比他能力更强的人的交往中能够学到更多的知识。同伴之间如果水

平相当，彼此能提供的帮助是有限的。所以教师适度指导是提升小组学习质量的保障性条件。

（二）运用目标

在历史教学论课程教学中实践“评学教一体”理念预期达成下述目标：

第一，学生在参与连续的、多样的、与历史教育教学能力有关的学习和评价活动中，不断明晰个体的专业发展要求和专业发展中的问题，提高专业发展的自觉性，并培养对学习的自我负责意识。

第二，学生在基于教学理论引领的“做中学”“学中评”活动中，实现理论与实践的结合，提升课程学习质量，促进其历史教学能力的发展，为尽快适应和胜任中学历史教师工作做更充分的准备。

第三，将学生纳入评价主体，完善评价方法，从而实现对学生课程学习成就的更科学、更全面的评价。

第四，为改进历史教学论课程教学提供及时且切实的反馈信息。

教而知己困，学而知不足。“评学教一体”实践还有助于学生进一步认识到自己学科知识的不足，从而促进专业学习。

（三）实施过程

本项教学实践中的“评学教一体”是与小组合作学习有机结合在一起的。

开学第 1 周指导学生分组，以 10 人（ ± 1 人）为一组，共 16 个组。各组通过协商拟定学习计划、确定团体任务与目标（根据表 1 中的任务安排）、制定团体纪律等形成学习和评价的共同体。

教师在全班详细讲解小组成员及小组群体的学习任务，提出评价要求（见表 1）。小组从第 2 周开始开展自主学习，强调对学习过程的评价。教师分批巡查并指导各小组的学习与评价活动。

表 1 “评学教一体”任务表

学习任务	学习要求	评价要求	教学意图说明
口语表达练习	小组为单位课外组织；每人练习次数不少于 5 次且每次不少于 15 分钟。每次练习后开展同伴评议，提出改进建议。教师随机指导	小组在每次练习后做诊断性评价；期末根据成员练习中的参与表现和进步表现进行总结评价；学期末每组选择代表在全班自选内容模拟讲课，以便组间评价（评价主体为教师和学生）。评价成绩纳入课程成绩	本课程学习需学生大量练习讲课，此活动可弥补课时不足无法开展练习之弊；提高学生表达能力和勇气，达成“能够清晰地、有层次地、有节奏地讲述历史”的教学目标；根据替代强化理论，有利于模仿学习
专题练习和研讨	根据课程内容和课堂教学情况，确定练习和研讨专题。具体研讨的专题见表后注。在个体独立完成练习的基础上，小组组织研讨；课堂提交研讨中未解决的问题，教师统一指导	小组对成员的专题练习质量进行评价，并就典型问题、共性问题开展讨论，记录研讨表现；学期末，小组对同伴表现评分，并纳入课程成绩	通过运用巩固课堂内学习的理论知识，发展相关技能（如问题设计）；帮助教师发现并弥补理论阐释方面的不足。同时，进一步练习表达、交流
参与期末命题	小组成员搜集中学历史教学案例，并尝试设计案例分析题，小组选择其中两个完善提交，作为期末测试卷中案例分析题型的备选。16 个组可提供 32 个案例题（试题选择 4 个）。教师整理全部案例题发给所有学生作为学习资源	小组根据命题要求评价成员的案例题；教师以小组为单位从案例选择、问题设计及评分参考等方面评价各组提交的案例题。是否作为试题，由教师决定。评价结果在课程成绩中体现	此项任务可谓一举三得：一是引导学生积累典型教学案例，在分析正反案例中深化对相关理论的理解；二是学习命题，试题设计是教师必备能力；三是进一步提供机会让学生参与到学习评价中

注：小组研讨的专题主要是课程学习中的难点、疑点问题。包括：中学历史教育价值及其实现；三维目标的内涵理解及目标制定中的问题；中学历史课程的内容特点与教学要求；传说、野史与中学历史教学；问题教学法运用中的问题设计技巧；中学历史教育立意；基于课例的中学历史好课标准问题。

小组专题研讨要求基于理论、借助案例、独立思考。

表 1 方案实施过程中，小组长全程做好记录，作为教师监控和指导的依据，也作为小组内部评价的依据；小组长还需搜集问题与疑惑，及时反馈给老师，以便老师有针对性地指导，调整教学内容。如：各小组在讨论三维目标时，都对“过程与方法”目标存有疑惑，为此，在集体授课时，对“过程与方法”目标进行了再解读。

对学习过程和结果的评价，一方面以小组成员为评价主体，评价组内所有成员的学习表现；另一方面，教师在组间比较的基础上，评价小组的工作成效。学期末，小组提交组内所有成员的评价表（见表2），侧重评价成员参与活动的积极性以及实际的进步表现。所有评价均彰显评价的“发展”功能。

表2　小组成员学习成就评价表

评价对象：　　　　　　　　评价人：

评价维度及权重	评价观察点	定性描述	定量评价
态度 （0.1）	预备（个人准备） 小组学习参与表现 考勤		
表达 （0.25）	表达的清晰度 表达的流畅度 表达的层次性 表达的准确性 表达的启发性		
专题练习和研讨 （0.25）	专题练习的完成 查找资料 提出独立见解 提出问题或疑惑		
案例分析试题设计 （0.15）	案例选择 问题设计 参考答案及分值设定		
进步 （0.25）	综合观察个体在历史教师教学能力方面的进步表现		
成绩	上述各项转换百分制		
建议	小组提出改进建议		

表2中的权重突出了表达能力、专题研讨、进步表现。其原因在于：交流是教师工作的基本方式，有效表达是教师的基本功，因而是师范生技能练习的重头戏；教学理论的理解和运用是课程学习的难点，特别需要学生进行充分的自主练习和思考；每个成员都能在基于小组协作的自主学习中取得进步是本研究方案实施的价值追求。

关于评价还需说明的是：小组评定个体成绩，教师评定以小组为单位的团体成绩，两项成绩以 7 ∶ 3 比例计入课程学习总成绩，合计权重 0.4。

（四）实施结果

由于本项教学实践不是做对比实验，没有可资反映效果的对比数据，无法量化说明结果。但笔者从学生的学习总结、课堂表现等方面并不难看出他们的收获。可以肯定地说，运用“评学教一体”理念于历史教学论课程的效果是显著的：学生对课程学习的满意度高（根据学期末的学生评教），学习动机和专业发展的自觉意识增强。如有小组在小组学习总结中写道：“通过这学期的小组活动，我们离一个真正的中学历史教师的角色更近了，知道了努力的方向。建议大家在本学期学习历史教学理论和练习的基础上，以准教师的身份，利用下学期开学比中学晚的机会到原来就读的中学去听课，观察课堂、感受历史教学的难易苦乐。”

三、结论与讨论

总结历史教学论课程教学中运用“评学教一体”理念的历程，以下问题值得关注和讨论。

第一，关于评价。评价的有效性是关键问题。这里所谓的评价有效性不是指评价能否为确定学生课程学业成就等级或课程结业达标提供依据，而是侧重于评价对于改进教学质量、促进学习成就方面所发挥的作用，同时学会评价。

本项教学实践中，评价的实施有四个特点：一是关注过程，除学期末填写的评价表外，其余评价都是学习活动发生过程中的当场评价；二是关注价值，学生在评价过程中学习运用一定的价值标准，以恰当的表达对自己和他人的学习表现做出价值判断；三是关注进步，对个体的评价从纵向上考察，突出其进步表现和发展建议，小组学期末的评价表中，还特别设计了“亮点”和“建议”维度；四是关注参与度，所有的课程学习者都既是评价的对象又是评价的主体，参与所有的评价项目，包括课程结束时的总结性评价——通过设计案例分析题参与。

总之，“评学教一体”中的评价贯穿了学与教的全过程，是“在学习过程中学会学习，学会价值判断，接受价值教育”[①]的过程性评价；是为改进提供依据的诊断性评价。

第二，关于学生的参与。如何确保学生真正全员参与“评学教”活动是事关本项教学实践成败的根本性问题。这里强调的是两个概念：一个是全员，即所有学习本课程的学生均需参与其中。另一个是真正参与，学生的参与包括两个层次：一是在形式上的参与，也可称为“身体上”的参与，即学生无缺席地参加了所有的学习和评价活动；二是在实质上的参与，即“思想上”的参与，学生以主动精神和独立思想参与各项活动，能够在自觉意识的支配下评价总结、反思提高。“真正参与”的真谛是后者。没有学生的真正参与，就不可能真正实现“评学教一体”理念所追求的“为了学习”这一理想；真正参与度也会影响到课程基本理论的掌握，因为课程中的许多教学理论都需借助学生的自觉学习活动完成。

实现学生的真正参与，需要激发其内外学习动机。外部学习动机可以通过严格考勤、将学习成效纳入课程成绩等措施来保障，这是比较容易做到的；困难的是内部动机的激发。根据阿特金森的价值期望理论及奥苏泊尔的动机类型理论，内部学习动机要建立在学习者对学习任务的价值认识、难度认识、产生认知内驱力基础上。也就是说，让学习者充分认可学习的价值并产生相关的认知需要是关键。从历史教学论课程学习来看，因与关涉学生切身利益的实习和就业相联系，学生是能够充分认识其价值的；同时通过观摩优质中学历史课、解析历史高考试题以及自己模拟讲课等活动，学生一般能够发现差距，产生紧迫感，从而激发内在动机。

从某种程度上来说，正是因为历史教学论课程与实习、就业技能直接相关而比较容易激发内在学习动机，其他课程则可能需要另辟蹊径解决这一问题。

第三，关于“教”的介入。在笔者的“评学教一体”实践中，由于学生的自主学习和评价主要在小组的课外延伸学习中展开，且同伴间的学习和评价因囿于相似经验而使得提炼出的改进建议水平有限，因此，“教”如何介入、如何引领学

① 谢同祥、李艺：《过程性评价：关于学习过程价值的建构过程》，《电化教育研究》2009年第6期。

习与评价就成为一个重要问题。针对这个问题，笔者首先在学习任务选择上下功夫，根据大二师范生关于中学历史教师职业和相关技能的已有知识（大多数仅有高中阶段历史课留下的残存记忆）、历史教学论课程教学目标及学生当下最迫切的需要，确定了表 1 中的三项学习任务；然后是在学习过程中，随机参加小组的学习活动，指导活动开展，做好评价示范，尤其是在表达练习中，同伴互评常常滞于表象，教师的点拨至关重要；此外，关注小组学习中的共同问题，在全班授课时予以解答。如果由于小组多，时间紧，教师无法深入每个小组进行充分指导，则需选择好个案在全班做评价示范。

概括起来看，教师的“教”可从三方面发挥引领作用：一是根据学生的现有水平和课程教学目标，确定好学生的最近发展区，并提出相应的学习要求和任务；二是在学生学习过程中给予帮助和指导；三是教师作为评价主体之一，通过评价示范引导学生对学习效果进行更合理的价值评判。

第四，关于“评学教一体”的实施方式。在笔者的历史教学论课程中，基于对历史教学论课程特殊性的考虑，侧重于将“评学教一体”理念应用于课外延伸学习部分。根据已有的研究，“评学教一体”的实践主阵地在课堂，以课堂为基点向预习环节和课后作业环节略作延伸，但侧重于突出课堂教学过程中教师对学习的引导和对评价的关注，评、学、教如影随形地融合在了课堂上。

对于这样的差别，笔者认为，“评学教一体”作为一种理念，并没有关于“一体程度”“一体环节”的量的规定，每个教师都可以根据课程特点，不同程度地卷入“评学教一体”理念。

“评价被用来辅助教育，它是教与学主要的、本质的、综合的一个组成部分，贯穿于教学活动的每一个环节。”① 诚如斯言，评、学、教原本就该是教学过程中一个不可分割的整体。

① 钟启泉：《为了中华民族的复兴，为了每位学生的发展 —— 基础教育课程改革纲要（试行）解读》，华东师范大学出版社 2001 年版，第 303 页。

“学”“习”融通：全日制历史学科教学专业硕士实践课程的实施构想

李江

（江西师范大学）

2017年《全日制教育硕士专业学位研究生指导性培养方案（修订）》公布。与2009年公布的教育专业硕士指导性培养方案相比，修订版指导性培养方案对全日制教育硕士专业学位研究生（以下简称“全日制教育专业硕士”）的实践能力有了更为明确的规定：“胜任并创造性地开展教育教学和管理工作。”同时，还对实践课程的类型、组织实施、管理评价提出了具体要求，“实践教学须有明确的目标和具体内容，有完整的管理与评价制度，有序组织实施。实践教学时间原则上不少于1学年，其中校外集中实践不少于1学期。校内实训应在第一学年内完成；教育见习应在第一学期完成，教育实习、教育研习应在第二学年完成。有充足的实践实训设施和稳定的校外实践基地，能切实保障实践教学活动有效开展”[①]。

2017年公布的指导性培养方案既强调胜任，更突出创造性；既指明了方向又明确了做法，在实践课程的设计安排与组织实施上意义重大。然而，这只是一个指导性意见，不同学科、不同培养单位如何根据自身情况，制定具有创新性的实

① 全国教育专业学位研究生教育指导委员会颁布：《全国教育专业学位研究生教育指导性培养方案（修订）》，教指委发〔2017〕4号。

践课程实施方案，切实保障实践教学活动的有效开展，仍是值得研究的课题。本文拟以全日制教育硕士专业学位研究生学科教学（历史）专业领域（以下简称“全日制历史学科教学专业硕士”）的实践课程为对象，提出“学”“习”融通的实践课程实施构想，以期为突破当下全日制历史学科教学专业硕士实践能力培养的瓶颈、创新全日制历史学科教学专业硕士实践课程实施提供参考。

一、“学”“习”融通的基本思路

“学习”，在教育情境中，一般被广义地定义为“凭借经验产生的、按照教育目标要求发生的、比较持久的能力或倾向变化”①。显然，这个定义是基于学习者的角度，强调和突出的是学习结果，是学习前后发生的能力与倾向的变化，使学习者的能力与倾向发生了某种改变的行为过程，就是“学习”。在实际的教育教学工作中，教育教学是有目的、有计划地按照教育目标改变学生心理和行为的过程，这一过程所要达成的终极目标依然是学习前后学习者能力或倾向的变化，过程设计是否科学合理、过程实施是否精准到位，直接影响学生的学习过程、制约学生的学习结果，因而从课程设计与实施、教学设计与实施的角度，对学习过程的关注更为重要。据此，本文立足于教育教学的角度，将学习者学习的过程分解成可以设计与控制的“学”与“习”两种情形，“学”指对新知识包括陈述性知识与程序性知识的认知和思考，解决“是什么”和“应该怎么做”的问题；“习”指实践应用，包括模仿性实践和创造性实践，解决“学会做”和“创造性地做”的问题。“学”“习”融通，就是理论知识的教学应渗透实践的元素，而实践教学同样应浸润着理论知识的智慧。学习者的知识建构、能力提升、素养养成则融汇在这一过程中。历史学科教学专业硕士的全部模块课程都应以“学”“习”融通的方式进行学习，但不同课程模块的“学”“习”融通方式不尽相同。实践课程的“学”“习”融通，不是单纯地用所学理论指导实践，而是要在实践中进行深度的理论反思，

---

① 皮连升主编：《教育心理学》，上海教育出版社 2011 年版，第 20 页。

做到在实践中深度地学、透彻地悟。

“学”“习”融通的历史学科教学实践课程实施的总体设想是：通过见习学校与实习学校交错选择创设复杂情境，让学生在更为复杂的实践情景中学习、提高实践能力；通过见习与演习交替进行，学深悟透教育理论和历史学科知识如何在不同情境中开展教学并得到个性化的体验和发挥；通过实习与研习同步推进，学会研究不同情境下历史教育教学工作的不同特点、相互联系，创造性地开展历史教育教学工作。

二、见习学校与实习学校交错选择

历史学科教学专业硕士“学”“习”融通的实践课程实施之第一步是创设复杂的实践情境，即见习学校与实习学校交错选择。具体说，就是学生的见习和实习分别选择在不同的学校进行。见习主要选择优质教育资源最集中的学校，由最优秀的基础教育一线历史教师带领进行。见习内容包括参与见习所在学校的教研活动、参与导师名师工作室的工作、听课评课研讨等，以听课评课研讨为主；实习学校则选择有条件、有意愿接收历史学科教学专业硕士顶岗实习一个整学期以上的学校，包括义务教育阶段、普通高中和中等职业学校。见习与实习都要求集中组织开展，由校内导师和校外导师联合指导。见习学校与实习学校交错选择有以下两方面的意义。

其一，可以缓解当下实习时间难以保证、实习组织涣散的困境。早在 2009 年，教育部正式发文，首次明确要求“专业学位教育既要培养具有一定工作经历的在职人员，也要培养应届本科毕业生”[①]，自此拉开了我国以应届毕业生为主要生源的全日制专业硕士教育的帷幕。同年，教指委颁发《全日制教育硕士专业学位研究生指导性培养方案》，明确全日制教育硕士培养目标为“培养掌握现代教育理论、具有较强的教育教学实践和研究能力的高素质的中小学教师”，同时还规定

① 教育部发《关于做好全日制硕士专业学位研究生培养工作的若干意见》，教研〔2009〕1 号，2009 年 3 月 1 日。

"实践教学时间原则上不少于 1 年。实践教学包括教育实习、教育见习、微格教学、教育调查、课例分析、班级与课堂管理实务等实践形式，其中到中小学进行实践活动的时间不少于半年"[①]。可见，教育专业硕士培养的实践导向从全日制教育专业硕士招生培养伊始就非常明确。但在历史学科教学专业硕士培养的工作实践中，大多数培养单位都遭遇到实习学校特别是优质教育资源比较集中的学校，难以统一接收十几名甚至几十名学生长达一个学期的顶岗实习工作。面对如此困境，缩短实习时间、放鸽子式的分散实习普遍存在，一定程度上影响了实践课程实施的效果。而将见习选择在优质教育资源集中的学校进行，可以在不打乱既有教学秩序的情况下，让历史学科教学专业硕士获得观察、研究高水平一线教学工作的机会；选择普通学校实习，一方面可以将新的教育教学理念带到实习学校，另一方面普通学校接收实习生的社会压力较小，能够基本缓解实习时间难以保证、实习组织涣散的困境。

其二，可以创造更为复杂的实践情境，进一步提高实践教学实施的有效程度。目前大多数专业硕士培养单位课程实施的普遍做法是将专业基础、专业必修、专业选修三大模块的教学集中安排在第一学年，其间或有一些见习活动；将实践模块的教学集中安排在第二学年，按见习、微格训练、实习的流程进行。这样的安排，暗含了先理论学习，后在理论指导下实践应用的理念。此种课程实施程序，便于管理和组织，但它将知识、知识运用、知识的创造性运用分开了。而现代新的知识观认为知识并非是对客观事物本质的揭示，而是人们对所选择的认识对象的特征及其联系的一种猜测、假设或一种暂时的认识策略，具有文化性、境域性和价值性等特征。[②]知识不仅仅是认识的结果，还是一种行动能力，知识不仅是社会实践的指导，还是社会实践本身。课堂所学、见习学校所见、实习学校所做，境域变化了，知与行在复杂的情境中合一，无疑有益于实践课程实施效果的提升。情境越复杂越有利于知识与能力的提高，但仅有复杂的情境是不够的，还要有相

① 国务院学位委员会办公室发《全日制硕士专业学位（分类别）研究生指导性培养方案》，学位办〔2009〕3 号，2009 年 5 月 19 日。

② 石中英：《知识转型与教育改革》，教育科学出版社 2001 年版，第 143—160 页。

应的实践课程实施策略。

三、见习与演习交替进行

对于教育专业硕士的实践课程教学类型，与2009年颁布的指导性培养方案相比，2017年颁布的全日制教育专业硕士指导性培养方案在实践课程教学形式的分类上略有调整，将实践教学形式分为“校内实训”与“校外实践”两大类。校内实训包括“教学技能训练、微格教学、课例分析等”；校外实践包括“教育见习、教育实习、教育研习等”。对实践教学的组织实施也有更明确的要求“校内实训应在第一学年内完成；教育见习应在第一学期完成，教育实习、教育研习应在第二学年完成”。全日制历史学科教学专业硕士以应届毕业生为主体生源，大多数学生从未有过一线教学经历和体验，第一学期安排的主要课程大多是专业基础课和专业必修课。“教育见习应在第一学期完成”的指导意见有利于他们在进行专业基础课、专业必修课等理论课程学习时增加经验性，突显了理论学习阶段的实践导向，是教育专业硕士理论课程教学实施“学”“习”贯通构想的依据。但是，见习实际上就是对他者利用教育理论和学科知识为载体开展教育教学工作的观察和研究，这实际上是复杂程序性知识的学习过程，融合了“学”与“习”双重因素，学生固有的知识结构将大大影响学习的效果，专业基础课和专业必修课等理论课程学习过程中和学习结束后，见习效果是不同的。专业基础课和专业必修课等理论课程学习过程中，由于原有教育及历史学科理念知识结构的限制，见习可能更多的属接受性学习；专业基础课和专业必修课等理论课程学习结束后，学生拥有了更为完备的、系统的理论知识，自身知识结构更趋于完善，见习可能产生更多的发现性学习。因此，在历史学科教学专业硕士的实践教学中，可以适当地将0.5个学分的见习课程留至全部理论课程学习之后，与校内实训教学中的微课训练交叉进行。在见习中发现，在实训中演练，或可取得更好的效果（由于校内实训教学中的微课训练，是在一种模拟状态下进行的教学训练，本文称之为“演习”）。见习与演习交替进行，是“学”“习”融通的历史学科教学专业硕士实践课程实施的第二步，使“学”的特性和因素有可能真正融入“习”中。见习—演习—再见习—再演习，交替进行。具体实施要求如下：

第一，选择优质教育资源比较集中的学校见习。优质教育资源比较集中的学校代表当下历史学科教育实践中最先进的教学理念和教学水平，可以保证见习内容的先进性，同时为以后选择任意学校实习，创造复杂实践学习情境做铺垫。

第二，在导师引领下有组织、有计划地开展见习。见习之前，师生应就见习目标、见习内容、见习流程做出相应的规划与设计。见习目标应包含观摩与研究两个层次；见习内容可包含课堂教学、教研活动、名师工作室建设，但以课堂教学为主；见习流程包括观摩（他者是如何做的）、发现（他者为什么这样做）、提出个性化模仿或创造性修改方案（我如何做）。

第三，在校内模拟状态下，根据见习后期提出的个性化模仿或创造性修改方案，以微课的形式进行演习。

第四，在导师组织下对微课演习进行反思、评议、总结。

学生在教育理论与历史学科理论知识结构相对完善之后，通过反复若干次按上述流程，有目标、有组织、有计划地见习与演习交替进行的实践课程教学，更有能力在见习中获得对历史学科教学应该如何开展的深度观察，通过个性化模仿或创造性修改方案后的演习，基本学会怎样开展历史学科教学。在见习与演习交替进行中，历史学科教学的基本原理与方法得以学深悟透，但要胜任并创造性地开展历史学科教育教学工作，还需要更深入的实战演练。

四、实习与研习同步推进

随着新课改的不断推进，研究型的教师成为时代的需求。2009 年公布的《全日制教育硕士专业学位研究生指导性培养方案》就明确提出全日制专业硕士的培养目标是“培养掌握现代教育理论、具有较强的教育教学实践和研究能力的高素质的中小学教师”；2017 年修订的指导性培养方案也指出教育专业硕士的培养目标是“胜任并创造性地开展教育教学和管理工作”，培养方式是“校内外导师共同指导学生的学习和研究工作”，创造性地开展工作的能力取决于研究能力，可见，教学能力与研究能力并重是先后两个指导性培养方案始终坚持的。因此，全日制历史学科教学的实践教学应具有理论性、研究性、创新性，对实践活动应有分析、研究和反思，应该是有理论深度的实践教学，即“学”“习”融通的实践教学。学生在合法地、边缘性地参与实际教育教学活动的过程中，增进自己对教育的个性化解释，积累对教育制度与文化的体验，通过研究在普遍的教育教学理论与特定的教育情境之间找到联系，提高教育的行动力，并通过反思获得个性化的教育知识与教育智慧，最终能个性化地将理论知识与实践活动融会贯通。创造条件，引导历史学科教学专业硕士“实习与研习共步推进”，是提高全日制历史学科教学专业硕士“胜任并创造性地开展教育教学”工作能力的有效途径。具体实施要求如下：

第一，有计划地创设实习与研习的条件。如前文所述，同学们在能够代表历史学科教育教学的最高水平、反映历史学科教育教学最新动态的学校见习，可以获得最前沿、最高水平的历史学科教学实务的体验与反思，但这也是一种特定情境下的体验和反思。我国教育资源特别是优质教育资源不均衡是不争的事实，历史学科教学专业研究生培养目标也从 2009 年的“培养掌握现代教育理论、具有较强的教育教学实践和研究能力的高素质的中小学教师”①扩大到 2017 年的“培养高素质的基础教育学校和中等职业技术学校专任教师和管理人员”。②名校与普通学校之间、基础教育学校与中等职业教育学校之间，在办学理念、教学质量、学生学情、校园文化等方面存在较大差异。以优质教育资源集中的学校作为见习基地，以普通中学或中等职业学校作为实习基地，客观上就创设了一个与教育见习不同的实习情境，见习和演习阶段所获得的经验将面临新情境、新问题，对新情境的适应、对新问题的解决，为实习和研究同步开展创设了很好的前提条件。

---

① 教育部发《关于做好全日制硕士专业学位研究生培养工作的若干意见》，教研〔2009〕1 号，2009 年 3 月 1 日。

② 全国教育专业学位研究生教育指导委员会颁布：《全国教育专业学位研究生教育指导性培养方案（修订）》，教指委发〔2017〕4 号。

第二，有组织地引领实习与研习。由于一个学校同时接纳十几位甚至几十位专业硕士研究生在长达一个学期的时间里顶岗实习，存在较大压力，因此，分散实习、自主实习的方式比较普遍，削弱了实习过程的控制力度，影响实习成效。为使实习与研究同步开展，宜采用相对集中的实习方式，由培养单位指定导师与若干普通学校或中等职业学校对接，由实习学校向同学详尽介绍本校情况，并提出具体要求，使同学在实习伊始，就能尽早尽快地了解校情学情，尽早发现即将面临的新问题和新挑战，带着问题进入实习状态，实习与研习同步开展才有可能。

第三，有控制地推进实习与研习。足够的实习时间是保证实习成效的重要条件，但实习课时并非越多越好，为了保证实习与研习同步推进，宜加强对实习过程的有效控制。首选在实习课时方面，不能作为一个全职老师那样满工作量地上课，而适宜以带一至二个班、每周 2 至 4 节课，不超过 6 节课为宜，以保证有足够研究的时间。同时，实习导师与学生共同设计并控制好实习与研习的各主要节点，如实习课题与研习选题的确立、实习过程与研习过程之关联（包括如何在实习中获得研究选题所需要的数据）、实习和研究过程中的集体研讨等。

通过有计划地创设条件、有组织地引领、有控制地推进，在实习与研习的同步开展与推进中，理论性、研究性、创新性渗透进历史学科教学专业硕士的实习过程中，使实习成为具有理论深度的实践，胜任并创造性地开展教育教学的实践能力得到切实提高。

五、结语

历史学科教学专业硕士实践课程中的“学”“习”融通，不是简单地将所学理论指导实践，也不是单纯的“做中学”，而是强调培养单位或相关教师，有目的、有组织地创设复杂的实践情境，在这一复杂情境中，引领同学实地观察、讨论、个性化模仿，完成对基础教育学校和中等职业技术教育学校的历史教育教学“是什么”“应该怎么做”的深度观察和理解；然后在变化了的情境中发现一般理论与特定教育情境之间的差别，研究一般理论与特定教育情境之间的联系。在不断变化的情境中，灵活运用自身固有的知识，在运用中发现问题，在与导师的共同探讨中解决问题，直到能基本独立胜任各种情境下的基础教育学校和中等职业技术教育学校的历史教育教学和教学研究工作。“学”“习”融通的历史学科教学专业硕士实践课程实施，对于缓解当下教育专业硕士实践课程实施中学生分散、时间难以保证的状况和理论学习与实践应用两分的情形有一定的作用，同时，它还将胜任、创造性地开展历史学科教学的实践能力次第推进，保障了实践教学活动有效开展。

地方高师院校历史教师教育讨论课实施策略研究

——以“中国古代史”课程教学为例[①]

杨小敏

（天水师范学院）

地方高师院校历史教师教育课程教学中组织讨论课，是开展素质教育、培养学生创新思维能力、提高学生教育教学综合能力的有效手段，符合当前教育发展趋势。笔者从2011年开始，连续六年在本校历史学专业一年级学生第二学期的中国古代史课程教学中，分别组织实施过一次讨论课，并了解了部分学生的反映。2017年6月在2016级学生讨论课结束以后，要求学生就讨论课谈自己的心得体会。现就实施过程及从学生心得体会中发现的问题予以总结，并为今后讨论课更有效地开展提供对策。

一、组织实施

说明：（1）本人定义的讨论课与一般意义上的课堂讨论不同。课堂讨论是在

① 本文是甘肃省教育科学规划2016年度课题“新课程理念下地方高师院校历史教师教育教学策略研究”（项目号：GS〔2016〕GHB0254）阶段性成果；天水师范学院2015年度教学研究项目“提升大学历史课教学质量与服务地方基础教育对策研究”（项目号：SYJY 2015Y 27）阶段性成果。

课堂上就课程教学中有关问题提请学生思考交流的活动，而讨论课则类似于专题讨论，是专门选取一个题目，由学生在课下完成资料搜集、讨论稿撰写等一系列工作，最后在课堂上向同学们展示并进行交流互动。（2）考虑到是大一第二学期的学生，且生源知识储备相对不很丰富，又是地方院校师范生，所以在讨论课进行时，不仅仅考核学生对某一问题思考的深度，还要考查本小组内讨论问题间的衔接配合，讨论的问题是如何引出又如何结束，是否能够吸引大家注意，引起讨论兴趣，他们的语言表达、仪态等方面。

（一）分组

由于本班是一个 44 人的班级，为了使每个学生都能参与到讨论活动中，故讨论课开始前先将学生分成 4 组，每组 11 人，其中 1 人为组长。分组随机，组长指定有责任心的同学担任。

（二）准备阶段

第一组大约有一个月的准备时间，其他组准备时间会更长一些。准备环节有确定选题、分解讨论小议题，小组成员查阅资料、分别撰写讨论稿，试讲，修改讨论稿，再试讲等。（要求每个组自行确定一个选题，然后在选题统领之下每个成员都有自己的一个小议题，其中有一人负责该组讨论的开场与总结）

（三）实施

每组 100 分钟（两课时）。在 100 分钟的课时内，用 60 分钟（大约每人 5 分钟左右）的时间由该组成员前后衔接地讲述讨论内容，然后由其他组成员就讨论议题、讨论内容、仪态、语速、语言表达等进行评议，并提出问题进行交流互动，由老师进行总结评议。最后其他组每个成员给该组成员整体打分，算出平均分（10 分制，换算成百分制，计入学生平时成绩），并投票选出该组成员中最优秀的两人或者三人，按照票数多少分别在百分制成绩上加 4 分和 2 分，至此，该讨论课结束。（讨论过程中不强调学生使用 PPT，但如果使用，则就 PPT 的色彩搭配、

行间距、字体大小、各标题之间的衔接等进行评论）

二、成功方面

（一）参与度高

由于是将全班同学分成小组，每个小组都有自己的选题，内部又有小议题的分工，最后每个组都有 60 分钟的展示，所以，迫使每个学生都动了起来，改变了以往课堂讨论中或者讨论课中只是极少部分或者个别学生发言、参与的局面。

（二）认可度高

百分之九十以上的学生认可讨论课这种教学形式，认为其各方面能力得到了锻炼和提高。

陈××：大学之前，我们接受的基本是填鸭式的教育，多数时间听老师讲，自己很少有主动讲的机会。

蔡××：通过同学们的讲述，我知道了许多以前不知道的东西，比如明朝的太监乱政与明代监察制度。对于元明清时期的历史认识也更加深刻，一些问题和疑惑都解决了。这次活动对我来说意义很大，它加深了同组同学之间的合作能力，而且在讲述完成后同学们的问答也十分激烈，同学提出问题与建议也很认真，对主讲的同学有很大的启发，而其他同学也从中获益良多。总而言之，这次活动带来的收获很大，希望此类活动以后能经常举行，对同学们能力的提升十分有帮助。

曾×：通过这次讨论，学到了很多学习和讨论的方法，提高了个人自我学习能力和团队的合作能力。通过四次讨论课题的学习，使我更深入地了解了课堂外所不了解的知识，使我对于自主学习的兴趣加深。学会思考、善于思考，懂得了从别人的不足中吸取经验，不断完善自我。这次讨论课同时也锻炼了个人的语言表达能力；通过讨论课我认识到自己掌握的历史史实太少，想要学好历史，需要大量阅读，扩大自己的知识面，活跃自己的思维方式；我同时深刻认识到，对于史学的研究与探讨要做到语言的严谨，要以史实说话，评价历史人物和历史事件要结合当时特有的环境。总之，这次经历为我以后的学习提供了许多帮助，以后私下也应继续这种讨论学习活动。

杨××：讨论课能够激发起同学们的学习热情。讨论课不仅活跃了课堂气氛，更能通过他人寻找到自身的不足与缺陷，培养了合作和创新精神。讨论课有利于师生之间、同学之间的情感沟通和信息交流。可以克服教师单调、枯燥的讲解和强加知识于人的弊端。促进了学生合理把握讨论时间、精心组织语言能力的提升。

王××：在讨论中，我们可以了解到许多被我们遗漏或未知的历史史实，这一点是十分重要且有意义的。每个同学对他人进行点评，同时也接受别人对自己的点评，从而改进不足，这对每一个人都大有帮助。

高××：纵观四组的讨论课，讨论者的表现越来越好，而提问者的问题也更犀利。这是讨论课的成功之处。

（三）培养了学生的合作能力

杨××：通过这次讨论课，我感到了同学们极大的学习热情，通过与其他几位成员的配合，深切地觉得求知的路上少不了合作。

鲁××：通过这次讨论课，我感觉到集体意识真的很重要，一个团队，只有每个人齐心协力才能达到共赢的效果。我也学会了与他人合作共同完成一份任务。

马××：作为小组一员，我也意识到团结的重要性以及大家协调合作的必要性，这大概是此次讨论课带给我最大的收获。

（四）锻炼了学生教育教学综合能力

沈××：讨论可以让同学们主动地参与进来，主动地查找资料，帮助我们更好地去了解知识，另一方面在查资料的过程中也可以更多地发现问题，寻找更好的解决方法，提高了我们发现问题、解决问题、处理问题的能力。

刘××：在查询史料的过程中，拓宽了个人的视野，掌握了更多的史学知识，并且有助于我们独立思考能力的提高。

常××：这节讨论课带给我的最宝贵的莫过于对自己的挑战了，突破自我，给自己一个表现自我的机会，这是以往的学习中所没有的。

魏××：讨论课我个人感觉是十分必要且具有实用性。因为这个专业就是要通过学习来形成自己的一种历史思维。有了观点或想法就搜寻资料来论证，然后大胆将观点或想法用语言表达出来。这个过程既辛苦而又充实，会让你自己主动学习，有目的地去探讨，并不断刷新以前的旧思维、旧思想。小组讨论的形式，使我们有更加自由轻松的讨论氛围。讨论不仅仅在于讨论，同时可以锻炼你的很多能力，比如搜集资料、编辑资料、演讲口才等。希望以后这样的讨论会多多举行，也希望我们能够积极认真对待，不断向好的方面靠拢。

王××：要想提高就要汲取别人的长处，改正自己的不足。从听与讲中，你都会有新的收获。我很喜欢这种形式，使我更勇敢更自信。

三、存在问题

（一）学生方面

1. 认识不足，重视不够

有些学生认为讨论课占用上课时间或者让学生课下准备费时间吃不消，有些学生讨论前没有认真准备或准备不充分，有些学生对讨论课不热心，讨论课上注意力不集中，以为别的组的讨论和自己没有关系，不认真听，不积极参与互动。

赵××：讨论课占用了许多上课时间，所以，我建议讨论课可以在晚自习的时候进行，或公休的时候进行。

李××：在我们讨论的前一天晚上，我们试着讨论了一下，有的人的稿子过长，有的人的稿子过短，于是把长的删减一点，短的增添些许，以至于第二天讨论课上不能脱稿。

孟××：准备不够充分，有些组是前两三天才去准备讨论稿，有的甚至前一天稿子都没有定下来。

史××：讨论课因我们的知识水平所限，思考问题的全面性不足，查找资料以及团队协调、集体配合训练，耗费时间，太过紧张。但实际上，各位同学的收获并不会像想象的那样大。这台上几分钟的展示，前后花费的时间与精力远超出大一同学的精力所及。

王××：讨论期间，气氛不够活跃，同学们不能积极发言。这需要同学们多开口，给别人点评的同时，不仅是勇气的挑战，也是一次成长与蜕变。我觉得需要多组织此类讨论，从而得到锻炼。

2. 选题不够新颖，视角不很开阔

本次讨论课的四个选题（第一组：梦想·荣光·教训——元朝兴衰史；第二组：明朝监察制度之那人那事；第三组："太监升职记"——明朝宦官；第四组："世说清语"——清朝文化志）虽然是同学们花费很大力气绞尽脑汁选出来的，对同学们来说已经勉为其难，但整体感觉不太理想。与2011级两个班级学生的选题相比较，还是有些差距。（2011级选题：（1）论南宋初期之现实的无奈与历史的选择；（2）论史岂可非黑即白，情天恨海，"两"字当头看蒙元；（3）观大明王朝——汉人帝国暮色中最后一抹余晖；（4）大明龙权，峰谷剧变；（5）清风吹出的帝国终抵不过封建的侵蚀——论满清王朝从康乾盛世到落后挨打；（6）清朝——一个辉煌的悲剧时代）

王××：选题一方面不能超脱常规，总想着面面俱到，反而使重点不突出，另一方面，选题不够新颖，使同学们的兴趣大打折扣。

史××：精心命题是保证讨论课质量的关键。苏格拉底说："问题是接生婆，它能帮助新思维的诞生。"命题时，讨论小组应摆脱应试教育的影响，集合团队发挥聪明才智，尽量选取同学感兴趣的课题，要有问题意识，把问题搞懂。

张××：选题要重视。选题的视角、选题的目的与选题的可行性都需要思考。题目是一次讨论的重中之重，题目是整篇文章的高度概括，全部讨论围绕它展开。

3. 合作欠缺

虽然要求小组内互相配合，共同完成讨论任务，但是个别组、个别同学合作意识欠缺，对群体完成任务的重要性认识不够，没有做到群策群力，集思广益，这无疑会影响到讨论课的质量。

王××：我认为各小组成员没有齐心协力来完成这个讨论课，只是每人选择一个小题，然后独自一人完成各自的部分，没有在一起经过激烈讨论之后定主题，所以相互议题之间有脱节或者重复现象。由于没有提前沟通，等演练时才发现问题，所以临时换题，时间紧，内容组织就显得有点仓促。

成××：进行一项讨论，是一件严肃的事情，必须选用有责任心的人。再者，每一个讨论组都是一个小团体，要求每位成员都必须以集体为单位，不搞个人主义。就我们组而言，不管其他成员怎么努力，始终有那么几个人迟迟不见人影。讨论他们不参与，分配的任务他们没有回应，更不要说去完成了。

4. 心理失衡，没有大局意识

同学们关注讨论课时，一方面关注自己小组的讨论情况，另一方面关注分数、成绩。所以在打分时出现不是很客观地根据该组讨论水平打分，而是有意识地想要自己组的成绩高于其他组，故意压低后来组别的分数，并因此产生矛盾和不愉快。

5. 资料搜集能力欠缺，阅读量少

本次讨论课普遍反映出同学们搜集资料盲目，不知如何下手，不知从哪些方面着手的问题。

张×：最初，在网上搜索，材料贫乏，我们转向图书馆，但所能用到的材料仍不充分。我不得不将目光转向电子阅览室，在那也没找到多少，但至少对于图书馆各类书的分布也有了一个明确的认识。

胡××：在准备各自发言讨论稿时，大家普遍缺乏对史料的认识，这跟平时缺少阅读有关，所以大家准备的材料普遍没有新颖独到的见地。

刘××：我们更需要多阅读好书，提高自己的阅读能力。在阅读过程中要勤于思考、善于发现问题。

（二）教师方面

从组织讨论课到最后调查同学们对本次讨论课的看法，反思自己作为组织者，在讨论课进行中的主导作用，发现有以下问题：

一是没有充分考虑学情，在各小组选题、资料搜集、讨论稿提纲撰写和讨论前试讲等方面投入精力严重不足。本人只是大概了解一下各组进度，督促学生抓紧时间。对于选题，有学生来请教或者学生拿出选题时粗略指导一下，没有仔细就选题是否有价值、选题是否新颖、是否有吸引力，在选题之下从哪些方面着手与学生进行交流，指导学生。对于学生该查阅哪些资料、从哪里入手没有指导，所以学生是“摸着石头过河”，全凭自己“摸爬滚打”“瞎摸乱撞”，所以才出现后来学生讨论展示时出现题目不很亮、小议题之间不衔接、资料应用不充分、探讨问题不深入等问题。

二是只考虑了让每个学生都要参与，却相对忽略了讨论课的具体模式，模糊了讨论课与试讲、演讲的区别，要求太宽泛，给同学们思想上带来一定的困惑。而且由于讨论题目分散，学生知识储备有限，在交流互动环节同学们能够真正提出问题交流互动的不是很多，弱化了讨论课想要达到的效果。

三是评价环节和打分环节把关不严。过度信任学生，放手让学生做，没有及时就自己发现的问题表明态度，结果出现最后打分不公平不公正的个别现象，打击了学生参与讨论的积极性。

四、解决对策

尽管如上所说，本次讨论课有很多不足，但结合六年来的实践以及 2016 级同学们的意见建议，本人认为讨论课还是有它自身的优势和价值，是需要也可以长期坚持下去的。

张 ××：讨论课的优点就是我们可以在其中汲取很多有益成分，也可以调动大家学习的积极性。我们在提前准备的过程中，收获和学习到了许多课本上没有的知识，讨论课这种形式需要去推广，更应该多积极完善，使其发挥更大的价值。讨论课，最重要的便是讨论，不仅仅是组内讨论，所有同学都应该就其中一个问题提出自己的观点和看法，这样的讨论课会更加引人瞩目。同时，我们应该在课下多增加自己的阅读量，储备更多的知识。希望今后的讨论课会越来越完善。

徐 ×：讨论课，以前在上高中的时候也开设过，但那时候我们的思维是单一的，只是寻求一道题的正解。上了大学之后学习专业课，有了专业知识和技能，拓展了我们对历史更加深入的理解。在学习的过程中，我们会有很多的疑惑和问题，有时对于同一个问题不同的人有不同的看法，表达自己的想法，互相沟通交流，这是一种思想上的碰撞，这样的讨论课就显得尤为重要。讨论课是一种课堂的新形式，是师生之间特别是同学之间对某一个问题的探讨、交流、沟通，是我们更好地学习历史的一种方法。讨论的过程，有利于我们对于材料的搜集、整理、认识，有利于我们形成对于历史的看法。讨论课是真正以学生为主体，促进我们更积极主动地进行学习。为了更好地开展讨论课，对讨论的问题要有一定的了解、研究，要搜集资料、阅读相关的文献书籍，对讨论主题进一步佐证；要勇敢地表达自己的观点，各抒己见，相互交流；对于其他同学的意见要虚心接受，有则改之，无则加勉，要本着一种学习的态度，当然对于一些错误的观点也要当场反驳，用自己的史料证据证明。

张××：讨论课有两点非常重要，第一点是既然是讨论课那便说明讨论过程中，大家都要积极参与，大家都要有自己的想法和思考；第二点就是要有大量的知识储备。否则讨论过程中就无法参与进去。

李××：在这次讨论中，我们小组成员之间思想的相互激荡，迸发出了不一样的火花。我们选择的题目是“宦官升职记”，这个题目还可以这样理解，我们从多方面对宦官进行剖析，有人认为“存在即合理”，宦官自身也有自己的不容易，我们不应戴着一副有色眼镜去看待他们；有同学举例宦官的反面教材，指出宦官的危害及对统治做出的破坏。站在不同的角度体现不同的视角，多方面立体地对宦官进行剖析。在讨论课上，由一位同学引入话题，想着什么样的“引子”才能更好地吸引同学们的注意力，使之全方位投入到我们所讨论的话题中来，我们小组成员放开思维中才得以意见统一，“引子”解决了，有关结论也迎刃而解，然后同学之间依照顺序，由自己的话题结束引起另一个同学的话题，这中间讲究相互配合与交流，充分的交流与沟通对团队的整体实力提升具有很大的作用。我们学到了合作，学会了合作，也学会了倾听他人的意见与想法。讨论课试讲结束以后，同学们进行相互交流，针对该课题提出自己宝贵的意见和见解，其中不乏争论，但也让同学们对知识的掌握更加全面，似乎有一种“百花齐放，百家争鸣”的感觉，我个人挺喜欢这个环节的，能够了解每个人在听讲中的想法和意见，还能够正视自己的不足与错误之处，更好地自我进步，最后共同成长。

袁××：对于自我而言，很高兴老师给予我们这一机会和平台，可以使同学们“自力更生”，主动去寻求知识，将自己的观点置于大家的面前来进行反驳与认可。挺喜欢也很享受这一过程。建议每两周的一个星期四将有兴趣参加讨论的同学自愿组织起来，安排一位教师具体指导，就两周学习中感兴趣的问题进行讨论。

总结经验和不足，我认为我们以后的讨论课应该注意做到以下几方面。

（一）学生方面

一是积极参与讨论课，有意识地提升自己的表现、表达能力。历史教师教育专业要求学生除了具有历史知识和历史思维能力之外，还要有清晰的语言表达能力、课堂组织驾驭能力等多种综合能力，所以同学们要利用一切机会加以锻炼。

杨×：讨论课是知识、思想的交流与碰撞，是每个人展现自己能力的机会，所以我们应该提高自己的口头表达能力，尽量把自己头脑中的东西用生动形象的语言表达出来。要口齿清晰，有自己独特的观点，内容新奇，引起同学们的兴趣，不能人云亦云。要注意和同学们的互动，要讲事实，要重点突出。

二是要有团队合作精神。中国有很多古话，“众人拾柴火焰高”“三个臭皮匠顶个诸葛亮”，都是说团结的力量，所以讨论课上需要所有同学的合作参与，才可以提升讨论课的质量，使同学们有更多的收益。

三是要有问题意识，要扩大阅读量。讨论课选题时，要有问题意识。为什么选这个题目，要说明什么问题。题目要适中，不能太大或太小。太大学生知识面不广，很难把握，太小又缺少发挥空间，小组成员很难就某个方面提出自己的见解。考虑到受众是学生自己，所以选题还要尽量新颖，要有吸引力。讨论课的关键是要有讨论的素材，所以一定要扩大阅读量。同学们谈到讨论课后的体会时，很多人都感觉到了自己阅读量缺乏，对史料及相关资料的掌握极其有限。

鲁××：在收集材料撰写稿子时我发现，我们的基础还是很薄弱的，对史料分析还是很困难，这些都需要努力改进。

王××：一方面同学们自身历史知识积累不足，基础差，另一方面，资料准备不足，或者说不会总结自己手中现有资料的重点。

胡××：由于在准备各自发言稿时，大家都普遍存在缺乏对史料知识的认识，这跟平时缺少阅读有关，所以大家准备的材料普遍是没有新颖独到的见地，只是围绕基本史实作叙事性的讲解，缺少对文献资料的解读。

（二）教师方面

第一，考虑学情，多做指导。作为地方高师院校，生源的知识储备、创新思维能力、学习的主动性都相对较弱，所以教师在设置讨论课时，一定要考虑到这些制约因素，且不可高估学生们的能力，放手不管。从选题、资料收集、撰写讨论稿、磨合试讲等环节，教师都要参与其中，及时指导。

第二，讨论方式。鉴于不同选题之间在交流互动环节存在的问题，以及考虑每个学生的参与，可以精心选出一个共同题目，让学生分组讨论，最后每组选出三到四名优秀者代表本组参加全班讨论，在这个过程中，当本组代表阐述自己观点或者与其他组成员交锋争论时，本组成员可以随时补充。最后，根据整个组的整体表现，由老师、同学共同打出每个组的最后得分。由于有共同的话题，讨论会更充分，参与者会更积极。

第三，多课程参与，加强实战。讨论课教学方式不仅中国古代史课程可以采用，其他历史学专业课程均可使用。如果所有课程都动起来，在不同学期均有讨论课，尽管学生的负担可能会重一些，但学生的收获肯定会更大，进步会更快。

开设中学历史“两课”的实践与反思

吕全义

（太原师范学院）

中学历史教学理论和中学历史教材教法（以下简称“两课”）是全国师范类普通高校在历史系开设的两门必修课。这两门课程的开设主要是为了使在校学生了解一些与中学历史学科教学相关的理论和掌握一些基本的教学技能，为学生大学毕业后能够尽快地适应教学工作而奠定必要的基础。

太原师范学院历史系在大三学年第二学期设置“两课”，每门一学期三十六课时。与“两课”开设密切相关的课程还有：在大二开设一星期的微格教学，在大四开设一定课时量的中学历史教学课标解读。与这些课程开设相关的安排还有：在大三第二学期，要求学生进行见习。见习学生去有合作关系的中学听几节历史课，做好听课记录，并自己撰写一节历史课教案。同一学期，历史系还邀请中学一线优秀历史教师来做示范课，并向学生讲述一线教师的常规工作，解答与会学生提出的问题。此外，进入大四以后学生要进行实习。实习分为两种情况：一部分学生赴指定的中学听几节课，然后自己备一节并在真实课堂里面向学生讲授。为了搞好大三的见习和大四的实习工作，选派本系具有丰富教学经验的专业课教师到各见习、实习小组，作为学生的指导教师。而另一部分实习学生则配合学校的国培计划，分赴本省一些中学，吃住在学校，当一段时间的老师。对国培计划框架下的实习学生，学校从各学院和系抽调骨干教师巡回各实习点学校，为实习学生把脉并作为其后援团队。“两课”的开设在以上学校和系制定的培养计划中占据重要的地位。

下面介绍任课教师是如何具体实践“两课”的。

“两课”之教学安排有以下四个方面：其一，讲授任课教师个人中学历史教学过程中积累的正反面的经验教训，宏观与微观相结合，务虚与务实相结合（对此，本文从略）。时间约占四个星期。其二，指定学生课外阅读教材中的“中学历史教学论”（上下），完成教材设置的练习题。其三，学生课外阅读教师指定的由国家层面制定的相关教育类法律法规文件，比如十三五教育发展规划纲要、义务教育法、教育法、教师法、工会法、民办教育促进法、中小学教师职业道德规范、乡村教师支持计划和残疾人教育条例等。目的是使学生初步了解这些法律法规，为以后参加工作继续学习和领会这些文件奠定一定的基础。其四，安排每个学生备一节中学历史课，登台试讲。

由于教材教法这门课的实践性很强，故我们特别重视学生的试讲。试讲一般由备课、上课、评课、修改四个环节构成。在教师讲授教学理论课的同时，把每班学生分成若干小组，每组男女生搭配，以五到七人编为一组，以小组为单位进行备课。在讲课之前，通过微信、短信、电话、邮箱和谈话等渠道与学生互动，辅导、审查学生的教案和相应的多媒体课件。在学生根据与教师互动达成的共识对教案进行修改以后，登台讲授，假想为应聘课，听课对象是自己的同班同学和授课教师，时间限定在二十分钟左右。讲课的同时，安排该小组的其他同学记录课堂总共用时，每个教学环节的时间分配，并摄像。讲完后稍事休息，然后进入评课活动环节。听课学生和老师指出该生哪些地方处理得好，哪些地方需要改进，哪些知识点有硬伤，需要纠正。在评课的同时，允许被评者进行回应，做出说明。此外，在评课环节中要求试讲学生能操作多媒体课件，从格式、材料、序号、文字大小、字体、颜色、美感、清晰度等方面进行严格审查，发现问题，及时指出。指定本小组同学做好评课记录。课后，试讲学生根据师生所提意见进行改正和改进。最后一个步骤，就是在学期结束时将所有试讲学生的教案和多媒体课件汇总，建立百度云盘，以便于同学们今后作为教学资源共享。

从试讲课的进度来说，有的班的进度较快，有的班的进度慢一些。进度慢的主要原因是发现上课学生存在的问题多一些，评课进行的时间相应就长一些。最后考虑到整个学期的计划进度和使班级每一个学生都应尽可能得到锻炼，部分学生由原定的讲课而改为说课。从而也使同学们初步学会在今后的工作中如何去说课。此亦教材教法课必须训练的一项技能。

学生所使用的教材，主要是人教版，其次是岳麓版。学生所选之课主要是高中，仅有少量的初中课。

整个试讲课，表现为首尾两头严格，中间有所松弛。中间为何有所松弛？主要是针对在试讲初期的评课环节把一些学生批评得情绪有点低落，导致后边登台讲课的学生自信心不足，表现得过分拘谨、放不开，而采取的必要的调整。故而，中间放松了对试讲学生的要求，评课时鼓励有加而挑毛病仅仅点到为止。后期任课教师在主观上又觉得学生只有接受严格的训练，方才能在毕业后的中学历史教学工作岗位上有章可循，所以又对试讲学生的辅导、指导、评课变得严格起来，不去考虑学生的感受如何。此外，有时因指导教师在时间上的不足，对学生课前指导不够。再者，任课教师限于课堂时间紧迫，记听课笔记不够全面，往往在评课环节中进行点评时对学生存在的问题有所遗漏。

通过学生的试讲课，发现的问题主要有以下几点：

第一，学生制作的课件，学术规范性不够。多媒体引用文字的格式，标点符号，大小序号排序和前后不统一，文字繁简体的转换，板书文字的笔画顺序，文字的读音，所配图画的科学性，地图的清晰度等方面存在程度不等的问题。

多媒体教学有优势，具有直观性强、信息量大的特点。原来一节处理不完的课，现在可以一节课轻松完成。但多媒体教学也有缺陷。多媒体教学不利于培养学生的抽象思维能力。有时，灵感产生于授课的瞬间。囿于多媒体课件在客观上的规定性，难以充分发挥教师的主导性和根据课堂实际情况相机调整的灵活性。

第二，历史概念阐释的规范性，授课语言、教态、语言技巧、教学技能等方面都有待于训练和提高。

第三，最大的问题是学生的专业素养不能满足于教学实际需要，学生对教材处理、驾驭的能力亟待提高。尽管所开设的这门课程不涉及专业知识和专业理论。但专业是本，教学方法与技能的训练是建立在一定专业知识和理论基础上的一门课程。即教学方法的采用总是与学生的专业素养分不开的。任课教师除了力所能及的专业辅导以外，谆谆告诫学生“老师引进门，修行在自己”的道理，尤其在今天处于知识爆炸和更新加速的时代，一定要积极发挥自己的主观能动性予以钻研、完善和提升自己历史专业的知识结构、理论体系，以适应教学随着时代的变革而不断变革的时代要求。

第四，学生与教师之间的配合不够默契。任课教师在以前没有接触过上课的学生。这样的背景，客观上使得教师与学生之间在一学期当中有一个磨合的过程。以下两个因素增加了磨合的难度。其一，学生大多数来自山西本省，之前曾接受过一星期的微格教学训练，学生本次试讲虽然被要求把自己假想成应聘课的应聘教师，但不可避免地受到此前微格教学和自己入学之前六年中学历史课堂当中历史教师的教学风格的潜移默化的影响，有的干脆是照搬和模仿。这在心理学上称之为前摄抑制。总的感觉是试讲学生尚未走出这样的心理阶段。事实上学生也不可能通过不足一学期的试讲课，甚至具体到学生本人只有一节课的试讲锻炼走出模仿阶段，形成自己的教学风格。其二，授课教师兼具近二十年我国南北公立学校和民办学校的中学历史教学工作背景，加上接受过硕博士研究生阶段的专业学术训练，在教学理念和实践方面初步形成了自己的模式。任课教师的这种个性化差异既增加了教师主观上的兼容性，又客观上增加了试讲学生在领会和贯彻实施指导教师提出的一些要求和意图方面的难度。总之，如何减轻前摄抑制的影响，是任课教师今后应该深思的问题。

今后开设“两课”的改进和建议：

第一，在课堂管理和组织方面，将踊跃评课与否和学生的成绩考核相结合，更广泛地调动和提高学生参与评课环节的积极性和参与度。严格控制学生选取同一课题作为试讲课的比例。课题的选择尽可能兼顾中学各学段，兼顾世界史和中国史，兼顾古代、近代和现当代历史时段，兼顾政治、经济、军事、思想文化、改革和人物评价等方面的内容，旨在使学生初步学会处理各种各样题材课程的教学。

第二，建议“两课”的开设提前到大三学年第一学期、两大通史课完毕之后，与学生考取中学历史教学资格证书结合起来，与学生就业的现实需求紧密地结合。将外请中学一线优秀教师的示范课提前到试讲课开始之时段，使示范课的效果实现最大化。多媒体课件制作的学术规范问题和学生学士学位论文撰写的学术规范要求尽可能整合。任课教师根据学校对学士学位论文、硕士学位论文的要求和以往自身接受学术训练后对学术规范的理解，对学生提一些要求和改进建议，尽可能地使学生向学术规范靠拢。

第三，“亲其师，信其道。”任课教师在对历史专业的学生实施“两课”教学之前，最好有一个与学生彼此了解的预热阶段或者考虑怎样缩短这个预热阶段。

第四，因为“两课”任课教师在本硕博阶段并未系统修习中学历史教学理论课程，导致在中学历史教学理论课程的实践中呈现短板。建议采用安排教师外出进修的路径或者从本校教育系外请教学论专业的教师讲授这门课程以弥补短板。

现将本文的主旨概括如下：本文介绍了太原师范学院历史系开设中学历史“两课”及其相关课程和教学的工作安排。重点介绍“两课”开展中的学生试讲课环节如何实施，发现的问题和今后如何改进的思路和建议。

专题三

历史教师教育教学研究

加强历史教育硕士案例教学的研究

朱煜

（扬州大学）

历史教育硕士[①] 与历史教学论学术型硕士的最大区别，在于前者不以学术研究为重点，而侧重于培养较强的解决实际问题的能力和丰富的实践操作技能。换言之，有别于传统的以学术传承、学术研究为己任的研究生教育，历史教育硕士研究生教育则致力于培养历史教育高层次应用型专门人才。

1996 年 4 月，国务院学位委员会通过决议设置教育硕士专业学位，并于次年开始面向在职中小学教师和教育管理干部招生；2009 年 3 月，教育部决定招收以应届本科毕业生为主体的全日制专业学位研究生，并于 2010 年开始招收全日制专业学位研究生；2016 年 9 月，教育部决定从该年 12 月以后录取的研究生从培养方式上分为全日制和非全日制两种，由此在职教育硕士的全国联考被取消，其招生统一纳入全国研究生统考。20 年间，全国已经累计招收教育硕士专业学位研究生 30 万人，超过 15 万人获得教育硕士专业学位，为我国教育事业培养了大批高素质

① 按照官方文件，正式的、规范的表述应该是“教育硕士”（学科教学 —— 历史）。“教育硕士”是专业学位类别，“学科教学 —— 历史”，属于该专业学位的培养领域、培养方向。为了叙述的简便，本文沿用历史教育界通常使用的“历史教育硕士”的名称来指代这一类研究生的培养。

的中小学教师和教育管理干部，推进了我国教育事业的改革步伐。[①]

随着教育硕士特别是近几年来全日制教育硕士的招生，历史教育硕士研究生的招收规模也日渐扩大。提高历史教育硕士培养的针对性，使培养的研究生真正成为具备良好职业素养的中学历史教育的高层次应用型人才，迫切需要我们摈弃传统的学术型研究生教学方式，聚焦案例教学，突出案例分析，在案例解剖中增长研究生的实践智慧，培养历史教育硕士在实际情境中发现问题、解决问题的能力，从而推动历史教师的专业化水平。本文试对推进历史教育硕士案例教学研究问题，略申几点浅见，敬请历史教育界同仁指正。

一、案例教学是提升教育硕士培养质量的重要路径

案例教学的最突出特征是案例的运用，它是案例教学区别于其他教学方法的关键所在。那么，什么是案例呢？简言之，案例就是对实际情境的描述，在这个案例中，包含有一个或多个疑难问题，同时也包含解决这些问题的方法。案例教学的着眼点在于培养学生解决实际问题的能力，而不仅仅是熟记教材中的原理、规则，这并不是说学科基础知识不重要，而是说通过案例教学，采用更有效的方法来获得这些知识，这是案例教学的显著优势。学生通过案例教学得到的知识是内化了的知识，这为他们将来的教学提供了一个近乎真实的场景，缩短了教学与实践之间的距离。再者，在案例教学中，学生可以更多地与教师、同学进行交流，在彼此的启发下，增进对教学中所遇到的问题、困惑的切身体验，逐步掌握解决教学疑难问题和进行教学反思的方法。[②]正因如此，发源于国外的案例教学法，已逐渐被国内教育界所认识，并引入专业学位研究生培养之中，成为创新教学模式、促进教学与实践有机融合的重要途径。

问题是，在目前的历史教育硕士培养实践中，由于一些管理者和教师对这类

① 《杜占元出席全国教育专业学位教育改革与发展研讨会》，中华人民共和国教育部网站，http://www.moe.gov.cn/s78/A22/moe_847/201611/t20161123_289745.html，2017年9月11日。

② 郑金洲编著：《案例教学指南》，华东师范大学出版社2000年版，第1、9、12页。

研究生教育的培养目标认识不够清晰，研究生教育实践中仍然存在重理论讲授轻实践案例教学的现状，在很大程度上制约了历史教育硕士培养的质量。比如在课程设置上，尚未完全以实际应用为导向，以职业需求为目标，所开设的课程偏重于历史学、教育学的学术型课程甚至因人设课的情形并不鲜见，教学内容未能做到理论性与应用性的有机结合；在教学方式上，习惯于传统的坐而论道式的讲授，不重视运用案例分析、现场研究、模拟实训等方法，特别是从中学历史教学实践中选择典型案例，培养学生关注实践问题的意识和能力，从而使得历史教育硕士的就业适应期未能缩短，教学模式与中学实践未能实现无缝对接。

造成当下历史教育硕士培养中案例教学的运用不够普遍、凸显，实践性教学取向仍然相对薄弱的原因，既有受传统学术型研究生教育理念、教学方式的惯性影响，对历史教育硕士研究生的定位、目标的认识比较模糊甚至错位使然，也与教育界未能提供较为丰富的案例研究成果不无关系。

虽然相关案例素材很多，但是真正研究案例教学的著作却不多。这表现在三个方面：其一，近几十年来，国内出版了难以计数的历史教学法、历史教学论、历史教育学等著作、教材①，然而这类著作、教材的最大功能在提供某些法则性的教学规范，书中虽也穿插一些课例、经验的叙述，但是侧重于举例说明，且在真实性、情境性、典型性、时效性等方面与案例教学的需求之间存在一定的距离，对于教学实践能力的训练作用有限。其二，伴随着新课程改革的推进，中学历史教育界的部分一线教师出版了一些冠名为某某“主张”、某某“思考”、某某“教学”等论著②，这些书展现了作者的成长足迹，凝聚了作者的教学观念、课堂智慧、实践策略，对于拓宽历史教育硕士的学习视野颇有助益。不过这些书限于主题旨趣、编辑体例等多种因素，也大多不以教学案例的完整呈现与分析解剖为核心，有些书还有理论化或者教育哲学的倾向与追求。其三，鉴于传统的教学法教材、

① 比较有代表性的著作、教材，如于友西主编：《中学历史教学法》，朱汉国、郑林主编：《新编历史教学论》，叶小兵、姬秉新、李稚勇：《历史教育学》，聂幼犁主编：《历史课程与教学论》，等等。

② 这类著作，如王雄《王雄的中学历史教学主张》、李晓风《李晓风历史教学思考与实践》、林桂平《“同课异构”与中学历史有效教学》，等等。

著作的局限，为了适应历史教师教育的新形势，丰富未来历史教师的教学知识，近年出版不少“案例研究”“教学设计”“智慧课堂”之类著作、教材[①]，比之于传统的教学法教材，更加注重教学案例、课例的支撑，注重实效性和操作性，有利于帮助历史教师准确理解课程改革的基本理念和教学要求，合理地进行教学设计，提高教学质量，对于历史教育硕士掌握相关教学理念和实践技能，无疑是有较好作用的。不过这类读本、教材在叙述框架方面仍未能摆脱教学法教材的叙述逻辑，案例并不是叙述的中心，案例只是理论阐释的例证，或者主要提供读者备课的素材和教学测评的资源，而且有的还存在教学案例与课例混为一谈的情形[②]，换言之，它们是传统的教学法教材的改进版、升级版，但是还算不上真正的案例研究。总而言之，在当下琳琅满目的历史教学资源中，缺乏历史教育硕士培养的教学案例资源，甚至可以说这方面的资源相当匮乏，亟待予以重视。

案例教学研究有助于历史教育硕士的专业化、职业化培养，有助于其熟练掌握实践技能，提高应用能力，是提升历史教育硕士培养质量的重要路径。

二、案例教学要注重解决实践中的疑难和困惑

案例的真实性、情境性是案例教学的基本特点。换言之，案例教学要反映真实的教学情境，要注重解决教学中的各种疑难问题和困惑。

然而，在笔者阅读到的部分教材、著作中，所提供的教学案例，至少存在下述两种情形：其一，有的案例未能揭示教学过程中的问题细节、疑难困惑，不利于教育硕士透过案例逐渐掌握教学基本方法，这也就失去了案例教学的示范性、可操作性。例如，某本历史教学案例研究书中，关于教学中史料的选择，仅提出了一系列的取舍标准，如史料的自身价值、史料与问题的相关程度、史料之间的

① 如袁从秀主编：《中学历史教学设计与案例研究》，赵克礼、徐赐成主编：《中学历史教材研究与教学设计》，何成刚等：《智慧课堂：史料教学中的方法与策略》，等等。

② 课例指课堂的教学实录，而教学案例则记录课堂教学的来龙去脉，包括问题的产生、解决问题的过程与方法、教学设计的思路、学生的反应、教学反思等，聚焦于教师的思考轨迹。

内在联系等，但是在具体教学情境中，哪些史料的运用能体现教学价值，哪些史料则失却其价值？什么样的史料与问题的相关度较高，而什么史料与问题的相关度则较低？哪些史料之间能形成“证据链”，或者有助于在学生头脑中产生“思维导图”，推动其扩散性思维，而哪些史料之间则不具有这些功能？这些围绕史料取舍的关键问题，均缺乏相关案例呈现与解读。没有了案例的支撑，不能引导学习者进入教学的“问题情境”，所提出来的若干史料取舍的法则必然不能为学习者所真正理解，至多成为他们应付某些考试的记诵文本。

其二，有的案例研究虽然指出教学中存在的问题及应用策略等，但是与所附案例的关联度较弱甚至彼此毫不相干，案例与策略变成了“两张皮”。例如，在如何解决学生学习历史可能有的“偏见”问题时，某书指出的原则之一是“采用二重证据法”，而“不要单凭孤证做出结论”。支撑该观点的案例是19世纪70年代英国探险家斯坦利记述的他所率领一支考察队在非洲考察时与土著相遇的情节以及土著酋长摩基姆巴对事件的叙述。因为对同一件事两者的叙述截然不同，因此该书提醒读者在教学中需要采用不同角度的史料来分析历史，否则依据孤证得出的结论是不够客观的。虽然作者的意图是说明“孤证不立”，提示学习者注意教学需要从不同的角度选择材料，使学生认识到历史的复杂性，以及后人对历史的解读不可能完全准确等，但是这两段文字只是当时人的叙述，属于历史资料，不能等同于教学案例，而且它混淆了多角度提供材料与“二重证据法”的区别。事实上“二重证据法”是一个专业名词，是近代国学大师王国维的一大创造，其主要内涵是强调用地下出土的实物资料与传统文献相互印证。[①] 这与史学方法论所讲的“资料互证”或“不要忽略反面证据”等方法[②]，显然意义不同。

教育硕士案例教学聚焦历史教学中的疑难和困惑，笔者以为需要做到：首先，选择的案例应该是来自于真实课堂的教学情境，案例的叙述应该尽可能完整，即便是反映某个教学环节的案例也应当有一个从开始到结束的完整情节，并包括一

① 王东峰：《王国维“二重证据法”辨析》，《中国社会科学报》2016年4月19日。

② 〔英〕约翰·托什：《史学导论》，吴英译，北京大学出版社2007年版，第102页；严耕望：《治史三书》，辽宁教育出版社1998年版，第30页。

些认知性的冲突，单纯的史料、素材并不是案例，而且案例的选择应当慎重，不能为了案例教学而选择案例，在选择案例时应考虑让学习者掌握哪些教学原理、法则，然后再选择那些典型的能够充分说明这些原理、法则的案例。其次，案例应凸显“问题导向”。就是说，案例需要激发学习者的求知欲，推动他们犹如身临其境般地与案例的教学双方共同思考解决教学问题之策。其三，在案例教学中教师需要积极地引导学习者思考。就是说，教师不仅要精选案例，而且要指导学习者学习如何分析案例。比如需要提出一系列与案例相关的问题，如案例中的疑难问题是什么，案例中传递的哪些信息至关重要，解决问题的教学方案有哪些，哪些教学方案更加适宜，为什么，等等。也就是说，需要组织学习者进行案例讨论，内容包括案例引入、问题讨论、提供方案、如何实施等。通过案例研讨，使学习者把握案例的问题所在，训练他们像成熟的一线老师那样去思考，并最终提出针对某一教学内容或环节的最佳教学方案。

三、案例教学要探索建立案例库共享平台

2015年5月，教育部发出教研〔2015〕1号文《教育部关于加强专业学位研究生案例教学和联合培养基地建设的通知》，要求整合案例资源，探索案例库共享机制，充分运用网络媒介和信息化手段，搭建案例研究、开发、使用和共享的公共平台。笔者以为，从国家层面看，国家级历史教育硕士专业学位案例库和教学案例推广中心的建设势在必行。不过国家级的案例库即使建成，也不可能完全解决各校历史教育硕士案例教学的各种问题。从学校层面说，需要各校或有关学校合作建设情境性、问题性、操作性、示范性强的教学案例库。目前部分学校已经开始了案例库建设，但是大都各自为政，未能形成合力。案例库建设如能在研究、开发中分工协作，并形成共享平台，对于大面积提升历史教育硕士的培养质量将会发挥巨大作用。

历史教育硕士案例库应以建设单一课程的分案例库为切入点，在此基础上形成涵盖全国教育硕士专业学位指导委员会所颁发的教育硕士指导性培养方案中确

定的历史课程与教材研究、历史教学设计与实施等在内的所有知识类和技能类课程的总案例库。这些教学案例库除了选择案例的典型性、真实性、问题性、示范性、可操作性之外，应基于中学历史课程教学的视角，兼顾初高中历史课程，且至少应该关注以下几个方面的案例建设：一是初高中历史教学活动的案例。即涉及初高中教科书每课的完整案例，不过这些案例绝不应是传统的课堂教学实录，教学案例与课堂实录的区别前已述及，于此不赘。二是涉及历史学科核心素养培养的案例。如时空观念的培养、史料实证的培养、历史解释能力的培养等方面的案例等。三是涉及历史教学环节或教研知识的案例。如教学目标设计的案例、教学重点难点的确定与处理的案例、问题设计与实施的案例、图像资源选择与应用的案例、学业评价的实施案例、微课设计与运用的案例、课题研究的案例等。

总之，应当建成涉及历史教育硕士培养的各门专业课的教学案例库，而且所涉及初高中历史教学的部分应体现最新中学历史课程标准和教科书的教学内容。这是其一。其二，教学案例应当是一个个鲜活的教学故事，既有从开始到结束的完整情节，也有师生的双边活动，特别是要呈现教师进行教学设计和实施教学过程中的所思所想、疑难困惑及其解决之道。

历史学科全日制教育硕士研究生教学能力现状的调查

——以江苏省为例[①]

闻海娇　姚锦祥

（南京师范大学）

教学能力是教师教育专业能力的核心，是教师顺利开展教育、教学、促进自我发展的根本保证。《中学教师专业标准（试行）》指出，教师的教育教学能力主要涉及教学活动的设计、实施和评价等各环节的能力，这些能力也是师范生通过学科教育应当形成的教学必备的素养，本调查主要围绕与教学活动各环节紧密相关的教学能力展开。调查涉及江苏省内开设这一专业的所有高校，包括南京师范大学（以下简称南师大）、苏州大学（以下简称苏大）、扬州大学（以下简称扬大）和江苏师范大学（以下简称江苏师大）。调查对象主要是这四所高校的教育硕士生、实习学校的学生，以及部分教育硕士生的实践导师、江苏省部分中学的历史教师。通过问卷调查和个别访谈，全方位、多角度地了解教育硕士生在教学设计、教学实施和教学评价等方面的现状。

调查结果显示：其一，二年级教育硕士生与一年级教育硕士生的教学能力

① 本调查报告是南京师范大学教师教育学院教育硕士生毕业论文《江苏省全日制教育硕士研究生教学素养的调查研究——以学科教学（历史）方向为中心》的一部分，2015年答辩通过，作者闻海娇，指导教师姚锦祥。

相比，没有明显的提升；其二，教育实习对教育硕士生教学能力的提升有一定的促进作用；其三，教育硕士生的教学能力总体上有待提高。就业压力大、学位课程设置不完善、教育实习的有效性不够，是影响其教学能力提升的主要原因。相关问题的解决，需要教育硕士生有的放矢地进行教学实践和训练，也需要培养单位进一步落实双导师制、完善学位课程的设置和适当改进教学方法。

一、全日制教育硕士生教学能力调查问卷的设计与实施

我们主要调查了江苏省学科教学（历史）专业的全日制教育硕士在读研究生，即南师大、苏大、扬大和江苏师大的学科教学（历史）专业的一年级教育硕士生（以下简称“研一生”）和二年级教育硕士生（以下简称“研二生”）。对上述四所高校的教育硕士生进行问卷调查和个别访谈，是为了全面、深入地了解他们在入学之初（一年级）的教学能力情况和基本完成硕士学位课程并完成教育实习后（二年级）的教学能力情况，力图从这两个年级的对比中，窥探出江苏省教育硕士培养取得的成果和存在的问题，并最终为教育硕士生的培养问题建言献策，从而有效提高教育硕士生的教学能力。

我们还调查了部分教育硕士生的实践导师（有的学校称为“实习指导老师”）、江苏省部分中学的历史教师[①]（分为三类：第一类是已获得学科教学［历史］专业全日制教育硕士学位的，以下简称“A 类”教师；第二类是在职攻读学科教学［历史］专业教育硕士学位的，以下简称“B 类”教师；第三类是除前两类以外的，以下简称“C 类”教师）、部分教育硕士生实习学校的学生等。对他们的问卷调查或访谈，可以全方位、多角度地了解教育硕士生应具备的教学能力、已具备的教学能力和教学能力方面的欠缺等问题。

① 尽管教育硕士生的实践导师几乎都是中学历史教师，但因对前者的问卷调查和访谈所涉及的问题大多数都不同于后者，所以笔者在此把前者单列为一类调查对象。那么，在“中学历史教师”这类调查对象中也就不包括教育硕士生的实践导师的中学历史教师了。

（一）调查问卷的设计

在对教学能力内涵有一定理解的基础上，结合中学历史教学实际，我们设计了一系列针对不同调查对象的调查问卷。

1. 对教育硕士生教学能力的调查问卷设计

对江苏省四所高校的研一生和研二生设计的问卷（以下分别简称“研一问卷”和“研二问卷”）主要包括三部分内容，即自我评价、教学能力测量和意见建议。

自我评价部分是从教育硕士生自身的视角来粗略了解他们的教学能力现状，包括进行中学历史教学的能力层次，以及最缺乏或最渴望提升的教学能力两个问题。

教学能力测量部分是该调查问卷的主体。这部分题目的设置从教学设计素养、教学实施素养和教学评价素养 3 个一级维度展开。每个一级维度之下又包括若干个二级维度。教学设计素养下有两个二级维度：教学目标的设计、对教材和课标的处理；教学实施素养下有 7 个二级维度：对教学实施环节的了解、教学内容的安排、教学方法的运用、与学生互动、教学机制、课堂驾驭能力和课堂小结；教学评价素养下有 4 个二级维度：对评价方法的了解与运用、课堂提问、作业布置和教学反思。这些二级维度多是结合教育硕士生的教育实习经历选取（其中研一生的教育实习经历指本科阶段的教育实习经历，研二生的教育实习经历主要指研究生阶段的教育实习经历），从小处着手，较为具体、全面，能在一定程度上客观反映教育硕士生的教学能力状况。意见建议部分主要包括教育硕士生对学位课程设置的看法、应具备的教学能力及提升途径等问题。

问卷以选择题为主，有两道开放性题目。在上述各部分的最低维度下均设置了一到两个题目。某些题目中不同维度又有交叉。为了获得两个年级的对比数据，两个年级的问卷的内容基本是一样的，只是在个别地方有细微差别。

2. 对教育硕士生实践导师调查问卷的设计

教育硕士生的实践导师多为有丰富教学经验的中学一线教学名师。他们从中学历史教学实际出发，对教育硕士生的教学素养有着更贴近实际的要求。多数实践导师直接指导教育硕士生的教育实习，所以他们对教育硕士生的教学素养有着更细致的了解。对实践导师的问卷内容主要涉及对教育硕士生的总体印象、教育硕士生在教育实习期间的总体情况和意见建议三个部分。

第一部分是对教育硕士生的总体印象，设计了两组比较。比较的对象锁定在不同学历、不同学位类型的历史新教师：第一组是两年制教育硕士毕业生与本科毕业生的比较，第二组是两年制专业硕士（教育硕士）毕业生与三年制学术硕士毕业生的比较。比较项目包括教学水平、科研能力、对教育问题的理解、发展潜力等。第二部分是教育硕士生在教育实习期间的总体情况，设计的问题实际上是实践导师对教育硕士生实习的总体评价，或者说是反映教育硕士生在教育实习期间的总体表现。问题围绕着教育硕士生在教育实习期间的课堂教学活动设计，包括教学目标、教学方法、教学内容、讲课的连贯性、课堂组织调控能力和教学反思等方面。第三部分是意见建议。这部分问题有两个：实践导师对教育硕士生教学素养的期许是怎样的；在现实与理想的反差之下，实践导师对教育硕士生教学素养的提升有何建议。

从实践导师的问卷中获得的数据是概括的、总体的、统筹的，某些具体的内容、个别的情况等，则需通过访谈来获取翔实的一手资料。问卷仍以选择题为主。

3. 对中学历史教师的调查问卷设计

三类中学历史教师的共同点是有一定的教学实践经验，所以对他们的调查问卷设计的题目大部分是相同的。相同题目由以下四部分组成：

一是对教育硕士生的总体印象。该部分的题目与上述教育硕士生实践导师的调查问卷中的第一部分的题目是一样的。这样可以扩大对教育硕士生的总体印象调查的样本容量。

二是教学素养测量。为了给教育硕士生教学素养的测量结果起到参照作用，本部分题目的设计也是从教学设计素养、教学实施素养和教学评价素养 3 个一级维度展开。教学设计素养下有两个二级维度：上新课前的准备和备课的资料来源；教学实施素养下有 6 个二级维度：对教材内容的处理、处理有争议的史学问题的方式、常用的教学策略、教学语言表达能力、对讲课时间的把握和对课堂突发事件的处理；教学评价素养下有 3 个二级维度：对学生的评价方法、教学反思的方法和命制历史试题的能力。每个二级维度分别对应一道选择题。

三是影响教学水平发挥的自身因素。本题以开放性题目的形式呈现。

四是对教育硕士生教学素养提升的建议。本题也是以开放性题目的形式呈现。

除上述相同的题目外，本调查还特别对“A 类”教师和“B 类”教师设计了少量针对性更强的题目。

“A 类”教师基本都修读过教育硕士学位的全部课程，他们已经把在高校所学知识运用于中学历史教学实践了，从而对高校教育硕士学位课程的设置与中学历史教师实际所需的教学素养之间的关系有更深刻的认识。他们根据自己的教育实践经历，回过头来看攻读教育硕士学位期间对教学素养提升有利的方面，无疑能给教育硕士生教学素养的提升提供有益的借鉴。特别针对“A 类”教师设计的题目包括两方面内容：一是回顾攻读教育硕士学位期间所学过的课程，看看哪一类课程对后来的教育教学工作帮助最大；二是结合自己的求学经历和教学实践，谈谈教育硕士生应该具备怎样的教学素养。

“B 类”教师具有双重身份，既是一线教师，又是教育硕士研究生。他们带着在教学实践中遇到的种种困惑重返大学校园深造，对中学历史教师教学素养的现实与理想的差距有更清晰的认识，对教育硕士学位课程的设置是否具有针对性也有更准确的判断。对“B 类”教师的调查能帮助教育硕士生明确应具备的教学素养及其水平层次，也将为高校教育硕士的培养提供参考意见。特别针对“B 类”教师设计的题目也包括两方面内容：一是最缺乏或最渴望提升的教学素养，二是对中学历史教学最有用的在职教育硕士学位课程。

4. 对教育硕士生实习学校学生的问卷设计

江苏省四所高校学科教学（历史）专业的全日制教育硕士生均在中学进行了1 到 4 个月不等的教育实习。教育实习给教育硕士生提供了一个把所学理论与实践相结合的契机。教育硕士生在攻读硕士学位期间所获得的教学能力能够在教育实习期间得以很好地施展。每位教育硕士生都亲自走上讲台，上过历史课。因此，对教育硕士生在实习学校所教过的学生进行问卷调查，能从另一侧面了解教育硕士生的教学能力情况。

课堂教学活动能充分展现教育硕士生的教学实施素养。对教育硕士生实习学校的学生的问卷主要围绕教学实施素养而设计，包括对历史实习老师（教育硕士生）上课的总体评价、讲课的技巧（导入、设问、连贯性、课堂互动、课堂小结等）和课堂驾驭能力三方面的内容，最后还设计了一个开放性问题，即对历史实习老师（教育硕士生）的期望。

由于客观条件限制，对教育硕士生实习学校的学生的问卷调查，主要在南师大教育硕士生实习的其中四所中学进行。所获得的数据虽不能反映整个江苏省教育硕士生教学能力的情况，但在一定程度上能进一步印证其他相关调查的结果。

（二）问卷调查的实施（略）

（三）访谈提纲的设计

问卷调查的优点是样本容量较大、调查范围较广，所获得的结果较具普遍性。但有些问题无法通过问卷调查获得真实结果，还得借助访谈。所以，本调查针对不同研究对象分别设计了访谈提纲，以求通过个别深度访谈，进一步获得更翔实的调查结果。

1. 对教育硕士生访谈提纲的设计

（1）关于研究生阶段的教育实习：

A. 教学设计方面

①写教学设计前做哪些准备？

②做的这些准备中最看重什么？

③对课标、教材是如何处理的？

④是否有明确的教学目标？

⑤对自己的教学设计是否满意？

⑥通过什么方式可以进一步提升教学设计能力？

B. 教学实施方面

⑦有没有一定的程序？

⑧是否严格按教学设计实施？

⑨教学目标是否达成？

⑩通常采用哪些教学方法（请举例说明）？

⑪实施过程中有没有困惑或困难之处？

⑫学生回答问题错误或偏激如何处理？

⑬开展过哪些课堂活动？

⑭如何保证这些活动有序进行？

⑮若课堂失控，如何处理？

⑯怎样进行课堂小结？

C. 教学评价方面

⑰你怎样评价学生的学习？有哪些方法？

⑱你认为哪种评价方法最有效？

⑲是否注重教学反思？有哪些方法？

⑳教学反思对教学的哪些方面比较有帮助？

D. 其他方面

㉑研究生阶段的教育实习主要做哪些工作？

㉒每个同学有固定的校外实践导师吗？如果有，实践导师一般指导你们哪些方面？

㉓你对研究生阶段的教育实习是否满意？

㉔你觉得理想的实习时间应该是多久？

㉕研究生阶段的教育实习期间，实践导师（或实习指导老师）是怎么帮你提高教学技能的？

（2）关于研究生阶段的课程及学习：

①读研期间老师的授课方法是什么？哪些方法有助于你的教学能力的提高？还可以怎样改进？

②所学理论知识是否适应中学历史教学实际？

③哪一门或哪一类课程对你的教学能力的提升最有用？

④读研期间有没有专门的教学技能方面的训练活动？（课堂的或课外的。请举例说明）

⑤老师对非历史师范科班出身（本科非历史师范或历史学专业）的学生有特别的要求吗？（如果有，请举例说明）

⑥你对教育硕士学位课程的设置如何评价？（包括对公共课、专业必修课和专业选修课的评价）

2. 对教育硕士生实践导师访谈提纲的设计

（1）教育硕士生来贵校实习前，您对他们的教学能力有何期待？

（2）教育硕士生实习结束后，您认为他们的教学能力实际情况如何？

（3）教育硕士生最缺乏或最应提升的教学能力有哪些？

3. 对中学历史教师的访谈提纲的设计

（1）结合教学实践，您认为教学能力包含哪些方面的内容？其中哪些内容是最重要的？您在哪些方面有些欠缺？通过什么方式提升？

（2）您一般参加哪些教研活动？这些活动对您的教学能力的提升有什么帮助？

（3）您最希望政府主管部门、任教学校、高校等做出哪些调整以促进中学历史教师和教育硕士生的教学能力的提升？

（4）（特别针对“A 类”教师而设计）攻读全日制教育硕士学位期间修过的课程中，哪一类课程对您后来的教育教学工作帮助最大？对教育硕士学位课程设置及教学方法，您有什么建议？

（5）（特别针对“B 类”教师而设计）对于在职教育硕士阶段的学习，请列举对你的中学历史教育教学最有帮助的课程或教学活动或教学方法等。

（四）访谈的实施（略）

二、全日制教育硕士生教学能力调查结果分析

（一）教学设计能力（略）

（二）教学实施能力（略）

（三）教学评价能力（略）

（四）对教育硕士生教学能力的总体评价

1. 实践导师和中学历史教师[①]的总体评价

与本科毕业生相比，科研能力有进步，实践能力表现不明显。对“您接触到的历史新教师中，两年制教育硕士毕业的与本科毕业的相比，您对前者的总体印象（多选题）”的回答，69.23%的中学历史教师选择了“科研能力更突出”，34.62%选择了“发展潜力更大”，23.08%选择了“对教育问题的理解更独到”，只有11.54%选择了“教学水平更高”，还有11.54%选择了“没什么差别”。调查结果在一定程度上反映了教育硕士生的教育重科研能力、轻教学能力。

与学术类硕士相比，科研和实践能力差别不大。对“您接触到的历史新教师中，专业硕士（两年制）与学术硕士（三年制）相比，您对前者的总体印象（多选题）”的回答，42.31%的中学历史教师选择了“科研能力更突出”，30.77%选择了“没什么差别”，19.23%选择了“发展潜力更大”，15.38%选择了“对教育问题的理解更独到”，而只有15.38%选择了“教学水平更高”。调查结果并不像想象中的那样，在专业硕士新教师与学术硕士新教师的对比中，前者的教学水平所占优势应远强于科研能力。结果是出人意料的，居然只有15.38%的中学历史教师认为前者的教学水平高于后者。5个选项中没有一个选项的人数是超过50%的，说明教育硕士毕业生没有一项非常明显的有别于学术硕士毕业生的特点。选“没

① 由于在对教育硕士生实践导师的调查问卷和对中学历史教师的调查问卷中，都设计了相同的对教育硕士生总体印象的题目，所以本节所用数据来自于这两类调查的有效问卷之和。

什么差别的”占 30.77%，对于这个选项来说，这个数据有些偏高。

2. 教育硕士生实习学校学生的总体评价

对教育硕士生实习学校的学生的调查问卷中，在开放性问题“你心目中的历史实习老师是怎么样的”的答案中，关于教学方面的较普遍的观点整理如下：教态不太自然、不能讲述生动的故事、讲课抓不住重点、提问不给学生足够的思考时间、声音不够跌宕起伏、总是在快下课时草草结尾、讲课不能脱稿、不喜欢走下讲台与学生交流、互动方式比较呆板等。这些答案并不意味着所有教育硕士生都存在这些问题或某个教育硕士生存在上述所有问题。这些答案也不是对教育硕士生教育实习的全盘否定，只是指出了他们在教学方面还存在的有待改进的地方。

三、调查的结论与建议

（一）教育硕士生教学能力的基本特点

通过上述对调查结果的分析，可以得出教育硕士生教学能力的现状有如下三个特点：

一是研二生的教学能力与研一生的教学能力相比，没有明显的提升。上述题目中几乎没有哪一个的结果是研二生比研一生明显好的。某些方面，如对课标和教材的把握、新课的展开、教学内容的选择、教学机制、教学反思等，研二生的素养比研一生略好。但在有些方面，研二生的素养甚至不如研一生的好，如教学评价方法和课堂提问策略等。这也就意味着，教育硕士生经过研究生阶段的课程学习和教育实习后，其教学能力与研究生入学之初相比，进步不大。

二是教育实习对教育硕士生教学能力的提升有一定的促进作用。57.14% 的研二生选择来源于“教育实习等自己的教学工作经历”，23.81% 的研二生选择来自“实习导师或实践导师的指导”。通过访谈发现，实习导师或实践导师的指导基本都是在教育实习期间进行的。所以，可以说 80.95% 的研二生的教学能力来源于教育实习。

三是教育硕士生的教学能力总体上有待提高。多数题目的统计结果中，最好的那一个选项所占百分比都不是最高的。参照教育部制定的《中学教师专业标准（试行）》[①]中对教师“专业能力”的相关基本要求，如在“教学设计”领域要求的“科学设计教学目标和教学计划”“引导和帮助中学生设计个性化的学习计划”，“教学实施”领域要求的“通过启发式、探究式、讨论式、参与式等多种方式，有效实施教学”“有效调控教学过程”，“教育教学评价”领域要求的“引导学生进行自我评价”“自我评价教育教学效果，及时调整和改进教育教学工作”等，教育硕士生的教学能力在某些方面还是有一定差距的，有待进一步提高。

本调查认为，影响教育硕士生教学能力提升的原因主要有以下三个：

一是就业压力大，教育硕士生无暇顾及教学能力的提升。研究显示，42.86%的教育硕士生报考教育硕士是基于就业的压力。通过平时的观察及访谈，我们了解到，有不少教育硕士生开始读研没多久，就开始着手准备各类招聘考试、公务员考试和教师资格证考试等。备考占用了教育硕士生大量的时间和精力，有的人甚至在教育实习期间也不忘带几本复习资料，完成实习任务之余就赶紧投入到复习备考当中，根本没有多余的时间去思考怎么提升教学能力。

二是教育硕士学位课程的设置不完善。在“你所修过的课程中，哪一门对提高教学能力最有用”的问题中，大部分教育硕士生的回答都是那些与教学实践密切相关的课程，如“中学历史教学法”“中学历史教学研究”“中学历史教学技能训练”“历史教学设计与案例分析”“中学历史教学设计”等；有一部分教育硕士生回答的是与历史学、教育学和心理学有关的课程；还有少部分教育硕士生的回答是没有。综观四所高校学科教学（历史）专业的培养方案，其中的公共学位课（政治理论类和外国语）和专业基础学位课（教育学类和心理学类）占比（指学时、学分方面）不轻。这些课程一般由学校的研究生院或相关学院开设，多个专业的研究生聚在一起进行大班教学。所以这类课程一般都会按照培养方案如期开设。而培养方案里的专业学位课（包括必修课和选修课，四所高校的选修课都是限定选修）表面上看起来占的分量超过公共学位课和专业基础学位课，实际上专

① http://www.moe.edu.cn/publicfiles/business/htmlfiles/moe/s6127/201112/127830.html.

业学位课中许多课程都不能成功开设。专业学位课一般由二级学院开设。由于师资的缺乏或上课人数太少等，许多专业学位课都不能成功开设。这样，公共学位课和专业基础学位课就与专业学位课平分秋色了。这就不难理解为什么教育硕士生身上有学术型硕士研究生的影子了。

三是教育实习的有效性不够。研二生的教学能力与研一生的教学能力差别不明显，充分说明了教育硕士生的教育实习不够有效。《教育部关于做好全日制硕士专业学位研究生培养工作的若干意见》中明确规定，“专业学位研究生在学期间，必须保证不少于半年的实践教学”，四所高校学科教学（历史）专业的培养方案中也都明确规定“到中学进行实践的时间不少于半年”，但由于诸多现实原因，无法保证教育硕士生到中学进行为期半年的教育实习。

实习时间最长的是江苏师大，他们实习 4 个月，其中两个月是学校安排的，两个月是自主实习。其次是苏大，他们实习 3 个月。南师大的研二生实习两个月，而扬大才一个月。总体来看，江苏省四所高校的研二生在研究生阶段去中学实习的时间都不长。既然实习的时间无法保证，那么，就应该在相对短暂的实习期内提高实习的有效性。可实际情况似乎又不是这样的。我们所了解的实际情况有两种：一种情况是教育硕士生的实习内容几乎跟本科生是一样的，包括班主任工作和教学工作两方面内容。烦琐的班务工作耗费了教育硕士生大量时间，遇上帮原科任教师监考或批发作业时又得耗费大量时间，所以教育硕士生花在提升教学能力上的时间就被大量挤压了，从而导致教育硕士生在实习期间不能有效提升教学能力。这样的教育实习只是本科阶段教育实习的简单重复，没有实质的进步。另一种情况是教育硕士生的教育实习过于随意。有些教育硕士生经实践导师的同意，可以只在有自己的教学任务时去实习学校一下。他们听的课不多，与实践导师、实习同学交流的机会也不多，而且空余时间也大多用来做其他事情了。所以，尽管他们也上过几次课，但他们的教学能力还是基本停留在本科阶段的水平。没有更高标准的实习目标、没有新的教学技能的训练、没有更多的实习交流机会，等等（这些可能在一些高校的教育硕士实习方案中有，但至少在我们所了解的实际中是没有的），教育硕士生的教学能力在教育实习期间难有显著的提升。

（二）提升教育硕士生教学能力的建议

1. 教育硕士生的自我完善

首先，教育硕士生应有提升教学能力的意识，认识到较高的教学能力是成为一名合格的中学历史教师的保证。其次，教育硕士生应主动向校内外导师及有经验的历史教师请教教学实践的相关问题。教育硕士生掌握了一定的教育理论，只有将这些教育理论与教学实践中的问题结合，加以消化、吸收，才能成为自己的东西。第三，教育硕士生要多争取教育见习或实习的机会。除了认真对待学校安排的教育实习及老师安排的某些教育实践活动外，教育硕士生可保持与中学老师（一般是实习指导老师）的联系，尽量多争取走进中学历史课堂观摩一线教师讲课的机会。最后，教育硕士生可与同学组队，进行模拟课堂的训练。同学之间互相点评、互相促进。

2. 落实教育硕士双导师制

虽然在招收全日制硕士专业学位研究生之初，教育部就明确提出要“建立建全校内校外双导师制，以校内导师指导为主，校外导师参与实践过程、项目研究、课程与论文等多个环节的指导工作”，但双导师制并没有真正落到实处。

苏大、扬大和江苏师大没有给教育硕士生配备固定的校外导师。指导这三校教育硕士生教育实习的是实习学校的历史教师，他们被称为实习导师。实习导师不算严格意义上的校外导师，因为他们没有经过高校的遴选、聘任等程序，只是按照行政命令指导来本校实习的教育硕士生。教育硕士生的实习结束时，实习导师的指导任务也就完成了。

南师大给每位教育硕士生都配备了固定的校外导师，他们被称为实践导师。实践导师确定得比较早，确定后就会安排与教育硕士生见面，之后就是主要负责指导教育硕士生的教育实习。

无论是实习导师，还是实践导师，基本都是主要负责教育硕士生实习期间的指导。教育硕士生的实习时间比较短暂，实习导师和实践导师的指导根本不能满足教育硕士生提升教学能力的需要。所以，高校应落实教育硕士双导师制，遴选、聘任优秀的中学历史教师担任教育硕士生的校外导师；为校外导师提供条件走进高校与校内导师交流，共商培养策略，明确各自权责；为校外导师提供条件在教育实习期以外为教育硕士生开设历史教学专题讲座、组织教育硕士生模拟上课、给教育硕士生分析教学案例等。

3. 进一步完善教育硕士学位课程的设置

教育部对教育硕士专业学位研究生的定位是“高层次应用型专门人才”，那么，对教育硕士生的培养就应该立足于社会发展的需要、立足于新一轮基础教育课程改革对教师的要求。在教育硕士学位课程的设置中，可以多设置一些与教学实践相关的课程，少设置一些理论性强的课程，或者设置将教育学、心理学等学科的相关理论与中学历史学科紧密结合的理论与实践兼备的课程。这样可以突出教育硕士生的应用性。教育硕士生在理解相关理论的同时，也提升了教学能力。

4. 适当改进高校教师教学方法

教育硕士专业学位的培养目标是：为基础教育培养具有较扎实的理论知识，拥有现代教育理念并具有较强的教育教学实践能力的高素质的中小学教师。所以高校教师的教学方法也应充分结合中学历史教学实际，运用前沿的教育理念，更新教学方法，鼓励教育硕士生进行课堂讨论、小组合作、自主学习、汇报展示、模拟教学等，避免“一言堂”。教育硕士生在课堂上受过老师的多种教学方法的训练，将潜移默化地影响自己的教学行为。

历史学免费师范生教育硕士学位论文写作的现状与对策研究①

袁从秀

（西南大学）

免费师范生在职攻读教育硕士（以下简称“免师硕士”），是国家推进教师教育改革与发展的战略思考，它既是免费师范本科教育培养工作的延续，也是教师专业发展的重要组成部分。自 2012 年夏免师硕士培养工作启动，至今五年，毕业生三届。作为免师硕士的指导教师，参与了培养方案的制订、课程教学、论文的指导、评阅和答辩等工作。在工作中研究，在研究中反思，为进一步提高免师硕士培养质量，笔者试以免师硕士学位论文为切入点，总结五年来免师硕士培养工作之得失，以进一步提高其培养质量。

因学位论文能综合反映免师硕士的专业理论、专业知识与能力、科研能力和学术修养，是免师硕士培养中最重要的环节，也是其取得专业硕士学位的重要依据，故对学位论文写作的研究，具有重要的学术价值和实践意义。本文以我院 2015 届、2016 届免师硕士的学位论文为研究对象，就学位论文的选题、写作与指导方面，窥免师硕士培养之成效与问题，以兹提出合理性建议。

---

① 基金项目：本文为重庆市研究生教育教学改革研究项目“历史学免费师范生教育硕士培养的现存问题与对策研究”（项目编号：YJG20163059）的阶段性成果。

一、学位论文选题与写作的特点分析

（一）论文选题：凸显实践性和时代性

选题是一篇学位论文撰写的先决条件。1996 年国务院学位委员会的《关于设置和试办教育硕士专业学位的报告》中就曾指出，“教育硕士专业学位论文选题要密切联系实际，结合本职工作，对学科教学或教育管理中存在的问题进行分析、研究和提出解决办法”。我院 2015 届、2016 届免师硕士毕业生共计 132 人。132 篇学位论文选题涉及了历史课程与教学中的如教学资源、教学策略、课堂教学、教学方法、教学模式、学生学习、教学评价、教学目标、教学设计、教学手段、教材研究、课程改革、教学理论、教研形式等方面（图 1）。

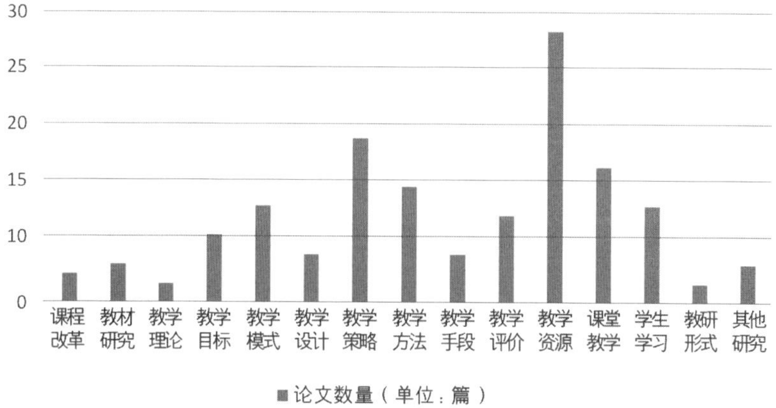

图 1　西南大学历史文化学院 2015 届、2016 届免师硕士学位论文统计图

教育硕士专业学位的特殊性决定着免师硕士学位论文选题的特殊性，即选题要立足于研究中学历史教学中的实际问题，能一定程度上提出解决教学问题的策略，并将研究成果运用于教学实践。我院 132 篇学位论文的选题，既有微观的如对教学资源、教学策略、教学方法、教学设计的研究，也有稍宏观的如课程改革、教学理论的研究等，且均来源于作者在一线教学中遇到的问题，凸显专业学位论文选题的实践性。如《基于初中生认知特点的历史语言运用研究》一文选题缘由写道："《历史课程标准》要求学生应具备用准确的口头语言和书面语言以及图表等形式陈述历史问题的能力，会使用规范准确的历史语言。然而纵观历史教学，情况不容乐观。如学生回答问题以今代古，随意嫁接；有的张冠李戴，胡乱作答；有的下笔千言，口水连篇，这些现象说明在当前的历史教学中历史语言的教学存在很大的问题。"① 故作者萌生出研究适合初中生认知特点的历史语言。又如《昆明西山一中"一二一"教学模式下高中历史自主学习能力培养策略研究》一文，选题来源于作者所在学校的"一标两段一测"的高效课堂模式（即"一二一"模式）的实践思考，研究在此模式下，如何培养高中生历史自主学习的能力。② 据统计，132 篇学位论文，论文题目或副标题明确说明以某一地区或学校为研究对象的论文达 34 篇。说明免师硕士学位论文选题充分凸显了实践性。

近年来，围绕历史课程教学改革发展，当前历史教学研究主要集中于历史课程、历史教学实践、学生发展、教学评价和历史教研创新等方面。其中，如历史课程研究，包括对课程目标的研究、课程内容组织的研究、初高中教材比较研究等。历史教学实践研究，包括教学目标研究、教法与学法研究、教学设计的研究、教学案例的研究、教学模式研究、教学资源研究等。学生发展研究，包括学生学习方式研究、中学生历史学习能力研究等。评价研究，如课堂教学评价研究、学业评价研究、中考高考评价研究等。历史教研创新研究，如历史教研内容的研究和区域教学研究等，132 篇论文选题均涉及如上内容。如近年来倍受关注的微课，在 2016 届的免师硕士学位论文中，有《高中历史微课的应用现状与对策——基于重庆市大足区某高中的教学实践》《微课教学法在高中历史教学中的应用策略》两篇，体现论文选题鲜明的时代特征。

---

① 张琳：《基于初中生认知特点的历史语言运用研究》，西南大学硕士学位论文，2016 年。

② 何汝华：《昆明西山一中"一二一"教学模式下高中历史自主学习能力培养策略研究》，西南大学硕士学位论文，2016 年。

（二）研究方法：以调查统计法为主

由于免师硕士的学位论文选题大量来源于教学实践，其研究也力图解决教学中的问题。故作者在研究中常以问卷、访谈等形式进行调查分析。据统计，132篇论文中，50%以上的论文设计了调查问卷，并对调查数据进行统计与分析。如《中学历史课堂教学模式的实践探究——以石室中学“小组合作学习”模式为例》一文，设计了“小组合作学习”调查问卷，了解“小组合作学习”的成效与问题，为“小组合作学习”模式开展做准备。①《关于高中学生构建历史知识体系的几个问题》，通过问卷调查，了解学生在构建历史知识体系方面存在的具体问题，以确保研究的针对性。②《高中历史课本中古代中国政治制度图片类的教学运用研究——以课标实验教科书必修一为例》，设计了教师和学生对历史教材中的图像资料认知的问卷和访谈提纲。③《信息技术条件下初中生历史学科学习策略的研究——以山西省太原市第五中学为例》，通过随机匿名方式，调查山西省太原市第五中学初中210名在校学生，并对问卷结果进行归因分析，提出在信息技术条件下帮助学生改进学习策略的方法。④以调查统计为主的研究方法，能较好地找出研究问题，寻找符合中学历史教学研究的对策，“从教学中来，到教学中去”，使教学研究更接地气。

（三）论证方式：运用案例进行实证研究

根据免师硕士学位论文实践性特点，为了说明论文的核心内容，大都会在实证研究部分加上一些教学案例。如《中学历史课堂教学模式的实践探究——以石室中学“小组合作学习”模式为例》，作者通过对“明清专制集权的加强”“罗斯

---

① 陈南君：《中学历史课堂教学模式的实践探究——以石室中学“小组合作学习”模式为例》，西南大学硕士学位论文，2015年。

② 陈瑞：《关于高中学生构建历史知识体系的几个问题》，西南大学硕士学位论文，2015年。

③ 陈翻翻：《高中历史课本中古代中国政治制度图片类的教学运用研究——以课标实验教科书必修一为例》，西南大学硕士学位论文，2016年。

④ 范丽君：《信息技术条件下初中生历史学科学习策略的研究——以山西省太原市第五中学为例》，西南大学硕士学位论文，2016年。

福新政”和“中国民族资本主义的曲折发展”三课为例，说明构建小组合作学习模式的背景、目标、操作方案，并总结为“以学案为基础，以小组合作为核心，综合运用多种教学方法”的教学模式。[①]《关于高中学生构建历史知识体系的几个问题》一文，就如何构建历史知识，以“中国古代的农耕经济知识体系”“中国古代专制主义中央集权制度”“近代英美法德代议制的比较”“近代中国向西方学习的历程”“文艺复兴与启蒙运动的运动对比”等课为案例，运用表格式、大括号式、箭头线条式等多种形式展示知识结构与内在的逻辑关系。[②]《基于高中生历史思维能力培养的探究性学习研究》一文，以“现代中国教育的发展”一课和“华山中学 2014 年暑假环塔里木盆地区域综合科学考察夏令营”“中国民生百年变迁（20 世纪初—21 世纪初）历史展览”等案例，说明在探究性学习中培养学生的历史思维能力。[③]《略论高中历史教学中史料运用的问题与对策》一文，以“美国 1787 年宪法”说明史料教学之对策。[④]《史料教学法的运用 ——以昆明中学运用唐诗讲述唐史为中心》，就如何运用唐诗进行教学，以“贞观之治”“盛唐气象”“唐朝民族关系”“唐朝的外交关系”和“唐朝的科举制度”等课为例。[⑤]运用案例进行实证研究，既符合免师硕士学位论文的写作要求，更利于将研究寓于实践，并深化研究。

二、学位论文指导教师队伍结构的特点

学位论文写作中，导师负责对其学位论文全程指导，包括论文的选题、文献的查阅、综述的撰写、论文提纲的拟定、论文开题、论文写作、初稿的修改和最后终稿的形成。可以说，免师硕士学位论文的写作质量与导师有着密切的关系。

---

① 陈南君：《中学历史课堂教学模式的实践探究 —— 以石室中学“小组合作学习”模式为例》，西南大学硕士学位论文，2015 年。

② 陈瑞：《关于高中学生构建历史知识体系的几个问题》，西南大学硕士学位论文，2015 年。

③ 樊明辉：《基于高中生历史思维能力培养的探究性学习研究》，西南大学硕士学位论文，2015 年。

④ 谢辉：《略论高中历史教学中史料运用的问题与对策》，西南大学硕士学位论文，2015 年。

⑤ 张艳玲：《史料教学法的运用 ——以昆明中学运用唐诗讲述唐史为中心》，西南大学硕士学位论文，2015 年。

根据免师硕士的专业特点和培养要求，我院指导教师队伍结构具有如下特点：

（一）双导师制

基于免师硕士是非全日制在职硕士，我校实行双导师制，即每位免师硕士同时由校内高校导师和校外中学导师联合指导。学校要求，校内导师具有相应专业领域实践经验，校外中学导师由学校实践基地或免师硕士所在地业务水平高、责任心强的且具有高级职称人员担任。其中，以校内导师为主，负责培养工作的全面指导；校外导师主要负责实践过程、项目研究、课程与学位论文等多个环节的指导工作。双导师制下免师硕士的培养更具针对性、实践性和有效性。

（二）学科结构多元化

2015 届和 2016 届免师硕士毕业生的校内指导教师共计 24 人，从职称结构看，其中教授 16 人，占导师总数的 66.7%；副教授 8 人，占导师总数的 33.3%。24 位导师中，博士生导师有 8 人，占导师总数的 33.3%。从专业方向看，中国史专业教师 14 人，占导师总数的 58.3%；世界史专业教师 7 人，占导师总数的 29.2%；教学法教师 3 人，占导师总数的 12.5%。另外 132 位中学导师，均为高级及以上职称。这样的导师结构，体现了免师硕士培养中专业与学术并重的特点。免师硕士的学位论文写作要体现对历史教学的研究，而这些问题，诸多不是简单的教学问题，而是要立足于历史学研究的认识和对历史教学的思考，需要扎实的学科基础去认识与解决，所以学科专业教师与学科教学法教师共同参与，是符合免师硕士培养需要的。

三、学位论文选题与写作的问题分析

（一）个别选题宽泛

免师硕士选题虽关注了中学历史教学的问题，但个别论文选择了一些较为宏观的题目进行研究，以为题目越大越好，使得选题过于宽泛，题目缺乏明确的指向性和针对性，无法突出研究核心，如《中学历史教学中的史料问题及其运用研究》《浅议中学历史文化史教学存在问题及解决策略》《浅析中学历史活动课》《乡土历史课程资源与中学地方历史课程开发研究》《西部地区高中历史教学开展民族历史文化课程的探究》《史部史料在中学历史教材中的使用现状及功能探微》《高中历史新课程的改革初探与教师应对》《中学历史教学与纳税人意识的培养》《新课程标准下用生活教育打造初中历史高效课堂》《文学作品在中学历史教学中的运用实证研究》等论文。如《浅析中学历史活动课》一题，中学是初中还是高中？要研究的是历史活动课的什么？又如《高中历史新课程的改革初探与教师应对》一题，高中历史课程改革涉及方方面面，要探讨高中历史新课程改革的哪些方面？再如《西部地区高中历史教学开展民族历史文化课程的探究》，西部地域辽阔，民族众多，差异突出，如何能够通过研究，总结出具有西部地区特色的高中历史教学中开展民族历史文化课程的成果，问题宏大，岂是一篇硕士论文能说清楚道明白的。

（二）研究内容重复陈旧

信息技术的发展，“互联网＋教育”模式的推广，大量的影视作品进入课堂，如何科学运用影视资源，成为一线教师关注的重要课题。132 篇学位论文，其中关于教学资源的研究论文 28 篇（见图 1），占论文总数的 21.21%，且研究内容又特别集中于对影视图片资料和乡土历史（或地方史）的开发与运用研究。关于影视图片资料的运用研究论文有 12 篇，如《高中历史课本中古代中国政治制度图片类的教学运用研究——以课标实验教科书必修为例》《历史题材的影视资源在历史教学中的应用——以南昌十六中为例》《历史影视资源在高中历史教学中的实践研究》《影视作品在中学历史教学中的运用研究》，等等。关于乡土历史（或地方史）的开发与运用研究有 10 篇，如《乡土历史教学资源的开发与运用——以贵州省为例》《乡土历史资源在高中历史教学中的运用——以重庆市万州区为例》《乡土历史课程资源与中学地方历史课程开发研究》《中学历史课堂与乡土历史有效结合的策略分析——以怀仁县为例》《新疆地方史在初中历史教学中的应用探析》等。选题过分集中，导致研究的无效重复。且从论文写作反映出作者对问题研究的思路、方法、内容和结论，未有新的视角、新的材料、新的观点和认识。乡土历史课程资源的开发研究，本是一个老话题，研究者如能将老话题新做，也颇具价值。但从论文的写作发现，并未结合现代教育发展和新课程理念赋予此研究新的灵魂和思想。

（三）问题意识弱

免师硕士论文的写作中，反映出较大的一个问题，就是不能抓住核心概念，围绕核心问题进行阐释，概念不明确，中心问题不突出。如《关于高效课堂的构建和学案教学法的实施——以四川绵阳中学为例》一文，核心概念应该是“高效课堂”和“学案教学法”。而作者在导言中，仅对“高效课堂”有简要说明，对“学案教学法”却无任何解释，正文中却又出现“细节”这一概念，且论文的主要内容在说明“课堂细节对于课堂实施的原因论证、细节在高效课堂中的应对方法”，即文章重点变成了对“细节”的研究，而“高效课堂”和“学案教学法”却束之高阁，文章就未能围绕核心问题进行阐释与说明。又如《唯物史观下多种史学范式在高中教学中的应用》一文，介绍了文明史观、现代化史观、整体史观和社会史观，却缺乏唯物史观，更未说明其他史观与唯物史观的关系，又怎能反映唯物史观下多种史学范式的应用呢？

（四）缺乏运用教育科学理论解释教学问题

教育科学理论具有定向、规范和解释的作用，是开展教学研究的理论依据和出发点。免师硕士论文，虽主要研究教学实践问题，但要求能将教育教学理论与教学实践结合，运用教育科学理论，阐释教学问题，提出研究对策。而在个别论文中，却缺乏运用理论阐释教学问题，主要表现在：一是无理论统率全文。部分论文未说明研究的理论基础是什么，如《关于高中历史教学中挖掘细节构建高效课堂探究》，文章的主要内容是细节挖掘在高中历史高效课堂中的必要性、可行性、策略与方法。挖掘细节为什么就可以构建高效课堂？其理论依据是什么？全文看不到核心理论。二是未能运用理论剖析案例。免师硕士论文写作时，会在实证研究部分加上一些课堂实录或教学案例。实录或案例的设置，本用来体现研究的核心主题，落实论文主旨，反映论文核心部分所提出的教学依据的原则、采取的策略等。除部分论文有简要说明设计意图外，大都无理论阐释。大篇幅的案例，既较少考虑设置案例的目的与所研究核心内容的关系，又缺乏深度的分析，故不免有凑字数之嫌。

综上所述，表面上是论文写作的问题，实质反映的是免师硕士教学研究能力和水平尚显不足。据统计，有 67.1% 的免师硕士非常需要提高教学研究能力。[①]而教学研究能力的培养，应寓于免师硕士培养的各环节，包括课程设置、教学方式、论文撰写和指导教师队伍的科学建构。

四、提高免师硕士教学研究和论文写作能力的建议

（一）课程与教学方面：构建“三位一体”课程学习包，推行研究性学习方式

当前，我院免师硕士课程设置，除学位论文和教学实践外，包括学位基础必修课、专业必修课和专业选修课三大类（图 2）。

学位基础必修课	专业必修课	专业选修课
•外语	•历史教学设计与案例研究	•课堂教学技术与艺术
•政治理论	•中学历史教学专题研究	•教育统计与测评技术
•教育学原理	•中学历史教学研究与论文写作	•现代教育技术应用
•课程与教学论	•中国史研究前沿	•班级文化建设与管理艺术
•中小学教育研究方法	•世界史研究前沿	•基础教育改革与发展
•青少年心理发展与教育		•中外中学历史教育比较研究
		•图像史学与中学历史教学应用
		•中国传统文化及现代价值
		•当代史学流派研究
		•史学研究的路径、方法与实践

图 2　免师硕士的课程结构（部分）

① 高文财、杨颖秀：《我国免费师范生教育硕士培养现存问题及解决策略》，《研究生教育研究》2015 年第 4 期。

此课程结构，优点与问题并存。优点是突出教育硕士专业学位特点，教师教育类课程共 13 门，占课程总数的 62%。但此类课程的问题亦同样突出，笔者将该方案和本科培养方案中的教师教育类课程进行了对比（表 1）。13 门教师教育类课程有 8 门是学生读本科期间已学习过相近课程。而他们本科毕业仅一年，还未到知识急需更新的程度，该类课程的设置显得不是十分必要，以致学生对课程学习缺乏兴趣。此外，以面授和在线两种课程学习方式，面授课程仍重理论讲授，在线课程虽设置有互动环节，但基于诸多客观因素，互动流于形式。鉴于此，调整课程设置，改进教学方式势在必行。

表 1　免师硕士课程与本科课程相近课程对比表（教师教育类课程）

免师硕士课程	本科课程
教育学原理	教育概论
中小学教育研究方法	教育研究方法
青少年心理发展与教育	心理发展与教育
历史教学设计与案例研究	中学历史教学设计
课堂教学技术与艺术	课堂教学技术
现代教育技术应用	教育技术应用能力训练
班级文化建设与管理艺术	班主任工作
基础教育改革与发展	基础教育课程改革

一是精华课程设置，建立“三位一体”课程学习包。

免师硕士为非全日制的在职学习形式，读书期间，正值新教师工作的前五年，是他们站稳讲台和立足于学校的关键时期，教学工作刚刚起步，繁重的工作使免师硕士以教学工作为主、以硕士学习为辅的现状，不得不正视。因此，应精减课程门数，精炼学习内容，增强课程的针对性和实用性。建议除外语和政治课程外，构建“三位一体”课程学习包（图 3）。“一体”即免师硕士课程体系，“三位”即三个课程学习包：通识教育类、历史教学研究类、历史研究类。且每个课程学习包有一门核心课程，如通识教育类以“教育研究理论与方法”为核心课程；历史教学研究类以“中学历史教学专题研究”为核心课程；历史研究类以“中国史、世界史研究前沿”为核心课程。每一类课程包里的其他课程，以辅助核心课程的实施，从而构成一个自成体系又有联系的“三位一体”课程学习包。

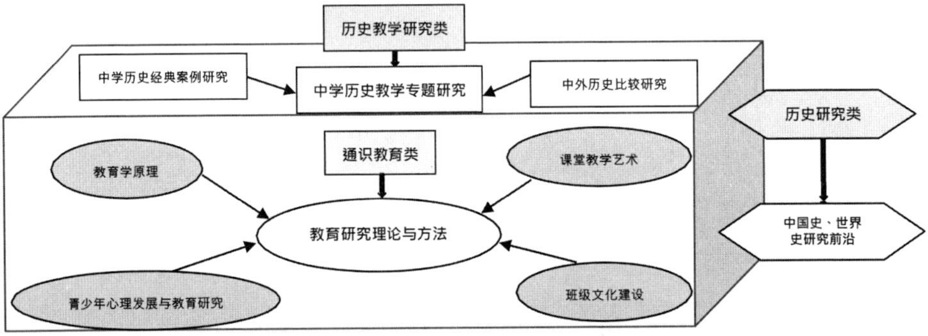

图 3　免师硕士“三位一体”课程学习包

二是推行研究性学习方式。

根据当前的培养方案，学生课程学习结束后，均要完成相应课程作业与考试。20 多门课程作业与考试在规定的时间内完成，学生叫苦连天，鲜有认真完成的，或网上下载，或互相抄袭，既增加学生负担，还浪费老师时间，更无效益。故建议免师硕士结合课程学习，以核心课程为主，从三个课程包中，分别自选一个研究问题，开展较为深入的研究。完成时限可规定在学位论文开题前提交，但须有研究计划、研究中期报告和研究成果。而其他课程，只要参与学习，并能完成平时课程作业，即可获得相应学分。

（二）论文写作方面：选题、实践和研究相结合，严把论文写作的过程性监控

撰写学位论文，是免师硕士研究生学习生涯中最为重要的内容，也是他们获得完整的科研经验和规范的科研训练的重要环节，还是他们教学能力和科学研究能力培养有机结合的过程。

免师硕士学位论文选题多为自选。自选的题目，或来自学校的课题，或是平

时教学积累的问题，选题的盲目性、重复性和陈旧性在所难免。为使选题既具研究者个性，又具科学性，学院应加强对选题的研究与指导，并分步实施（图4）。

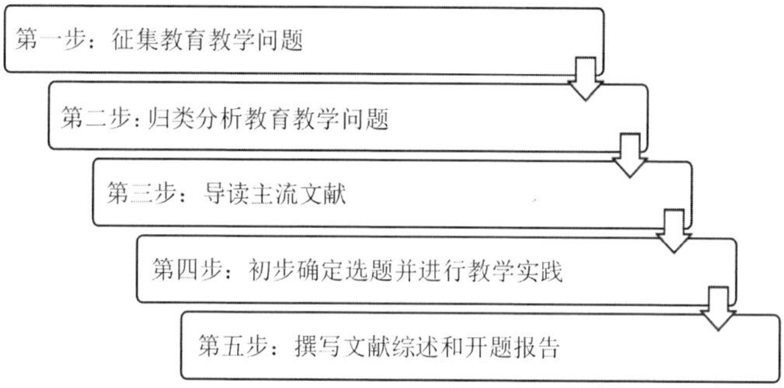

图4 免师硕士学位论文选题研究流程图

第一步，征集教育教学问题。可利用暑期面授，通过课堂交流和课后网上互动形式，每位免师硕士向学院提交1—3个教育教学问题，并陈述问题简况。

第二步，归类分析教育教学问题。学院组织以教学法导师为核心，包括学科专业导师在内的学术委员，对收集到的教育教学问题进行归类分析，如分为课程研究、教学研究、评价研究、教师发展研究、中外历史比较研究等大类。

第三步，导读主流文献。按如上分类，推荐主流文献，由导师指导阅读。免师硕士在阅读主流文献的基础上，形成问题意识。

第四步，初步确定选题，并将研究问题引入教学实践。在教学实践中积累教学案例，收集研究数据，让研究的过程成为运用理论解决实际问题、通过教学实践印证相关理论的过程，使选题有充足的时间、充分的酝酿，一定程度上可避免选题盲目性，减少选题失误的风险。

第五步，撰写文献综述和开题报告。拟定选题后，通过教学实践，再查阅文献，梳理已有研究成果，撰写研究综述，寻找研究的切入点，完成开题报告，并在开题论证的基础上，进一步投入论文的写作。

“良好的开端，成功的一半”，当选题的过程成为实践和研究的过程时，就避免了选题的盲目性，增加了研究的可行性和科学性。不仅有助于免师硕士把握和选择教育教学前沿问题，同时也符合个人需要和研究兴趣，使研究更具研究者个性，让论文写作的过程与研究过程相一致。“把指导目标确立在指导研究生学会选题、学会查阅梳理述评相关文献、学会采择并思考实践素材、学会撰写并修改学术论文，生成对教育实践问题的学术敏感、产生对解决这些问题的研究兴趣，这基本上就是以素质为目标的学位论文指导了。”①

由于一线教学工作繁重，免师硕士真正投入论文写作的时间尚少，个别学生甚至在论文规定提交时间前一个月才将论文初稿交给导师审阅，导师提出的修改意见，由于时间紧，修改无法达到满意效果，又盲审在即，通常只能草草了事。但如果将论文写作与教学工作融为一体，教学即研究，研究即教学时，论文写作便成为三年的硕士学习和教学工作的全部，将会有更多的时间、精力投入其中，更多的教学研究会在论文中体现。而在具体写作时，学院和导师严格把握时间流程，开题、论文初稿和终稿均在规定的时间内完成。写作中，免师硕士要及时向中学导师和高校导师汇报论文工作情况，导师应经常了解学生论文进展情况并及时给予检查和指导。

（三）指导教师队伍：构建一支多元协作的导师队伍

导师影响着免师硕士学位论文写作的质量与方向，“学位论文指导的价值，不只是完成一篇合格的论文，而是创造一个有意义的过程，更重要的价值是在过程中”②。学生从导师那里所习得的教学与研究能力、研究方法和科学观念，将会成为他们受用一生的财富。所以，应重视指导教师队伍的建设。

我校作为免费师范教育培养高校，是免费师范教育招生量最大的学校之一。以历史学专业为例，每年的免费师范本科生 160 人左右，毕业一年后回校攻读教育硕士学位，除第一届外，其余每年均在 100 人以上。如此超大量的硕士培养工作，对学院的教学、培养提出了巨大挑战。我院历史教学论硕士导师仅 3 人，故全院的硕士导师几乎都将成为免师硕士导师，再加之根据双导师制的要求，免师

① 杨启亮：《扬长补短：教育硕士学位论文的指导》，《学位与研究生教育》2008 年第 3 期。

② 杨启亮：《扬长补短：教育硕士学位论文的指导》，《学位与研究生教育》2008 年第 3 期。

硕士导师队伍由高校学科专业导师、教学论导师和基础教育导师三部分构成，具有多样化的学术背景。导师分工明确，各司其职，基础教育导师指导教学实践，梳理教学问题；高校学科专业导师指导学生把握学术前沿和学术动态，指导研究的基本程序、方法；教学论导师负责选题的筛选、可行性分析和教学研究指导。

为提高导师对免师硕士学位论文指导的有效性和科学性，实现导师间良好协调，学校和学院应为导师合作与交流搭建平台。第一，充分发挥教学论导师的核心作用，教学论导师成为连接高校学科专业导师和基础教育导师的纽带，在论文的选题、开题和答辩中，发挥重要的指导作用。因为高校学科专业导师，了解高校硕士培养的规范和要求，但不熟悉中学教学。基础教育导师有丰富的教学实践经验，但对硕士培养要求不太明了。教学论导师既熟悉中学历史教学，又有一定教学研究能力。所以，要充分发挥教学论导师的核心作用。第二，加强导师间的交流。如举行免师硕士指导教师交流会，基础教育导师交流中学历史教学及其改革，高校学科专业导师介绍历史学研究前沿，教学论导师介绍当前历史教学研究关注的热点和核心问题。导师间的交流与沟通，能有利于熟悉彼此的研究领域，拓展研究视野，更好地指导免师硕士的论文写作，提高其教学研究能力。

教育发展，系于教师。免师硕士的培养关乎国家教师队伍的建设发展，作为免师硕士培养的高校，立足于中国教育的现实和教师队伍的现状，脚踏实地，探索一条教师培养的创新之路。

试论历史学专业师范生讲授技能的培养

李凯
（北京师范大学）

历史学专业师范生，要呈现出一堂好课，不仅需要丰富的历史知识，还需要具备一些基本的技能。如今处在教学改革的关键时期，历史学专业师范生教育中，哪些内容可以因循以往做法并且突出它，哪些内容需要更改，是我们应当思考的话题。无论师范院校教师采用何种理论，也无论师范生拥有怎样的知识结构，面临广大中学生，如果缺失行之有效的教学技能，许多教学环节都打折扣，甚至无意义。本文谨以讲授技能培养为例，结合 90 后师范生的实际教学情况，浅析若干问题，请不吝赐教。

一、该不该倡导师范生讲

讲授，是老师通过口头语言向学生传授知识的方法，它的历史最悠久，应用最普遍。这种古老的教学方式，经久不衰，有它不可替代的作用。历史课以知识为依托，没有任何一门学科像历史课这样要求知识量，而且大量的历史知识带有学术的精专性。如果不让老师讲，只让学生活动，恐怕难以消化这一系列内容。总有不少人觉得，新世纪的教学改革强调学生的主体地位，老师讲得多就是“填鸭”，恐怕与之相悖。事实上历史课堂惯用的还是启发式教学，当然是该讲就讲，该问就问。即便是听老师讲，学生的思维也会跟着老师动；并且在讲授过程中老师还会迸发出一系列有价值的问题，足以激起学生的思考。也有人会问，学生不喜欢听，而喜欢自己动。恐也未必完全如此，又有谁会拒绝富于生动性、思想性的讲授呢？其实，历史课的高度、历史课的思维、历史知识的博大、历史老师的风采，都由讲课体现出来。教育部颁布的《义务教育历史课程标准（2011 年版）》明确提出，历史课需要必要的讲授，这说明讲授是国家赋予历史老师的权利和义务。也有老教师一针见血指出，历史老师不讲做什么呢？不讲，学生光看教材明白吗？那要你老师何来呀？也的确在理。学生的活动，体现在应对老师的提问上，体现在思维逻辑的运转上，而不是肢体的运转；即便是学生念教材、抄学案，思维没动，也不能说这是有意义的学生活动。所以不让老师讲，历史课就断掉了最重要的臂膀。

比方说，有一位实习老师在课堂上讲北师大版的八年级下册，讲到欧洲中世纪的时候，有一个故事，就是“丕平献土”。公元 751 年，法兰克王国的宫相丕平在罗马教皇的支持下篡夺王位，创建加洛林王朝。丕平即位后，为了酬谢教会相助，两次出兵意大利。 公元 756 年，丕平把他夺到的意大利中部一部分土地，包括罗马周围地区，送给罗马教皇，史称“丕平献土”。

“丕平献土”，加强了国王和教会的联系，使教权凌驾于王权之上，奠定了教皇国的基础。这是这一课的重点知识，所以这个老师让学生来说，学生把书读了一遍，老师板书后，让学生标记在书上，说明这是重点。也就是说，学生活动得和重点结合。之后继续下面的内容，中世纪教皇的政教合一，这位老师举的例子是“卡诺莎之辱”。德意志皇帝亨利四世与教皇格列高利七世发展到了势不两立的地步。教皇开除亨利四世的教阶，中世纪臣民不能允许异教徒当自己国君。亨利四世恐慌，不顾国君身份，1077 年 1 月冒着严寒，翻山越岭，长途跋涉前往罗马“负荆请罪”得到教皇的宽恕。这故事说明教皇权力太大，这样一来政教合一顺利讲清楚。讲完了，这一课结束了，很成功。但是第二次课上课老师问学生们，什么是“丕平献土”？让人哭笑不得的事情发生了，几个班几乎都答成亨利四世被罚站的故事。这也能说明一定的问题：学生的“活动”未必那么有效。一方面，这个同学说的时候，其他同学在听吗？未必，他们觉得你又不是老师，我没必要听，底下的学生会走神；另一方面，老师的讲授具有不可取代的作用。总体来说，老师的讲授有以下优点。

第一，老师具备出色的口才和表现能力，能够绘声绘色、娓娓道来，把历史中的人物、事件逼真表现出来。他能在较短时间内让学生获得大量的系统知识，并在讲授的过程中让学生们能够把握住重点，提高教学效率。多少一线名师精于此道，有深度、有内涵、上档次，展现出历史老师独特的魅力和个性。学生自己说，如果不是建立在理解的基础上，也会流于形式。这样的情况，甚至在大学的讨论课上，也经常会发生。

第二，老师具有成熟的思维，能够把抽象的理论、制度规律讲得清晰明朗，用事实说话，学生接受透彻。比如上文说的“丕平献土”，如果要老师讲透，也许是另外一个效果。学生自己说不是不可以，但是教学效果一般不如老师。如果老师讲的不如大多数学生（少数热衷于历史某一问题的“学霸”除外），师范院校教育水平是成问题的。

第三，老师能够引领学生分析问题，将学生感觉陌生、无从下手的难题化难为简、化生为熟，对学生起到很好的示范指引作用，给学生思维上的启迪。这种引领作用非常明显，即便是多少年后许多学生可能还会有印象，因为潜移默化已经影响到学生的思维方式和行为习惯了。学生恐怕很难达到这一点，因为即便是历史“学霸”，他们没有经历过师范教育，感兴趣的很可能是某些自己喜欢的话题而不是历史学科；学生热衷的话题呈现出碎片化而不是体系化；他们的知识结构和老师相比肯定是不完善的，很难以清晰的问题意识展现知识。这些优势，不能在教学实践中被忽视掉；老师合理讲授的价值，不可替代。

二、师范生讲授的要求

90 后的师范生有着鲜明的自身特点。他们有志于教师职业，经过历史学专业的基础训练；在信息爆炸的今天他们能轻而易举掌握大量的学术资源；他们年轻有热情，刚从中学走来，对中学历史并不陌生，比老教师更有亲和力；他们能积极投身于各种展示、锻炼自己的社会活动中。但不管学生已经具备怎样的储备，上好历史课，讲授要取得好的效果，师范生尤其需要做到以下几点：

（一）充分准备，不说无把握的话

《礼记・中庸》说："凡事豫则立，不豫则废。言前定，则不跲；事前定，则不困；行前定，则不疚；道前定，则不穷。""跲"是绊倒，说的是发言者要说的话，一定经过准备，制定过详细的演说规划，有内容，有章法；即便表达的水平差一些，但也不会"跲"。师范生或许在平常有过上讲台的经历，但未必有这样严格的要求。有人把讲课误解成即兴演讲，但历史课并不如此。大凡事先做好准备，心里有底，不慌乱，事情也就成功一半了。但凡新手，不少老教师都建议他们写详案。在讲之前，详案是化生为熟，去除紧张氛围的非常有效的方式。详案也可以说是逐字稿。准备越详尽，一节课越顺。甚至有的学校把这个叫作口供式教案。这对于初学的师范生来说，非常有效。但对于表达能力强、学术功底扎实的同学也可以不必写详案，但需要备课，准备好大体的内容，上课的时候自己组织语言即可。

（二）言之有据，不说无出处的话

历史学的灵魂就是证据。中国是一个重权威，重传统的民族。《礼记・中庸》说："上焉者，虽善无征，无征不信，不信民弗从。"即便再好的说法，于文献无征，也不能让人信服。历史老师每一环节都应该遵循实证的原则，课堂上的言语应建立在史事基础上，决不能闭门造车、信马由缰。这不是说卖弄学问，因为一旦背离这个原则很容易出错。历史课不是即兴演讲，吸引人的不是煽情性的因素，而是理性的分析。有同学讲课随着灵感，想到哪讲到哪，即便说魅力四射也和历史学越走越远。历史学是严格的社会科学，即便准备半天还怕说错。师范生应当做到即便是概括性的语言，也应该有史实出处，不应该出现硬伤。

（三）循循善诱，不说唐突的话

历史老师的目的是让学生明白，表达以说明说理性文字为主，贵在浅显易懂。《论语·述而》说："不愤不启，不悱不发。举一隅不以三隅反，则不复也。"朱熹说："愤者，心求通而未得之状也。"学生想学，但是他还没开窍，这个时候老师得点拨他，至少给予方向性的点拨，才能恍然大悟。"悱者，口欲言而未能之貌也。"这就是著名的舌尖效应，话就围绕在嘴里头，说不出来。这种情况是不熟或者语词匮乏导致的，这就需要老师点拨。老师告诉他一个矩形，有一个角是直角，得知道那三个也是直角，如果他意识不到那三个是直角，那你就不必说了，这种学生没法教。这就是循循善诱，因势利导。如果没有循循善诱，老师的讲授肯定唐突，学生似懂非懂。这尤其在政治制度史和思想史中表现得很突出。

历史老师讲的过程中一定要循循善诱，才能激发出学生的思考。我们见过一个初职的教师做法，不可取。就是做公开课的时候，找学生当"托儿"。老师先把答案如数家珍地告诉学生，老师就全仰仗你啦！公开课上"托儿"当堂口若悬河"出彩"。其实这并不出彩，谁都能看出来其中有作秀的痕迹。因为好多问题是很难在常态讲课中一字不差答出来。历史学科许多内容见仁见智，学生的回答会磕磕绊绊，甚至不知所云、离题万里，但也是情理之中。比如近代民族资本主义发展的影响，许多学生根本无从下手，这需要老师反复的点拨。所以这样找"托儿"的做法，剥夺了学生思考的空间，而且对老师的课堂设计而言，建构的支架就没有了，剥夺了学生的权利不算，使得自己的课堂降格，显得格外唐突，这样的做法肯定不对。

当然，还有的老师讲授过程中落实不了循循善诱，是因为没有把握好教学意图。学生互动的过程中没有清晰的问题意识，学生的回答跑偏，就"诱"得不理想。比如讲学生回答秦统一的历史背景，但走偏到秦始皇与吕不韦的个人纠葛，这就需要老师把主题引向正轨；如果老师不纠偏，可能一塌糊涂。历史课的讲授不同于说评书，老师势必要在关键点抛出问题启迪学生思考，也势必要把事件或者制度的起承转合铺垫清楚，在历史课上形成思想的飞跃。学生肯定会出现"心求通而未得""口欲言而未能"的状况，所以老师的启发作用就很重要了。

（四）言简意赅，不说啰唆的话

历史课不是诗歌朗诵，演讲比赛，老师的语言贵在“质”（质朴）而不是“文”（雕琢）。两千年前著名的教育理论著作《礼记·学记》说：“善歌者，使人继其声；善教者，使人继其志。其言也，约而达，微而臧（善），罕譬而喻（明），可谓继志矣。”这要求教师的教学语言简约通达，贵在让道理阐明；深刻而得当，较少修辞却能说得清楚，这样学生才能捕捉到老师的意旨。历史老师的功夫也体现在此。对于师范生的语言训练是有诀窍的：其一，不该用太多的长句子。比如许多成熟老师讲课，不必讲稿，只要思路在都能讲，语言可以自己来组织；组织的句子基本是短句子，甚至是词组，讲授者能够驾驭，顺畅明快，辞达而已。其二，不用太多修辞。历史老师不必太过装点词句，说大白话就可以，毕竟不是演讲和诗朗诵。以上两点，标榜文学范儿的师范生需要注意。其三，语速慢，容易驾驭，但是也不能太慢，否则完成不了任务。四十分钟，6000 到 8000 字，这个速度是很合适的。速度把握好，大多数时候，融入前后语境，师范生就明白该怎么说话了。比如说有的老先生讲话，速度不快，但很流畅，甚至有一个特点，他主语说完，稍微有一停顿，让他自己思考，有时候明明他说错了，结果一停顿，想出新的词，把错的话又给改回来了。这就是聪明人，在讲述过程中给自己留了调控空间。语言干净，没有废话，说着容易做着难，是高手的境界。

（五）生动逼真，不说费解的话

历史老师的目的是让学生明白，说明说理性文字贵在浅显易懂。《礼记·学记》说：“君子之教，喻（晓喻）也。”教书是让人家明白，但这又不够，如果语言没有具体生动性，就不能吸引学生，会把活生生的历史讲成行尸走肉。有一句话叫“生死而肉骨”。《左传》襄公二十二年楚国令尹薳子冯说：“吾见申叔夫子，所谓生死而肉骨也。”昭公二十五年平子说：“苟使意如得改事君，所谓生死而肉骨也。”这里“生”“肉”用作动词，意思是使死人复生，白骨长肉，形容恩惠极大，成为后代文人常用的一个典故。历史老师的讲授也是“生死而肉骨”的过程：使死者生，使骨头长肉，让干瘪枯燥的条条框框变得有魅力。

历史是人类过去的经历，先人前辈们在自己的热土上逼真地生活过，出于各种原因发生了那么多惊心动魄的故事，创作了那么多绚丽多姿的文化作品。历史本应是中学学科中最生动、最吸引人的学科之一。然而，事实怎么样呢？“没劲，不就是背背嘛”“听不懂”…… 在学生眼里，历史成了古板的化石，印在纸上死气沉沉的符号。如何使历史复生，使枯干的历史变得有血有肉呢？

第一，深挖教材，加强修养，连好骨干。教材是在一定的理论指导下，选取典型资料编排而成。其内在联系，只有具备一定的知识储备，一定的理论修养，站在更高的角度，方能理解。否则这些知识就成了强粘在一起的碎片，教师不理解只能照本宣科，学生学着只能生吞活剥，囫囵吞枣，到考试前再突击死记硬背。学生这样学习肯定不能真正“品尝”历史，越来越觉得历史乏味难陈，产生厌倦情绪。实际上，在平时的教学交流活动中，我们发现很多师范生的疑问并不是在教学方法上，而是在对教材文本解读上，因此作为教师本身，努力加强自身知识修养，深入研究教材是非常关键的一步。只有弄清前因后果和事件脉络，心中有丘壑，授课方能灵活机动，游刃有余；只有指导学生看清各环节之间的关联，把零碎的骨块连接起来，才能为进一步的学习做好准备。这也正是师范生亟待提高的内容。

第二，补充典型资料，还原历史的“鲜活”。历史变成了纸上的文字，一选再选，一缩再缩；变成纸上的文字已经使历史“失血”，而浓缩后的历史教材对学生来说已经是只剩下干巴巴的骨头了。历史教师这时需要努力通过各种途径给历史增血添肉，还原历史的鲜活的同时也激发学生学习的兴趣。

适当补充典型事件，可统称为讲故事。历史故事最为生动，能激发学生的兴趣，增强教学的效果，给学生留下深刻的印象。当然，历史课不是故事会，这里的讲故事不是随便扯上就讲，而是要和课程重难点结合。如讲母系氏族社会“只知其母，不知其父”时，以简狄吞燕卵而生商始祖契，姜嫄履巨人迹而生西周始祖后稷的传说补充；再如讲到古埃及法老至高无上的地位时，学生读书后并不能有深刻的印象，但当听到讲述觐见法老的必须以胸贴地，吻法老脚边的尘土时，学生一下子唏嘘不已，进一步理解法老的专制权力也就不再困难了。

在这里，补充的故事要讲究，首先必须有史实依据，不能信口开河；其次要有典型性，不可能整节课都讲故事，也不能与教材主体知识无关，尽拣细枝末节花边新闻，有舍本逐末之嫌。当然，有些故事也可让学生讲，调动积极性，老师补充。用好这一条，能收到事半功倍的效果，历史课将不再是“睡觉课”，而是既长知识又有趣的享受课。

补充典型的文字资料，补充的内容只是情节，不是故事，也可以操作。可以通过阅读材料的形式展现，如在学习伯里克利改革时补充雅典公民通过从陶罐中抓白豆黑豆来选举执政官等材料，深入了解雅典的民主政治；再如分析新航路开辟的原因中对黄金的驱动时，用上哥伦布的话，“黄金是一切商品中最宝贵的，黄金是财富，谁占有黄金，就能获得他在世上所需要的一切，同时也就取得把灵魂从炼狱中拯救出来，并使灵魂重享天堂之乐的手段”。让学生很真切地感受到他们对黄金狂热的渴求。

当然，还原历史的鲜活还有很多途径。用好图片、视频资料，也是有效途径。讲家庭联产承包责任制，老师引用凤阳县小岗村村民立下的字据图片，教学效果就很好。对于热播的影视作品，师生还可以用历史的视角去观看、感受、判断、批评，设疑置惑，去伪存真。有的老师能从《芈月传》里择出有用的真实历史信息，应用到课堂上，是本事。拿身边的实物说事儿，原来历史“活”在身边，不遥远。如在讲甲骨文时，有老师带了一个羊的肩胛骨作为教具，让学生倍感新鲜；讲小篆时，老师教学生在《说文》中找自己的名字。也有老师曾展示汉代五铢钱、光绪时期的地契、新中国计划经济时期的粮票，对具体玩意儿孩子们很好奇，历史时空一下子拉近了。“生死而肉骨”，即便展现的只是高山之一角，沧海之一粟，也足以能使学生窥视到历史的绚烂与磅礴，吸引他们去积极探求，历史学科才能焕发出本来应有的生机。我们不赞同师范生念教材的做法，念得再好也是教材的内容，不是老师课堂上匠心独运的内容，没有体现出老师建构的过程。

三、师范生在历史事件、制度、思想的讲授中的要求

师范生虽然经历了历史学科的种种训练，但大学所学的知识庞杂、所掌握的讲授技能还较为青涩；如何使自己的知识结构服务于教学，还须仔细引导。教学技能是师范生的外在表现，而学术基础是师范生的内功。内功深厚才能建构起有内涵、富于思想性的课堂，否则就捉襟见肘。师范生培养面临的问题是，每个学生的学术基础不同，表达水平不同，如何把师范生已有的素养化为教学资源，是师范生培养的重要课题。笔者认为，明晰教学规律，让师范生懂得课堂的章法如何，哪些地方该用力建构，哪些地方可以轻描淡写，心里要有数。于是知道如何用力，就能按图索骥，遴选能为教学所用的资料，设计恰当的学生活动，一节课才能上得充盈。讲授的内容可以分门别类讨论规律。

（一）历史事件的讲述

历史事件是历史课格外重要的因素。历史事件一般由时间、地点、人物、背景、过程、影响等要素构成，讲授的起码原则是存在的。

1. 讲述的时间地点与人物情节应当准确无误

真正做到严格考据、精准无误并不容易，有很多错误的信息人们已经习惯了。历史课上第一要务是科学性，绝不能光顾了热闹。首先，讲述时间、地点、人物应准确无误。比如“将相和”的故事，这个故事好些人都用，家喻户晓。许多人用的都是这样的配图：图中廉颇是老人，蔺相如是年轻人。可是不对，蔺相如和廉颇的岁数不应该这么悬殊。《史记・廉颇蔺相如列传》载，公元前 283 年，廉颇被拜为上卿；公元前 279 年渑池之会后不久，发生了负荆请罪的故事；到了公元前 240 年，才有“廉颇老矣尚能饭否”的典故。根据战国时代的平均寿命，公元前 240 年左右的廉颇应该在 70 岁上下，是符合情理的，那么负荆请罪时的廉颇，则应是 30 岁都不到的人。又如苏秦和张仪的斗争故事也不对，《马王堆纵横家书》表明张仪和苏秦不是一个时代的人，张仪比苏秦要早 30 年。《三国演义》中的华佗刮骨疗毒也不可靠，如果说在关羽死的那一年，公元 219 年发生了刮骨疗毒的

话，但 208 年华佗就被曹操杀了。唐朝杜牧说“东风不与周郎便，铜雀春深锁二乔”，但赤壁之战是发生于 208 年，而铜雀台修建于 210 年。杜牧《阿房宫赋》说“楚人一炬可怜焦土”，但考古学家认为阿房宫恐怕没有烧。所以师范生势必有这样的认识，不能认为沿用以往说法就没有误，应研究研究再说。在地理方面，比如中央红军长征从哪里出发？学生会以为是井冈山，事实上是瑞金。朱元璋在哪里废除了丞相制度？应是南京，不是北京。老师如果讲授不准确，都会带来误解。

2. 具体情节可沿用经典叙述，生动形象，于史有证

历史事件的讲述如果追求生动，还要客观，最好的办法就是捕捉经典中的细节。如《史记·项羽本纪》写“巨鹿之战”那一段，先讲大战缘起，之后破釜沉舟，巨鹿之战之后项羽打出了神威，诸侯“膝行而前”。叙述步步紧逼，删去哪一段都不通。《白起王翦列传》讲“长平之战”战前准备，把王龁换成白起，把赵人蒙在鼓里；赵括初战粮道已绝，秦昭王不仅御驾亲征鼓舞士气，而且举倾国之兵助战，敌我力量悬殊。赵军困窘，“赵卒不得食四十六日，皆内阴相杀食”。突围失败，赵括身死，赵军投降。“武安君计曰：‘前秦已拔上党，上党民不乐为秦而归赵。赵卒反复，非尽杀之，恐为乱’，乃挟诈而尽坑杀之，遣其小者二百四十人归赵。前后斩首虏四十五万人。赵人大震。”简洁明了的几句话写出了长平之战的惨烈。《刺客列传》的荆轲刺秦，臣僚的反应也就用了一百多字，紧张的历史场景，让人仿佛身临其境。如果老师另辟蹊径，则很难有这样的理想效果。

3. 叙述过程中渗透价值评判

有的作家爱热情洋溢地呼告。历史老师不建议这样，否则突兀，有贴标签的嫌疑。古代历史学家的做法很好，寓善恶与褒贬于事物之中。故事讲完就明白什么是善恶是非，防止贴标签。有的师范生的课其实本身讲得很好，但最后硬性输入情感态度价值观，给自己的课降格了。《史记·齐世家》记载春秋时候崔杼杀掉了齐庄公，“齐太史书曰‘崔杼弑庄公’，崔杼杀之。其弟复书，崔杼复杀之。少弟复书，崔杼乃舍之”。前仆后继的精神，司马迁用叙述的方式表达大是大非，在过程中潜移默化地渗透情感，浑然天成，更为老到。这是师范生避免生硬灌输的好方式。

（二）历史人物的讲述

人物是历史课要突出的另一个重要环节。现行高中历史选修教材就有人物册，列了一批人物：甘地、华盛顿、林肯、克伦威尔、凯末尔、邓小平、列宁、毛泽东、孙中山、爱因斯坦、牛顿、拿破仑、马克思、恩格斯、秦始皇、唐太宗、康熙、孔子、古希腊先哲……人物千差万别。这些人物怎么讲？师范生很容易事无巨细交代，其实并不是。这里需要注意：

1. 要突出重点

重点和非重点不能给人囫囵吞枣的感觉。好多同学讲着就忘了章法，讲的也不是重点，乱七八糟，花边新闻，奇闻轶事，这肯定就不符合重点要求了。

2. 背景必须紧扣人物

它的主要目的是为了说明他为什么会这样想和这样做，重在主人公和背景之间的联系。不能简单地把别的书上对历史背景的现成叙述抄过来，这样是投机取巧。产生这个事件的背景，才是它的背景，事件和背景之间有着密切的逻辑关系。所以主要目的是为了说明他为什么这样想、这样做，突出是主人公的处境而不是他人的处境。师范生尤其要注意，怎样的社会条件能够催生主人公的思想与实践，毛泽东何以有“工农武装割据”思想，而马克思和恩格斯何以有《共产党宣言》，为什么发生在此时此人身上，而不是他时他人；为什么发生在这个时间段而不是其他时间段。

3. 讲出人物做出重要决断的思考

也就是说在大变革面前的所思所想。比如说大革命失败以后毛泽东是如何开辟革命道路的？遵义会议后毛泽东为什么能够成为党的领导核心？毛泽东对中国社会主义道路进行了怎样艰难的探索？这些都是重点问题。如讲孙中山，孙中山为什么提出旧、新三民主义，为什么领导推翻帝制的革命，开展维护民主共和的斗争，为什么参加第一次国共合作？其他细节一笔带过，甚至不提，重点一定要明确。

（三）制度的讲述

制度的讲述是历史课堂上的一大难题，也是重中之重。制度史对学生来说极其晦涩。学生对历史的来龙去脉不够了解，对历史文化常识不了解，且这些内容过于精专抽象。师范生尤其要注意：

1. 交代细致的背景

在什么样的背景条件下才催生这样的制度，交代不清就是空中楼阁。这在现行教学初中通史、高中专题模块的模式中显得很关键。交代背景，交代初衷，教材语焉不详，就势必要老师讲。如果按照某些一刀切的做法，让学生自己去学，老师不讲，肯定导致学生理解不透，似懂非懂，甚至是误解。老师要做的是建构，搭建这个支架，让学生理解不够透彻的东西上一个台阶。比如《夏商西周的政治制度》这一课的分封制，一定得交代背景。为什么分封发生在周代？这时候老师应该搭建支架。其实，周人灭商钻的是殷人的空子，即《左传》中说的“纣克东夷而陨其身”。当时商王朝大兵在和东夷作战，殷人势力盘根错节，隐患很大。对此，周武王和周公旦彻夜难眠。周武王死后，殷民果不其然叛乱，给年轻的周政权以致命的打击。据说经三年的艰苦作战，终于讨平了叛乱。这时候周公反思，殷商遗民之所以叛乱是因为内外服制度有漏洞，商朝的外服大多数都是土著部落首领，对周是离心离德。因此周人“封建亲戚，以蕃屏周”，把自己的亲戚功臣分封到各地把握天下要冲，大大降低了叛乱的可能。再如，宗法制为什么推行？教材上说解决贵族在财产、土地、赋役上的矛盾，说得太模糊，孩子们似乎不大懂，为什么就推行宗法制了？这时候就需要老师搭建支架。如果给出商周两个世系表，就很能说明问题：周世系平坦，商世系却拐了很多弯，周世系只有周孝王一代不是父死子继，而商世系那就乱了，商前期多兄终弟及，商后期多父死子继。是兄终弟及好还是父死子继好？哪个更利于政局稳定？王国维《殷周制度论》是这么认为，兄终弟及是哥哥死了给弟弟，但这一辈要死完了，是哥哥的孩子还是弟弟的孩子继承？这样继承法理的混乱，就造成骨肉相残，出现过九世之乱。周人为了避免这样的贵族集团内部的火并所以推行宗法制。宗法制跟商朝的兄终弟及比，体现出优越性，这就是它存在的价值。

2. 厘清制度流变的轨迹

这里首先总结流变的轨迹。制度在每个时间段呈现的面貌不同，师范生要有食不厌精、脍不厌细的精神厘清它们，否则体现不出历史感。不少老师建议，对于轨迹来说，学生只要有不明白的就得讲，讲到他明白为止，否则就是夹生饭。最典型的例子是《罗马法的起源与发展》。如果不理清整个过程，这一课很难讲。“罗马习惯法”由于平民和贵族的斗争，过渡到成文法，在公元前 5 世纪出现“十二铜表法”，对象是所有罗马公民。在公元 3 世纪，罗马法又进入到一个新的阶段，公民法演变为万民法，因为随着罗马帝国的发展，地中海都成为罗马的内湖，于是出现了适用于罗马境内一切自由民的万民法。到了公元 6 世纪东罗马帝国时期，一部集大成著作即查士丁尼《民法大全》出现了，标志着罗马法的完备。这个过程，老师如果不做梳理，学生脑子里一团乱。

3. 对晦涩的概念补充逼真的事例

如果干讲制度概念，把制度概念后面那些影响制度出现的事件都忽略了，历史就成了行尸走肉。师范生势必要还原那个故事，学生才能融入历史中。比如《从汉到元的政治制度》，里边就需要老师找资料，尽可能补充生动的事例。钱穆的《国史新论》说得特别好：“在唐代，凡军国大事，照例先由中书省中书舍人（中书省属官）各拟意见，再由宰相（中书省长官）审核裁定，送经皇帝画敕后，再须送门下省，由给事中（门下省属官）一番复审，若门下省不同意，还得退回重拟。”中书出令，中书省各官员意见不同，需要在文告上写清意见并签名，称之为“五花判事”，并且长官中书令核定，此后中书令就拿着这个起草的文告直接给皇帝，皇帝同意就画“敕”。敦煌文书中，就有唐睿宗景云年间的画“敕”文书（见于荣新江先生的《敦煌学十八讲》）。画敕之后才交门下省，门下省审核的是带着皇帝“敕”字的文告，通过则交付尚书省六部执行去，不通过则“封驳”，连中书省的文件再加皇帝的敕全都能驳斥；缺失这一流程，只有皇帝的意见，被称为“墨敕斜封”，欠缺合理性，这样一来三省的流程就比较清晰了。这是经得中书出令、皇帝画敕、门下省同意的文书，它才具有合理性。非常典型的文物实例，拿出来用很有说服力。

（四）思想史的讲述

思想史的讲述，毫无疑问是历史课的难点。这些东西很抽象，离我们生活较远，学生有陌生感。师范生一讲到这个百家争鸣、宋明理学，以及西方人文主义起源，诸如此类的课就发怵。从概念到概念，从道理到道理，空洞无物，这是讲思想史的大忌。老师在思想史教学中应注意：

1. 讲清何以产生这种思想观念的背景

这是历史学的重要任务。在貌似偶然的思想背后寻求社会深层次的因素。百家争鸣源于春秋战国时期以经济领域铁器牛耕的推广为先导的社会巨变，宋明理学源于佛道两家魏晋以来对儒学的冲击，鸦片战争后“开眼看世界”源于中国门户大开给地主阶级知识分子带来的冲击。师范生不仅要融入背景中，也势必寻求到背景与思想之间的联系。

2. 对复杂的概念补充例子

思想史的叙述如果不是这样，学生似懂非懂，就是夹生饭。举例来说，比如高中历史必修三《西方人文主义的起源》中，智者学派是难点。教材介绍，智者是有偿传授辩论、演说、修辞的技巧和知识的职业教师，他们被称为“有智慧的人”，但是带来的消极性巨大，为什么呢？它忽视了什么？忽视了道德。忽视道德这一点学生比较难理解，他怎么就忽视道德了？ 有老师就举了一个典型的例子，叫“普罗泰戈拉悖论”。普罗泰戈拉招收一个学生叫欧提勒士，这师徒两人定了合同：我教给你演说术、辩论术，你先给我一半学费当定金，然后等你毕业之后打赢第一场官司给我另一半，说明我教得好；如果打不赢，说明我教得不好，这一半不交。结果毕业之后，欧提勒士根本就不打官司。这一半学费就是赖着不给，结果老师一纸诉状，告到了法庭。在法庭之上，普罗泰戈拉的理由是：如果你欧提勒士这次官司打赢了，那么按照合同，你应付我另一半的费用；如果你输了，那么按照法庭的裁决，你也应该付给我另一半学费。法官听了似乎有道理。但问他弟子的时候，弟子说：如果我打赢了这场官司，那么按照法庭裁决，我不必付给你另一半学费；如果我打输了，那么按照合同规定，我也不必付给你另一半学费。不管是赢还是输，我都不必付给你学费。请思考，为什么会出现这种情况？结合辩证法知识会发现，师徒二人都是把两套逻辑系统之中有利于自己的因素提炼出来了。要知道，辩论是一个话题一个逻辑系统之间的辩论，弄成两个系统当然要糊涂了。他们的最终动因是什么？就是打赢这场官司，唯利是图。所以这就是说明它缺乏道德的一个最好例子。

再比如说《罢黜百家独尊儒术》一课，“无为而治”是难点。这就需要老师解释概念，补充例子。“无为”是黄老道家的观点，指的不是不作为，而是顺其自然而为，是“不妄为”。“无为而治”有一个好例子，就是“萧规曹随”。《史记·曹丞相世家》载：萧何死，曹参接任丞相。他因循前代制度，不理朝政，整天沉溺酒色。汉惠帝质问丞相为何如此，曹参还理直气壮驳斥，陛下比高皇帝如何？不及。既然如此，我也不如萧丞相。所以沿袭前代，萧规曹随。这是一个典型的无为而治，不尝试新花样，顺其自然。像这样，学生印象会很深刻。

师范生培养是一个复杂的工作，不仅需要历史学科知识，更需要一系列经验技能；既需要形而上的理论，又需要形而下的经验；没有前者就缺失导引丢掉方向，没有后者就丧失根基无从下手。随着社会的发展，教改的深入，如何总结经验技能，使得历史学科知识为教学所用，是非常值得探讨的话题。讲授只是一个突破口，如果不关注历史学科知识本身，师范生培养就成为空中楼阁；如果没有经验技能，历史学科知识就不能恰当地服务于一线教学，对老师对学生都大为不利。这个过程中，不作秀，不贴标签，不形式主义是非常重要的原则。

第二课堂助力历史教师教育培养实践路径探索

——以北京师范大学历史学院“教师养成计”品牌活动为例

胡小溪　王卓凯　李力　肖丽琴　胥晨曦

（北京师范大学）

2014年9月9日上午，中共中央总书记、国家主席、中央军委主席习近平在视察北京师范大学时，强调全国广大教师要做“有理想信念、有道德情操、有扎实知识、有仁爱之心”的好老师，为发展具有中国特色、世界水平的现代教育，培养社会主义事业建设者和接班人做出更大贡献。这对新时代教师的素质素养提出了更高的要求。北京师范大学历史学院承担着师范类教育重任，肩负着历史人文素养教育教师培养的使命，在历史学科教师教育第一课堂与第二课堂融合方面，进行了一些实践性的探索。其中“教师养成计”活动经过近10年的尝试而逐渐成熟，成为提升在校学生教师职业能力的良好平台。在运行过程中，“教师养成计”活动凸显了以学生为本、突出学生主体、服务学生和社会需要等特点，积累了一些经验，为高校历史学科学生工作者和教师教育工作者搭建了合作的舞台，促进了学生教学能力的提升。

一、"教师养成计"品牌活动创设背景与目标

从现实中看，截至 2016 年，全国各级各类学校共有专任教师 1578.2 万人。[①] 其中，学前教育 223.2 万人、义务教育阶段 927.7 万人、高中阶段（含中等职业教育）257.3 万人、高等教育（含高等职业教育）160.2 万人、特殊教育 5.3 万人。2015 年，在师范教育方面，全国共有师范院校 181 所，其中部属师范大学 6 所、省属师范大学 40 所、师范学院 70 所、师专 65 所。同时，举办教师教育的非师范院校 457 所，其中综合大学 71 所、地方综合性学院 243 所、高职高专 92 所、独立学院 38 所、其他院校 13 所。全国培养中专层次师范生的中等师范学校 125 所。从这些数据可以看出，师范类学生培养总额不小，而师范生就业的主要方向仍是义务教育阶段的基础教育行业。

从就业市场看，近年来全国基础教育行业中呈现出农村教师数量性缺口仍存在，城市教师结构性缺口增大的现象，就业总体呈现供大于求的情况。比如 2014 年，全国普通院校师范类毕业生总计 61.78 万人这个对而全国中小学基础教育师资的需求只有 25 万。教师行业中，专业强、素质高、教学技能好、培养前途大的新教师成为就业市场中的"香饽饽"。

同时，在实际工作中，笔者也发现，教育实践环节存在不少问题。教育部师范司出台的《教师专业化的理论与实践》明确规定："教师教育主要课程一般可分为三部分：教育理论课、教育方法技能课和教育实践课。"[②] 尽管高等师范院校普遍对教育实践环节高度重视，通过延长学生实习期限、增加实习经费、加强实习指导等方法努力提升师范类学生实习质量，但教师教育实践部分仍存在不少问题，如：技能性课程和实践性课程设置与当前教学改革需求仍存在一些差距；历史学专业学生理论知识过关，但理论联系实践、理论应用解决问题的能力欠佳；学生不了解基础教育的改革现状，实际操作能力缺乏；不少中学因面临着升学等实际

---

① 教育部：《中国教育概况 ——2016 年全国教育事业发展情况》，http://www.moe.gov.cn/jyb_sjzl/s5990/ 201711/t20171110_318862.html.

② 教育部师范教育司：《教师专业化的理论与实践》，人民教育出版社 2003 年版，第 280 页。

情况，学生在实习单位多以辅助性教学活动为主，真正能走上讲台的较少，等等。这些问题的出现削弱了历史学专业学生的教学实践能力，同时对其职业情感和专业信心的建立也产生了不利影响。[①]

从理论上讲，教师之所以成为教师，更多的是“自我塑造”（self-made），而不是“被塑造”（be made）。[②]课堂教学研究是教师专业成长的基本功。这一基本功依靠大量的实践，基于教师工作的“不确定性”，即教育实践的语境依存性、价值多元性和理论复杂性，在实践中不断摸索获得“实践性知识”，进行“反思性教学”。

“反思性实践”是以教师的经验和认识所产生的“实践性知识”为基础的。从“灌输式教学”转型为“反思性教学”是世界各国教育改革的共同追求。“反思性实践”是舍恩（D.Schon）在其《反思性实践》（1983）专著中提出的概念。他认为，一个教师经常面临复杂、独特、价值冲突频发的教学情景，这种不确定是任何理论都难以解释和说明的，也很难用固定的理论和技术去解决。因此，教师需要提升主动性，投身于教学情景之中，经过“实践—反思—再实践”不断循环的过程，最终解决现实问题。舍恩提出的“教师即‘反思性实践者’，有助于使教师从传统的‘技术性实践’和‘操作主义’的束缚和支配中解脱出来，为教师创造力的释放开辟了广阔的天地”[③]。

基于这样的现实与理论背景，北京师范大学历史学院学生工作团队积极响应国家政策号召，在过去的几年中，积极开展教师行业就业指导、培育活动，为学生提供教师技能培养、训练、职业发展帮扶等服务，为学生搭建教师职业能力成长的平台，帮助学生全面发展。“教师养成计”品牌活动试图通过第一课堂理论教学与第二课堂的社会实践融合，通过师范类学生、专业教师、思政工作者、社会力量的共同参与，实现培养道德情操高尚、学术基础扎实、教学能力过硬的卓越教师。

① 此类问题见王艳：《高师院校培养中学卓越教师的实践模式与方案——以中学历史教师的职前教育为例》，《兰州教育学院学报》2015年第2期。

② 钟启泉、姜美玲：《实践性知识视域中的教师专业发展》，澳门大学“两岸四地教育改革的实践与反思学术研讨会”论文，2005年5月28、29日。

③ 李建年：《舍恩“反思性教学”理论述略》，《贵州教育学院学报》（社会科学版）2006年第5期。

首先，通过职业规划、实践课程等进行情感道德上的熏陶，培养学生具有高尚的师德，热爱历史教育事业。“育有德之人，需有德之师。要帮助学生扣好第一粒扣子，教师不仅要成为经师、学问之师，更要成为人师、品行之师。”[①] 随着党的十八大“立德树人”的提出和党中央出台的第一个专门面向教师队伍建设的里程碑式政策文件《全面深化新时代教师队伍建设改革的意见》的出台，提高教师思想政治素质和职业道德水平成为教师队伍发展的首要任务。通过职业规划、实践课程等方式，培养师范类学生忠诚于党的教育事业，怀有仁爱之心，对历史教育事业产生高度的责任心和使命感，也有利于历史学科核心素养中家国情怀的培养。

其次，通过专业、教学知识课程的培训与学习，使学生打好专业基础，储备史学知识和历史教育理论知识。“教学作为一门学术性的事业，只有当教师沉浸在自己专业领域的知识之中，广泛涉猎并在智力上不断深化，教学才能得到好评。”[②] 长期来看，学术能力与教学能力互为表里，教学能力与学术能力共同成为教师职业发展的核心素养。其中学术能力是师范类学生职业发展的根本动力，没有学术基础，教学能力无从提升，教师职业发展后劲难继。

最后，通过教学实践、实操，使师范类学生具备扎实的教学、管理能力。随着新课改的实施，历史教师的“师范性”比往常得到更大的重视。通过历史实践教学环节，培养师范类学生的实践教学能力和教育管理能力，从实践中巩固和发展自身技能。

二、“教师养成计”品牌活动运行模式

经过长期的摸索，形成了教师行业“求职就业指导——教学技能培训——就业信息推送——教师风采展示——实习岗位推荐”的一条龙服务流程，即“教师养成计”品牌活动。

---

① 中国共产党教育部党组：《努力培养造就堪当民族复兴大任的大国良师》，《求是》2018 年第 4 期。

② 博耶：《学术水平的反思：教授工作的重点领域》，《当代外国教育改革著名文献》，人民教育出版社 2004 年版。

（一）工作队伍及运行机制

“教师养成计”工作队伍组成比较全面，是一支由党政领导、专职辅导员、班主任、专任教师、生活指导室助管以及班级雪绒花使者共同组成的服务团队，各位成员分工明确、通力合作，共同致力于为学生的从教之路做好全方位服务工作。党政领导会校友、跑资源、搭平台，专职辅导员、班主任作动员，摸情况，作指导，专任教师出主意、做培训、提能力，生活指导室助管与雪绒花使者办活动、做推广、统信息。大家各司其职、相互配合，为有教师行业求职意向的学生提供周到、细致的帮助与辅导。

从工作机制上看，“教师养成计”之品牌项目注重“需求调研—活动开展—活动反馈”。每学年通过班级针对非毕业生开展职业生涯规划，帮助学生明确求职意向，对有教师行业求职意向的同学予以关注，积极开展教师能力培训、教师行业氛围介绍等跟踪性活动。针对已经具备一定教学能力的同学，积极进行教师实习岗位推荐，帮助其寻找合适的实习机会，提升实战能力。针对毕业生，通过教法教研室的相关老师进行求职推荐，积极进行招聘岗位信息的搜寻与发布，提升行业求职竞聘的准确性。注重使用学生利用程度高的网络平台、新媒体平台进行宣传，提升关注度。注重活动的反思反馈，把握可提升的方向。

（二）运行环节

“教师养成计”系列活动开展至今，已初步形成了“五步打造好老师”，包括“未雨绸缪——加强教师求职就业指导”“艺不压身——教学技能培训”“尽览天下——实时推送就业信息”“小试牛刀——‘春晖杯’教师风采大赛”“实战演练——有效搭建教师实习平台”等活动，全方位做好学生求职就业服务工作。

1. 未雨绸缪——加强教师求职就业指导

针对部分学生缺乏职业生涯规划意识、职业目标定位不清等问题，加强对从教职业生涯辅导，建立并完善指导体系，根据不同年级进行分阶段、分主题指导，做到有效针对，注重实际成效。通过邀请历史教师教育方面的专家学者分析历史教师行业的职业特点，邀请专职辅导员进行职业信念与养成教育，邀请教师行业优秀青年历史教师进行经验传授，邀请经历过教学实习的师范生进行感受分享，通过课堂讨论、教师讲解、现场模拟等方式，从学者、从业者、实习者等不同角度细致全面地呈现行业现状，帮助处于迷茫期的同学更好地、更深入地了解职业、认识自我，提升从教意愿，营造良好氛围。

2. 艺不压身——教学技能培训

教师求职之路，丰富的知识储备是不够的，还需要掌握扎实的教学技能，才能在激烈的教师求职竞争中脱颖而出。教学技能包括课题教学技能、教学准备技能、媒体使用技能、组织与指导课外活动技能等。长期以来，北京师范大学历史学院在第一课堂之外，通过组织教学技能讲座培训、模拟，帮助学生将第一课堂的理论知识在第二课堂进行实操训练，比如通过“求学与为师之路”系列讲座，围绕“如何呈现出一堂好课”这一主题展开教学技巧的培训。通过进行本科生、研究生教师技能模拟训练，进行说课和教学设计等部分的现场训练，促进学生现场教学能力的提升。

3. 尽览天下——实时推送就业信息

历史学院在微信公众号“北师历史研究声”之生活指导室板块、QQ 班级群、微信班级群等新媒体定期发布相关教师就业招聘信息、实习信息求职技巧、就业政策等内容，搭建学生与用人单位的信息化服务平台，了解就业市场的需求，加强就业工作的针对性和时效性，有效缓解就业信息不对称的问题，从而拓宽学生获得就业信息的途径。

4. 小试牛刀——“春晖杯”教师风采大赛

“春晖杯”教师风采大赛面向历史学院全体硕、博士研究生，设两个分赛场：本科教学和中学教学，分预赛、决赛两个阶段，并邀请我院教学法方向的知名教授以及北京知名中学一线教师担任评委。其中预赛为每位选手进行 10 分钟的试讲，最后根据评委的打分选取数名选手进入决赛。决赛形式为不限主题的片段教学 10 分钟，评委们根据教案和教学演绎两大部分的表现对选手进行综合评分，最后根据总决赛得分授予相应奖项。“春晖杯”教师风采大赛截至 2017 年已经举办十一届，累计参赛人数近 300 人，其中 73% 的参赛者从事了教师行业。

5. 实战演练——有效搭建教师实习平台

学院通过专任老师、党政领导，积极同北京地区部分初等、中等学校加强合作，有效搭建教师实习平台，为同学们提供教学实践机会。如我们先后与北师大附属中学、北京市第二外国语学院附属中学、黄冈中学等学校建立了教学实践平台，尽力为学生提供更多接触社会的机会，使个体理论知识学习与社会实践得以融合。另外，通过与党建社会实践活动结合，连续三年举办赴北京市昌平区中国政法大学附属学校开展“讲好中国故事”的教学实践，开展20余个不同专题的历史课程教学，累计进行百余课时的真实课堂实践。

三、“教师养成计”品牌活动的未来展望

北京师范大学历史学院“教师养成计”品牌项目从2008年开始创立，逐渐摸索，迄今为止已经走过了近十个年头。十年来，无数学生、专业教师、党政领导、思政人员和社会力量为将来为师者谱写“三寸舌，三寸笔，三尺讲台，三千桃李。十载风，十载雨，十年树木，十万栋梁”的美好篇章奠定了基础。纵观整个品牌项目，仍存在很多不足之处，这将是我们未来努力的方向。

首先，教师技能培训方面的力度尚显不足，且较为单一。如考取教师资格证经验交流会、讲课经验分享会等活动需求很强，教师技能培训和学习的渠道仍需拓宽，要继续为有志于从教的同学提供广泛且有深度的培训活动，让同学在长知识的同时更是收获满满的技能。

其次，“教师养成计”的针对性有待于提升。针对学院不同学届、年级学生，需要对学生进行更为广泛、更为深入的调研，以便明确学生的真正需求，并且有针对性、有目的性地设计开展培养未来教师素质的活动。

最后，品牌项目的创新度有待提升。如要进一步引入社会力量，与基础教育建立密切联系，与中学历史教学建立互惠互利、长期有效的合作机制，开展平等交流与对话，共同探求发展前景；进一步增强师范类毕业生的跟踪服务，了解其教学、科研和管理情况，反思高校师范类教师教育成果，制定出针对性的解决方

案，对“教师养成计”的品牌效果进行检验，总结经验教训，进一步完善培养方案。总之，在今后项目开展过程中，要大胆创新，开拓思路，边实践，边总结，努力使开展的活动规范且生动活泼、有声有色。

总之，从现有的成果来看，“教师养成计”品牌项目通过培养学生崇高的师德、前沿的现代教育理念、过硬的教师专业发展能力，促进学生知识、能力、素质协调发展和全面提高，打造出既能从事教学、管理，又有较强的科研能力，并具有终生学习理念的未来历史教师队伍，在第二课堂助力历史教师教育培养方面的实践路径进行了初步的探索。“往者文化世所崇，将来事业更无穷”，全民人文素养的教育提升不能一蹴而就，历史学科教师教育第一课堂理论与第二课堂实践的融合之路依然任重而道远。

学生社团活动与地方院校历史学师范生从教技能培养研究

安宇轩

（白城师范学院）

作为培养地方历史学教师的主要力量，地方院校历史学师范专业发挥着重要作用。由于资源禀赋的原因，地方院校占有的优质教育资源和社会资源较为有限。以白城师范学院为例，尽管加大了引进和培养力度，教师中具有博士学位的比例也仅为 40%，在实习环节生均投入约为 800 元。随着学校整体转型的工作逐渐展开，如何克服这些劣势，并探索出一条符合地方院校的道路，摆在我们面前。本文主要从学生社团活动的角度介绍我们的做法，并提出展望。社团活动是目前我国一般大学生活中必不可少的一部分。我们认为，地方院校可以运用社团这一学生发展兴趣爱好的载体，帮助师范生增强从教能力。这是地方院校扬长避短，实现师范生从教技能养成的重要手段。社团与历史学师范生的联系是通过贯穿始末的常规历史教学有机结合的；给予社团活动历史知识来源，通过多彩的社团活动，带给大家直观、丰富的历史体验，可以增强对历史知识的责任感、亲近感。将这种成功的情感体验带入课内历史课堂中，也可以在一定程度上增强同学们对历史的学习兴趣。

一、师范生从教技能及学生社团的含义

师范生从教技能是指优秀教师必须具备从事教学工作的娴熟的专业技巧与较强的专业能力。针对历史文化学院专业特点，我院把历史学师范生从教技能培养分为专业知识与教师技能两个部分。在专业知识方面我院一直主张“课上学习好，课后实践好”的原则，注重理论与实践的结合，力求让学生身体力行走进历史。在教师技能方面则注重基本技能、教学技能和教育技能三个方面。基本技能包括“三字一话”，即粉笔字、钢笔字、毛笔字的练习和普通话的培训，教学技能包括课堂教学和现代教学技术的应用，教育技能包括思想教育和班级管理。

“高校学生社团是学生自愿组成，为实现会员的共同愿望，按照其章程开展活动的非营利性群众组织。”这是教育部学生司对学生社团的解读。大学生社团是我国校园文化建设的重要载体，是我国高校第二课堂的引领者，是学生课余生活的良师益友，正确发挥学生社团活动的作用，做好社团与学业、与兴趣爱好、与专业技能、与社会的对接，使大学社团不再只是象牙塔中的一个亮点，它要担当的将是校内外各行各业各组织机构沟通交流的使者。对于历史学师范生而言，社团更应该成为衔接专业知识，培养从教技能的重要渠道。如前所述，由于更好地利用了课余时间，动员了更多的教师资源，对于地方院校而言，如果能适当推动社团活动发挥积极作用，其对于学生从教技能的培养应起到较研究型大学更大的作用。

二、学生社团活动与历史学师范生从教技能的培养效果

我院现有学生社团 10 个，其中校级社团 4 个。这些社团的成立均由学生自发组织。同时，学院党总支分别指派指导教师作为社团咨询顾问。就具体的实践而言，相关社团的活动实际上发挥了学生第二课堂的作用。这主要是由于 95% 的师范生加入了“书法协会”和“历史及时事政治知识小组”这两个社团。目前，我院的社团活动在 4 个方面加强了师范生的从教技能培养效果。

（一）巩固专业知识，打造专业素质强的未来之师

历史学专业知识同时具备广度和深度的特点，不仅要在课堂上集中学习，更要注重课下的积累。这种积累便来自于日常的实践，跟随实践团队一起更能够促进学习兴趣，达到理想的学习效果。例如，我院三下乡社会实践知行小分队的志愿者每年暑假都会进行历史文化社会考察，2017 年去了内蒙古赤峰市。赤峰被誉为中华文化发源地之一，境内有以“红山文化”为代表的多种历史文化。志愿者通过实地走访调研，看到了真正的历史积淀，形成了特有的历史性思考，对已经学习的关于此地区的历史知识有了独特性与系统性的理解与感悟。此外，为帮助同学构建写作能力，建立了“论文讨论小组”社团，该社团的建立促进我院学生查阅历史资料，建立历史时空观念，树立史论结合的历史观念。由此可见，实践类的社团活动可以使专业知识物化于心。

（二）训练基础技能，夯实师范生基本功

“三字一话”作为师范生的基本功，渗透到日常学习生活中，在大多数社团活动中都可以得到充分锻炼。例如，朗诵社团、演讲社团在日常的朗诵、演讲中可以提高普通话水平，同时也为课堂教学的口语方面提供了有力的保障。书法类社团内的学生通过日常的学习与切磋，能够提高书写水平，这一类社团经常举办书画展，也极大促进了个体之间的交流。同时，我院采用微格教学的形式对师范生进行系统的技能提高训练，要求学生反复观看自己的精讲视频，不断改善教学过程中的错误。我院还举行微格教学大赛，培养“择其善者而从之”的意识与能力。

（三）提高教学技能，帮助建立完善的教学实践能力

“表达”是师范生的教师基本功之一，表达能力如何，直接关系到学生毕业后能否成为合格的教师或在其他行业里能否有所发展。为此我院的大学生宣讲团作为历史教育专业的特色社团，成为学生自主训练体系的平台和构建第二课堂的中坚力量。大学生宣讲团在教师指导下，有目的地组织和开展各项活动，有效地锻炼了表达能力。在社团活动过程中，要及时反思，并使所有学生都有平等的锻炼

机会是师范生从教技能的重点。课堂教学涉及了从教学设计开始到课后总结的全部内容和过程。学生在社团活动中，参与组织活动时，需要先进行活动计划，从而按照活动计划实施，最后对活动进行总结，这与一次教学活动程序相契合，可以从活动中获得对教学流程的体验和感悟，能够更早、更好地理解教学的全过程。

（四）培养教育技能，提高师范生从教水平

教育技能是从教技能的重点，也是难点，掌握好学生思想动态，抓好班级管理才是一名合格的教师。大学的社团活动可以从一定程度上帮助同学树立正确的世界观、人生观、价值观，也可以培育出大局意识、社会责任意识、交际能力等综合素质。我院为帮助同学提升社会责任意识，创办了“大学生义务消防队”及“爱心协会”的社会公益性类型社团。大学生义务消防队作为吉林省首支以大学生为主的公益性社团从 2012 年建团伊始便受到学校及社会各界的支持并连续多年与白城市武警消防支队合作，为广大学校学生进行消防演练；爱心协会则是以“不忘初心，方得始终”理念，吸引了学校及社会各界的广泛关注。十年来，爱心协会积极与社会的爱心团队接洽，在校内外均具有影响力，尤其是每年的“大手拉小手春蕾进校园”爱心帮扶活动更是成为我校雷锋月的特色活动。通过一帮一结对子活动，协会为 20 余名中小学生提高了学习成绩。这些社团活动不仅使中小学生在学习上受益，也为他们在奉献社会、乐于分享方面树立了道德标杆，在一定程度上提高了学生自身的回馈社会的公益之心。同时，我院为帮助同学培养课堂表现能力，建立了“国风话剧社”社团，通过编排历史故事、演绎历史典故在一定程度上加强了学生对历史的深刻理解。为深入探究我院“草原文化”的特色专题，除了学术研究的探索外我院还在舞蹈编排上进行探讨，社团编排的《狂欢安代》在我校第六届大学生艺术节取得第一名的成绩，这不仅在一定程度上加深了我院学生对于草原文化、历史文化的理解，而且加强了学生集体凝聚力与挑战未知的勇气。正所谓“聚是一团火，散是满天星”，这些品质与能力将成为学生个人生命中无形的财富，在从教后必然会潜移默化地传递给他们的学生，形成优秀品质与优秀思想的无形传递。

三、我院社团活动对培养目标的促进作用

经过不断地探索和实践，我院在学生从教技能培养方面取得了一系列成绩。相关学生社团起到了不可忽视的重要作用。我院书法协会会员 2014 届毕业生张萍代表我校参加第 12 届吉林省语言文字基本功大赛并荣获师范甲组非中文一等奖，代表我校参加吉林省委宣传部、省教育厅、省军区司令部、政治部联合组织开展的“爱我中华，心系国防”演讲大赛以综合成绩第五的成绩荣获三等奖；我院书法协会会员 2016 届毕业生张怀予代表我校参加第十四届吉林省语言文字基本功比赛并荣获师范甲组非中文二等奖，荣获师范类甲组团体成绩“三等奖”。通过不断努力，我院学生的从教技能显著提升，这也提高了我院师范生的就业率。目前我们的师范专业毕业生通过考取研究生、公务员、事业编、“三支一扶”、特岗教师、参加“西部计划”，自主创业等，扎根基层，扎根基础教育，就业率连年在 80% 以上。学生社团活动是纷繁复杂、绚丽多彩的，对于大学生而言，其本身有许多积极意义。如果其能够与未来的就业创业结合起来，形成能力的完美对接，无疑是锦上添花。从整体而言，我校与地处先进、发达地区的高校尚存在巨大差距。如何从本地资源禀赋出发，探索符合我校以及与我校类似的地方本科院校学生培养路径，仍然任重而道远。

专题四

历史教学的理论与实践探索

历史师范生学科视野及其与历史教学的关联

何瑛
（重庆师范大学）

对历史学、考古学及文物与博物馆学的内涵，对三者之间的内在关系，对历史研究、考古发掘和博物馆展陈在中学历史教学中的重要作用，在师范教育领域过去我们探究并不多。在深化教育改革、强调高师生史学素质全面发展，将中学教学与前沿理论及社会实践密切结合的今天，认真探讨该问题的重要意义不言而喻。

一、历史学、考古学、文物与博物馆学的基本内涵

（一）历史学的内涵

东汉许慎对“历史”的解释，“历”即经历，“史”过也。历史“记事者也”[①]。南朝时顾野王又释“史”为“掌书之官也”[②]。鉴此，在古代，“历史”当有两层含义：既指过去的经历，也指记史之官员。简言之，历史学就是记载和解释人类活动进程的历史现象的一门学科。由于人类在各领域的活动都有着过去的经历，于是便产生了诸如政治、经济、思想、民族、艺术、医学、自然、文化史等专门史。

① 许慎：《说文解字》。
② 顾野王：《玉篇》。

历史学的主要价值，大抵在于传承文脉、了解过去、借鉴现在、放眼未来四个方面。这就是要将人类社会的故事写下去，让人们知道以往发生的事件真相，通过了解历史把握今天的进程，科学地展望和规划明天。而历史研究的方法，则主要包括：根据文献（史书、方志、档案、笔记等）查阅、研究历史的文献法，和通过社会学、民族学、口头采访等获得材料的调查法。在中国古代，撰写历史书籍的方法主要有纪传、编年和纪事本末三种体例。

（二）考古学的内涵

根据三国时人张揖的解释，“考”即“问也”①。又，《尔雅·释诂》谓“古”即“故也”②。《说文解字》曰“老也”（古人亦称父为考）③。综合以上含义，考古在史学方面的意义，即对古老事物的考问。考古学就是根据田野发掘、调查的古代遗物、遗迹（址）研究古代人文历史的科学。同时，又根据不同学科形成了民族、农业、科技、环境、艺术等特殊考古。

考古学的价值“透物见人”④，体现在两大方面：一是补充、修正文献资料之不足（人为的记录有可能疏漏）；二是收集、研究人类活动遗留下来的实物资料（分为遗物和遗迹两类）。考古学研究的时限包括史前考古，即有文字记录的历史出现之前；历史考古，通常下限界定在1644年，即明王朝的灭亡。近年来对文化遗产的界定，扩大了其关注的范畴至“非遗”。

考古学主要采用的方法是田野发掘或调查。运用层位学，分析出土文物所在地层的上下叠压关系以确定其相对年代；运用类型学，对出土器物形制特征及其变化进行观察和分析，确定其时代的早晚和文化类型。最后整理发掘结果，形成简报或研究成果。

---

① 张揖：《广雅》。

② 《尔雅》最早著录于《汉书·艺文志》，但未载作者姓名。根据其所用材料，成书的上限不会早于战国，《释诂》为其中第一篇。

③ 称“考”为老，为古时常用，如“帝高阳之苗裔兮，朕皇考曰伯庸”（屈原《离骚》）。

④ 张忠培：《聚落考古初论》，《中原文物》1999年第1期。

（三）文物与博物馆学的内涵

“博：大通也。”[①] 博物馆即搜集、保管、研究、陈列、展览文物或标本的机构，其特色一是大，二是通，博物馆学就是学习、经营、研究博物馆的专门学问。博物馆的类型，既有全面收藏和陈列文物的综合性博物馆，也有分别收藏和陈列历史、文化、艺术、自然科学、科学技术等方面不同文物的专业博物馆，还有近年来以保护民族文化、近代工业文化为目的的生态博物馆。

文物与博物馆学的价值，一是收藏田野发掘物、遗址（遗址博物馆）；二是陈列展示收藏品；三是实施博物馆教育；四是研究藏品及遗址本身。近年来又提出了引导社会文化的观点。其操作方法包括：博物馆设计、博物馆布展、博物馆教育和博物馆营销等，其中后两项近年来颇受重视。

二、历史学、考古学、文物与博物馆学的学科关系

（一）关系之一：历史学与考古学

中华民族的历史学有着庞大的古文献史料系统，它博大精深、源远流长，是历史撰写与研究的主要依据；但是其对史前及夏、商、周的记录及实物佐证很不充分，且主要以神话与传说的方式记叙，缺乏科学依据，遂致“疑古学派”产生。

科学考古学从西方引入虽不足百年，但其对史前及夏、商、周的遗物、遗址的田野发掘，对敦煌藏经、大内档案、殷墟甲骨、流沙坠简的考订，在补充中华历史文献甚至订正历史记载方面功不可没，特别是近年来成果不断出现。例如1996—2000年以历史学家李学勤、考古学家李伯谦、碳素测年专家仇士华、天文学家席宗泽为首席科学家的“夏商周断代工程”，又如2002年至今以考古学家赵辉、王巍为首席科学家的“中华文明探源工程”，在实施过程中都注意到将历史文献与田野发掘互证，且都取得了重要成果。

历史学与考古学的相互补充，使研究结果相得益彰。历史学以其系统性强、

① 许慎：《说文解字》。

覆盖面广，替代了考古学发掘范围窄、地层干扰大、研究样本少等局限；考古发掘则有助于弥补文字产生前历史记录的缺失和历史时期正史记录之不足。

（二）关系之二：考古学与文物与博物馆学

区别两者间的不同，其一是考古学重在发掘，文物与博物馆学重在收藏；两者间的关联则主要在于其关注对象的一致性。其二是考古部门的库房往往就是出土文物序列完整的陈列室（如中国社会科学院考古所陈列馆），但主要供研究用，不对外开放参观；而博物馆的展览则具有教育功能，对公众开放。

博物馆类型中与考古学关系最为直接的是“考古博物馆”，它是考古学方向在搜集、保管、研究、陈列、展览方面的延续。对象主要有两种：一种以收藏田野考古的遗物为主，另一种则为了保护和展示古遗址，它们或各自独立，或合二为一。在我国以考古博物馆命名的几乎未见，独立的以故宫博物院为代表，而半坡、河姆渡、周口店等则与遗址合一。而在希腊，就有专门的考古博物馆，而克里特考古博物馆就分为了相距较远的展陈部分与遗址部分。

（三）关系之三：历史学与文物与博物馆学

两者的区别十分明显，一是历史学以历史文献为主要对象，博物馆以文物为主要藏品，但一些历史文献又被当作文物收藏、展示；二是在目的上历史学以记录和研究为主，总结历史经验、探讨历史规律，博物馆学则研究文物本身，也力图通过文物关照社会。

但是两者之间的联系也是非常密切的，历史研究的资料中，有不少来自博物馆的“物证”；而作为历史学在搜集、保管、研究、陈列、展览方面的延续则体现为“历史博物馆”，其展示对象主要为历史时期的文物、文献。在我国博物馆尚无历史与考古的严格区分，不少考古发掘物一同展出，许多综合性博物馆也以历史陈列为主要内容。

三、三大学科与历史教学的关系

（一）历史学与历史教学的关系

历史学强调对历史内容的学术研究，历史教育则以历史知识的普及为宗旨，前者的方法与结论对后者影响至深。

1. 史学研究与中学历史教学

近20年来，我国的史学研究积极吸纳新理论、新方法，逐步走出苏联史学体系及结论的束缚。学者们依据马克思主义的历史唯物主义、辩证唯物主义基本原理，结合全球学术界的新成果，相继提出了现代化理论、文明史观、全球史观和社会史观。新的史学体系，带来了至少以下四个结果：

（1）扩大了对象范围。克服了过去仅强调政治史、阶级斗争史的学术思维，将研究对象拓宽至多个领域，遂呈现出由政治史向经济史、文化史向社会史的范式转移。

（2）研究上目光下移。在关注上层政治、经济、文化等发展的同时，更多关注民间，比如百姓的社会生活，从而逐步改变了过去只强调关注官吏的局面，史学研究出现了多样性。

（3）学术上正本清源。对过去不正确的历史结论、历史事件和历史人物评价，本着实事求是的态度进行重新审视，还其本来面目，使历史学的结论更为客观与科学。

（4）明晰两者的关系。研究与教学在工作性质和任务上本属于不同的领域，前者重在探索未知，后者旨在普及成果；但由于过去对两者关系认识的脱节，研究新成果的普及往往滞后许多。[①]

① 在现实中，一些中学教师由于忙于事务性工作，往往忽视了史学研究动态，在课堂教学中表现出一定的知识滞后性，致使教学内容与前沿学术研究成果脱节，一时难以准确把握新教科书体系，甚至出现对教科书内容的解读偏差。

2. 史学研究与《历史课程标准》

在《历史课程标准》[①] 中，我国史学研究新成果在各版历史教科书中体现出以下新的动向：

首先，吸纳了如下唯物史观指导下的史学观念。

文明史观。即人类文明的发展史，包括人类的文明创造及人类自身的文明化过程。该史观将“文明”做了纵向与横向的划分，纵向上分为农耕文明、工业文明的兴起、工业文明的发展三个阶段；横向上分为物质文明、政治文明、精神文明三方面。在此基础上，构建的新学科体系，弥补了过去“五种社会形态”（即原始社会、奴隶社会、封建社会、资本主义社会、社会主义社会）理论的不足。[②]

全球史观。认为人类历史是一个从分散向整体发展、转变的过程。该转变始于 15 世纪末 16 世纪初的新航路开辟，而 19 世纪末 20 世纪初资本主义世界体系的形成标志着全球一体化的基本形成。该史观以“社会空间”的目光审视历史与人类个体，兼及移民史、风俗演变史、疾病传播史乃至植物传播史、生态演变史等领域，角度更为宽广。[③]

现代化史观。认为人类社会的生产力共经历了三次大的跃进——工具制作和火的使用、农业生产力、工业生产力。现代化发生在封建社会后期，是人类从传统的农业社会向现代工业社会的转变。现代化的动力是科学技术，经济的工业化与政治的民主化是其核心，它将带来涉及经济制度、政治制度、生活方式乃至思维方式等方面的一系列社会变革。但因时、因地不同，现代化的结果也有区分。[④]

社会史观。强调人类历史既是政治、经济、思想、外交等重大事件的历史，也是平民百姓生活的小事件历史。基于对历史主体——“人”的关怀，开始注重社会保障、社会福利等问题。于是，社会变迁、社会生活、社会习俗、家庭婚姻、城市

---

① 2001 年 7 月，《全日制义务教育历史课程标准（实验稿）》由北京师范大学出版社出版，此后又有“2011 年版”。2003 年 4 月，《普通高中历史课程标准（实验）》由人民教育出版社出版。

② “五种社会形态”主要着眼于生产关系与阶级斗争，于社会生产形态、物质、精神文明方面阐述不充分。

③ 在过去，对“全球一体化”的形成过程缺乏明确的认识，对不同地区的“社会空间”缺乏整体观照。

④ 在欧洲，工业革命带来了农业社会向现代工业社会的整体大转变；但在其他地方则常常体现为某个国家在落后群体中的崛起。

进化和人口流动、社会保障、人与环境关系等专门史被纳入研究范围。此举更有利于全面、科学地考察整个人类社会而不仅仅是以统治阶级为主角的人类历史。[①]

其次，采用了新的史学成就。

新课标历史教科书主要以高校学者为主体编写，其目的是为了使高校在理论上引领中学教育。因此，其内容必然要在以下方面体现史学研究的新动态：

对新方法的吸纳。如上所述，现代史学研究成果体现的唯物史观指导下的四大史观，均已在新课标教科书中得到一定程度的体现，从而保证了中学历史教学在理论思维方法上与研究前沿同步。

对新结论的采用。由于学界研究的新成果能及时地反映到教科书中，从而使历史发生、发展的过程与结果的真实性、客观性得到进一步确认，有助于学生对历史的真理性认识。

再次，找出以前的误区。

纠正认识上的误区。由于过去研究方法的偏差，导致我们的教科书中有不少带有时代特色的结论和错误认识，而这些已经在较大程度上得到纠正。[②]

调整教材使用的周期。虽然《历史课程标准》及教科书吸纳了新的史观及结论，但中学教材自身的相对稳定性和使用周期性，决定了教科书相对于史学研究发展的滞后，而这种差距需要调整。

3. 史学研究与高考命题

（1）命题成员组成。高校教师是高考命题的主体，命题中必然会直接或间接地渗透他们的学术思路和研究新成果。因此，中学历史教师应该关注史学研究的新观念、新成果。

（2）测试内容结构。教育部历史科《考试大纲》(2007)，及各自主命题省份的历史《考试说明》，都按照文明史观，重构了学科体系和考试内容。《历史课程

---

① 以帝王将相为主体的历史记载，仅代表社会中极少数人的社会生存状态，因此其所反映的社会状况是有很大缺陷的，但他们却因其主导者身份而成为史籍的主人。

② 例如：对抗日战争时期的正面战场和敌后战场的评价，对新航路开辟的原因分析，对宋朝“积贫积弱”现象的客观认识等。

标准》中所贯彻的新史观已经通过试题频频出现。

（二）考古学与历史教学的关系

考古学虽然以田野考察与发掘为主要任务，但是它的方法和结果却可以对历史教育产生指导和借鉴作用。具体体现在以下三个方面：

1. *以考古学资料丰富中学历史教材与学生视野*

（1）为历史教学提供了丰富的材料。在对古代遗址和墓葬的考古发掘中，会出土大量的文物，考古工作者将对其进行科学测量、拍照以及研究，于是便有了大量精美的图片，其中往往蕴藏着许多古代的制度、文化、社会生活内涵，教师将这些图片用于教学，可以更加直观地向学生展现历史的本来面目。

（2）考古成果不断更新或丰富历史知识。考古发现的新资料，对中学历史教育的主要作用：一是对历史书中的错误及时进行修正，二是补充过去忽略或者漏载的东西，使学生尽可能学到准确的历史知识。同时使学生明白，书本知识与文物、遗址之间的互补关系。

2. *以考古学方法训练中学生历史学习与思维方法*

（1）培养学生的田野调查功底。考古学十分注重田野调查方法，即"上穷碧落下黄泉，动手动脚找东西"①，该思维有利于提高学生动手能力。中学历史不应该是单纯的学习历史结论，而要会把历史知识应用于现实，比如对地方民风、民俗、历史文化的调查、研究等。

（2）训练学生严谨的实证态度。考古学中使用"地层学""类型学"分析方法来比较、研究古代器物，这需要严谨的科学精神和一丝不苟的工作态度。在中学历史教学过程中引进该实验、考证的方法，可以培养学生的比较、鉴别能力和科学严谨的学习态度。

3. *以考古学成果提高学生历史学习兴趣*

（1）通过考古学场景复原使历史教学生动化。特别是针对重大历史事件、生

① 傅斯年：《历史语言研究所工作之旨趣》，见欧阳哲生主编：《傅斯年全集》第三卷，湖南教育出版社2003年版，第3—12页。

活情景，用实物教学更利于学生理解，避免仅依靠口头讲述导致的抽象化。对中学生不易接受的书本知识，辅以出土的文物（仿制品）、场景的复原图等，可以大大提高其认知兴趣。使其在学习历史知识的同时，还增强了学习信心，锻炼了观察、鉴别能力。

（2）介绍考古学最新成果丰富学生知识。在中学历史教学中及时地关注考古前沿，可以为同学们提供最新的历史材料，使学生不再局限于书本那些已经过时的东西。对考古的新发现，还可以发动同学讨论，畅所欲言，各抒己见，最后与科学结论对照。

（三）博物馆学与历史教学的关系

博物馆的实物是中学教学十分重要的第二课堂，对学生丰富历史知识有着十分重要的补充作用，是学校不可或缺的社会辅助教学资源。对博物馆在中学历史教学中的作用试析如下：

1. 将教科书的历史性与博物馆的再现性相结合

（1）教科书解读历史的缺憾。历史教材，主要从理论上抽象解释了人类漫长的历史进程。告知学生历史是什么、为什么，可是以教材为授课的主要内容，却很难把过去发生的事件和实物再现于课堂。这使学生对书本内容难以得到形象的认识，这是认知方式的一种缺失。多媒体的使用力图弥补这一遗憾，但仍然没有身临其境、眼见为实的感受。

（2）文物观察对书本教育的补充。博物馆陈列的文物，能让学生跨越历史时空，通过近距离的接触和观察，极大地增强感性认识，以再现的形象感觉佐证书本的抽象概念。学生通过对博物馆陈列展示各历史时期文物的认真观察，往往会加深对历史事件的认识。

2. 将教科书的系统性和博物馆的地方性相结合

（1）历史教科书注重系统知识的传播。中学教育是在确定的年限，对确定的对象进行教育，其上课、作业、考试通常带有强制因素的局限性。体现在历史教学中就是，注重历史知识的全面性与系统性，而往往忽略与历史细节（地方史）

的相关性。

（2）博物馆陈列兼具通史与专史特色。历史博物馆多按时空序列陈列，同时又突出地方特色。在通史方面，学生可以沿着基本的历史脉络参观，同时还能对某一特定阶段或某个地方的历史情况做进一步深入的了解。

3. 博物馆教育是历史课堂教学的补充和延伸

（1）博物馆教育是全民教育。博物馆多是综合性的，因其目的为不同性别、年龄、知识水平的全民教育，所以其陈列文物具有内容的广博性和类型的多样性。从社会历史到自然生态，从文化艺术到科学成就，几乎涵盖中学历史课本的所有知识元素，这些正好弥补课堂教学的缺失和不足。

（2）博物馆与中学共商教案。中学生的博物馆教育，需要博物馆讲解员同中学历史课教师共同备课。一方面馆方利用馆藏资源，根据学校教学要求先期准备，给学生以精准简洁的解答；另一方面，学校历史课教师则在参观前结合教科书内容，给学生布置好相关问题，通过询问讲解员或自己的观察寻找答案。

通过以上对历史学、考古学及文物与博物馆学的学科解读，以及对三者间的相互关系、它们与中学历史教学相关性的探讨，笔者结论如下：首先，历史学、考古学及文物与博物馆学在目的上都具有探求历史真相、厘清历史面貌的初衷，它们是构成历史高师生的共同学科理论基础；其次，历史学、考古学及文物与博物馆学之间有着十分密切的内在关系，学会了解这些关系，利用这些方法，将有利于历史高师生学习、研究历史；最后，清楚历史研究、考古、博物馆与中学历史教育之间的关联性，及时掌握历史研究和考古发掘的前沿成果、积极利用博物馆课程教学资源，将极大地有助于历史高师生中学教师素质的形成。

核心素养视阈下的历史学科知识观

吴波

（北京教育学院丰台分院）

目前，新一轮课程改革正在有条不紊地推进，新的高中历史课程标准虽然尚未颁布，但随着教师培训工作的进行，其内容已经逐渐被广大历史教师知晓。新的高中历史课程标准最突出的内容是重视历史学科核心素养的培养，历史学科核心素养包括唯物史观、时空观念、史料实证、历史解释和家国情怀。[①] 在学习和培训过程中，许多教师产生了这样的疑惑：历史学科核心素养为什么没有包含历史知识？在新的课程改革中如何进行历史知识教学？下面笔者结合自己对于历史学科核心素养的理解，谈谈核心素养视阈下的历史学科知识观。

一、知识是多种类型的

关于知识的类型，国内外许多专家都提出了自己的看法。美国心理学家布鲁姆在《教育目标分类学》中将知识分为“具体的知识”“处理具体事物方式方法的知识”和“学科领域中的普遍事理和抽象概念知识”。[②] 北京师范大学郑林教授提

① 徐蓝：《谈谈研制高中历史课程标准的一些体会》，《历史教学》2016 年第 12 期。

② 姚锦祥：《高中新课程实践引领》，南京师范大学出版社 2009 年版，第 5 页。

出“历史知识可概括为两大部分：一是重要的历史事件、历史人物、历史现象，重要的历史概念，人类历史发展的基本线索；二是由内容所反映的历史思想方法：处理历史资料的方法以及分析和综合、比较、归纳和演绎等分析历史问题的方法，历史的学习和表述的方法，运用历史唯物主义的基本观点观察问题、分析问题的思维方法”。[①] 因此，中学历史学科知识应该包括历史事实、历史学科思想方法。其中历史事实即郑林教授提出的“重要的历史事件、历史人物、历史现象，重要的历史概念，人类历史发展的基本线索”，亦即布鲁姆指出的“具体的知识”；历史学科思想即郑林教授提出的“由内容所反映的历史思想方法”，亦即布鲁姆指出的“学科领域中的普遍事理”和“处理具体事物的方式方法的知识”。在将历史知识进一步分类中，郑林教授将历史思想方法概括为“方法性知识”，并且认为“方法性知识是历史知识的核心成分”。[②] 因此，思想方法是历史学科知识教学的重要内容。

历史学科核心素养在知识方面凸显了对于学科思想方法的关注。例如，“唯物史观”的目标要求有“了解唯物史观的基本观点和方法，理解唯物史观是科学的历史观；能够正确认识人类历史发展的总趋势；能够将唯物史观运用于历史的学习与探究中，并将唯物史观作为认识和解决现实问题的指导思想”，其中唯物史观的观点属于学科思想（学科中的普遍事理），唯物史观的基本方法属于学科方法（处理具体事物方式方法的知识）。再如，“史料实证”的目标要求有“知道史料是通向历史认识的桥梁，了解史料的多种类型，掌握搜集史料的途径与方法；能够通过对史料的辨析和对史料作者意图的认知，判断史料的真伪和价值，并在此过程中体会实证精神；能够从史料中提取有效信息，作为历史叙述的可靠证据，并据此提出自己的历史认识；能够以实证精神对待历史与现实问题”，其中“史料是通向历史认识的桥梁”“史料的多种类型”和“实证精神”属于学科思想，其他的要求则属于学科方法。历史学科核心素养中“时空观念”和“历史解释”两项的目标要求也都包含了学科思想方法，“家国情怀”则多方面阐述了学科思想。

① 郑林主编：《中学历史教材分析》，光明日报出版社 2013 年版，第 140 页。
② 郑林主编：《中学历史教材分析》，光明日报出版社 2013 年版，第 140 页。

在以往的高中历史学科知识教学中，教师一般关注的是历史事实，对于学科思想方法的关注存在不同程度的欠缺，这与课标要求和教材内容有很大关系。在核心素养视阈下，历史教师不仅要重视历史事实教学，更应该重视历史学科思想方法教学，将唯物史观、时空观念、史料实证、历史解释、家国情怀等学科素养中的普遍事理和处理具体历史事物的方法作为教学的重要内容，组织学生开展相关的学习活动。在历史学科知识教学中关注学科思想方法，并不是否定历史事实的重要性。学生对于历史学科思想方法的学习需要建立在熟知历史事实的基础之上，高中历史教学不能脱离历史事实单纯讲授历史学科思想和学科方法，而是应该首先为学生提供丰富、厚重的历史事实，而后在组织学生对于历史事实进行研习时渗透学科思想方法，引导学生进行领会和掌握。

徐蓝教授在《谈谈研制高中历史课程标准的一些体会》一文中指出“学生通过中学阶段的历史学习，在毕业后特别是不再以历史的教学与研究为其生涯的时候，历史学习留下的东西能够使他们终生受用，并能够带给他们成功的人生”①。在高中历史教学中重视学科思想方法，对于学生的长远发展是有利的。学生在高中毕业以后，历史学习留下的能够使他们终生受用的东西当然包含历史事实，但更重要的是历史学科的思想方法，亦即历史学科中的普遍事理和处理历史学科具体事物方式方法的知识，因为历史学科的思想方法更加有助于学生将来观察事物、分析问题、解决问题。

二、知识是自主建构的

台湾东吴大学林慈淑教授在《历史知识特质与历史教育方向》一文中指出“历史知识是被建构出来的”，主张“历史要摆脱‘背科’的阴影，彰显它作为一门学科、有其特殊的关照世界的方式，则学生在学习历史的过程中，必得有机会去体验历史学家如何思考和论证”②，强调历史教学应该引导学生依据材料自主进行

① 徐蓝：《谈谈研制高中历史课程标准的一些体会》，《历史教学》2016 年第 12 期。
② 林慈淑：《历史知识特质与历史教育方向》，《中学历史教学》2015 年第 12 期。

建构。历史建构包括历史事实建构和历史解释建构①，历史事实建构属于历史知识建构。郑林教授在《中学生历史学科能力表现及测评初探》一文中，将学生的历史事实建构能力表述为“叙述”（后来，郑林教授将“叙述”能力改为“建构”能力），能力表现为“准确选择资料，通过合理想象构建一个历史事实的完整叙述；建立多个历史事实、概念间的关系，再现某个历史过程的全貌”。②

历史学科核心素养关注了学生历史知识的自主建构。例如，“时空观念”的目标要求有“能够按照时间顺序和空间要素，建构历史事件、历史人物、历史现象之间的相互关联”，强调了利用时空要素进行历史事实建构；“史料实证”的目标要求有“能够通过对史料的辨析和对史料作者意图的认知，判断史料的真伪和价值……能够从史料中提取有效信息，作为历史叙述的可靠证据”，强调了利用真实的史料进行历史叙述，即建构历史事实。

在以往的高中历史教学中，教师通常采用讲授的方式将历史事实传输给学生，即便教师在讲授过程中使用材料组织学生进行研习，主要也是为教师的讲授服务的。在这样的教学方式中，学生基本上接受的是现成的结果，没有经历历史事实的建构过程。在核心素养视阈下，历史教学应该引导学生对历史事实进行自主建构。例如，在进行岳麓版历史必修Ⅰ《五四爱国运动》一课的教学时，对于“火烧赵家楼”的学习，可以给学生提供《五四爱国运动档案资料》中曹汝霖给大总统徐世昌上书中的记述，引导学生获取信息，形成对当时发生事件的简约叙述：学生激愤——闯入曹宅——纵火焚屋——殴击曹父——痛打章贼。对于“五四运动”整个历程的学习，可以出示根据周策纵的《五四运动史》编写的“五四运动大事记”，引导学生采用分段和分类的方式，将“五四运动”的历程建构为“两个阶段、三个结果”。③在中学历史教学中引导学生进行历史事实建构，并不否认教师讲授的重要性。一节历史课包含的历史事实有很多，教师只能选取其中少数重要的历史事实，出示材料，引导学生进行自主建构，其他大多数历史事实

① 吴波：《课堂教学怎样引导学生建构历史》，《中学历史教学参考》2017年第5期。
② 郑林：《中学生历史学科能力表现及测评初探》，《历史教学》2015年第5期。
③ 吴波：《课堂教学怎样引导学生建构历史》，《中学历史教学参考》2017年第5期。

还是需要教师进行讲授的。即便采用讲授的方式，在讲授后教师也应该增加学生自主建构环节。对于历史事件，可以让学生梳理教师讲授的事实，按照时间、地点、人物，事件起因、经过、结果等要素进行建构；对于历史人物和历史进程，可以在讲授后让学生采用分段的方式进行建构；对于条约、措施等内容，可以在讲授后引导学生采用分类的方式进行建构；对于具体的历史概念，可以在讲授后引导学生采用将概念分解的方式进行建构，以便清晰概念内涵，如“家庭联产承包责任制”这个概念可以分解为“生产资料私有制——土地集体所有”“经营方式——分户经营，自负盈亏”“产品分配方式——交足国家的，留够集体的，剩下才是自己的”。总之，在教师讲授历史事实后，应该视具体内容引导学生采用不同的方式进行自主建构。

北京市历史教研员张静等人依据建构主义的认识论，认为“历史知识并不能简单地由教师或他人传授给学生，而只能由每个学生依据自身已有的知识和经验主动地加以建构”①。在高中历史教学中引导学生进行历史知识建构，可以使学生经历探究的过程，掌握历史学习方法。在建构的过程中，学生不再是被动地接受现成的知识，而是需要独立进行思考，亲身进行实践，并且与同学和教师进行交流，这样得到的知识才有助于学生真正掌握。正如美国华盛顿大学的条幅中写到的“我听见了，就忘记了；我看见了，就领会了；我做过了，就理解了”。②在历史学科核心素养视阈下，教师要有引导学生进行知识建构的意识，并且真正付诸实施，变接受学习为探究学习，使学生成为学习的主体，体现学生的历史学习过程。

三、知识是调动运用的

林崇德教授主编的《21世纪学生发展核心素养研究》指出“素养体现为个体在面对生活情境中的实际问题与可能的挑战时，能运用知识、能力与态度，采取

① 张静、李晓风、姚岚、孙楠：《历史学习方略》，高等教育出版社2003年版，第23页。
② 张静、李晓风、姚岚、孙楠：《历史学习方略》，高等教育出版社2003年版，第119页。

有效行动，以满足生活情景的复杂需要，达成目的或解决问题，是个人生活必须的条件，也是现代社会公民必备的条件”[①]，其中就强调了调动运用知识的重要性。具体到历史学科来讲，就是学生能够调动和运用历史事实、历史学科思想方法解决实际问题，这里的实际问题包括学生历史学习过程中需要解决的问题和现实生活中遇到的问题。

历史学科核心素养关注了学生历史知识的调动运用。例如，“唯物史观”的目标要求有“能够将唯物史观运用于历史的学习与探究中，并将唯物史观作为认识和解决现实问题的指导思想”，“时空观念”的目标要求有“能够在不同的时空框架下理解历史上的变化与延续、统一与多样、局部与整体，并据此对史事做出合理解释。在认识现实社会时，能够将认识的对象置于具体的时空条件下进行考察”，“史料实证”的目标要求有“能够以实证精神对待历史与现实问题”。可见，历史学科核心素养强调了引导学生调动运用历史知识（特别是学科思想方法）解决历史和现实问题的重要性。

在高中历史教学过程中，教师经常遇到的情况是学生对于历史知识“记不住”“不会用”，之所以出现这样的情况，与教学中缺乏正确引导学生对知识进行调动运用有很大关系。在平时的历史教学中，教师往往让学生一遍又一遍地背诵或默写历史事实，虽然短期内学生记住了，可时间一长又遗忘了。如果创设情境，让学生利用已学知识解决新问题，情况就会不同，因为“通过学习者深度加工或有效运用的信息将进入长时记忆系统”[②]。例如，在进行岳麓版历史必修Ⅰ《北美大陆的新体制》一课的教学时，可以出示中国日报网 2017 年 7 月 22 日的报道“美国旧金山一名联邦法官 20 日表态拒绝恢复总统唐纳德·特朗普颁布的停止向非法移民‘庇护城市’提供联邦资金援助的行政命令”，组织学生对该新闻报道进行解读，学生就可以调动运用所学习的美国 1787 年宪法中的“联邦制原则”和“分权制衡”原则进行阐释，这样就加深了对美国 1787 年宪法内容和原则的理解和记忆。学生在历史学习中“不会用”已学知识解决问题，主要是对于学科思想和学

① 林崇德：《21 世纪学生发展核心素养研究》，北京师范大学出版社 2016 年版，第 26 页。

② 〔美〕克里克山克等：《教学行为指导》，时绮等译，中国轻工业出版社 2003 年版，第 62 页。

科方法没有掌握。在平时的历史教学中，教师设置问题引导学生调动运用知识进行解答，往往是追求结论正确，忽视了对学科思想和学科方法的探讨。在学科素养视阈下，组织学生探究问题应该增加探讨学科思想方法环节。例如，进行人教版《百家争鸣和儒家思想的形成》一课教学时，在学习了各派主张、探讨了“百家争鸣的背景”之后，应该再提出“我们是从哪几个方面分析百家争鸣背景的”和“这些背景因素说明了什么”两个问题组织学生思考，前一个问题可以得出“经济、政治、思想文化、社会生活四个方面”的答案，属于学科方法；后一个问题可以得出“社会存在决定社会意识”的结论，属于学科思想。学生掌握了上述学科思想方法，以后遇到类似的问题时，就会调动和运用其解决新问题。

法国教育学家安德烈·焦耳当指出“学习者必须意识到，知识只有在能够被应用或被批评的时候才具有价值”①，于友西先生认为“知识学习的意义之一是运用所学的知识解决实际的问题，如果学习的知识不能够被运用，就很容易成为‘死’知识，也很容易遗忘”②。在高中历史教学中重视知识的调动和运用，既可以将知识“活化”，在调动和运用的过程中加深学生对已学历史事实的理解和记忆，巩固基础知识，也可以通过调动和运用知识掌握学科思想方法解决问题，提升历史思维能力。

以上从“知识是多种类型的”“知识是自主建构的”“知识是调动运用的”三个方面阐述了核心素养视阈下的历史学科知识观。在新一轮课程改革中，高中历史教学不是忽视知识，而是要在基本知识（历史事实）的基础上进行更高的追求，因为“核心素养不仅仅是知识技能，更重要的是情感、态度、知识、技能的综合表现”③。在核心素养视阈下，高中历史教学在知识观方面不仅要重视历史事实，更要重视历史学科思想方法；不仅要重视知识的传授和记忆，更要重视学生对知识的建构与调用。这样才能更加充分地发挥历史教学的育人功能，促进学生的长远发展。

---

① 〔法〕安德烈·焦耳当：《学习的本质》，杭零译，华东师范大学出版社 2015 年版，第 106 页。

② 于友西：《中学历史教学法》第 3 版，高等教育出版社 2009 年版，第 254 页。

③ 林崇德：《21 世纪学生发展核心素养研究》，北京师范大学出版社 2016 年版，第 31 页。

“互联网+”时代下中学历史教师教学策略探索

胡灿

（中国人民大学附属中学西山学校）

“互联网+”时代顺应着信息时代发展而来，信息技术促使教育教学探索并不是突如其来的变化，但因教育领域有其独特性，其变化有的时候是“缓慢而优雅的”。从长时段来看，我们不难发现一支粉笔，一块黑板，一位老师的课堂情景在慢慢地离我们远去，信息技术使传统的教与学有了更多的可能性。而在教育领域所发生的变化，在其他领域早已经掀起了层层波浪。在学校的教育教学中，信息技术大致分为三种：多媒体计算机技术、多媒体网络课堂技术、校园网。“随着互联网的不断扩大，学习者将能把这个世界范围的网络用作全面的参考指南（词典、百科全书、数字博物馆）、电子顾问、传播工具（电子邮件、有共同兴趣的人的闲谈会），以及获得资源的工具（地址和网址联结）。互联网为青少年探索各种兴趣，了解周围精彩的世界提供了一个很好的途径。”① 在2015年的《政府工作报告》中，李克强总理提出了“互联网+”，一时间这个词不仅成了网络热词，更激发了各行各业思考自己所处行业及互联网融合的方式。当我们用“互联网+”这个关键词去搜索的时候，毫无意外地，我们会发现“互联网+教育”这个主题。

① 中华人民共和国教育部制订：《全日制义务教育历史课程标准（实验稿）》，北京师范大学出版社2001年版。

信息技术带给教育领域的变化势不可挡，在生活学习中更是如影随形。信息技术促进着教师角色的变化、课程模式的改革、管理方式的拓展，并且这一切，依然在发生。随着“互联网 +”时代的到来，学科精进又有了更多新的未知与探索空间。

作为历史学科教学的实施者，不仅应按照新课程改革的要求，以新课程的理念指导教学实践和教学研究，而且应该迎接并拥抱变化，顺应时代发展进行相应的探索。但因教育的不可逆性和教师面临群体的特殊性，教师也应深度思考“变”与“不变”这个命题。针对历史学科的学习而言，对于历史学科能力的培养目标是要坚守的，而培养的方式是可以多变的。基于此，笔者以初中历史课堂教学实践为依据，从三个方面来分享在“互联网 +”时代下历史教师提升学生有效学习及 21 世纪技能的几种教学策略。

一、信课整合主题学习拓展学科学习深度

上文已经阐释了教师为何要进行相应的探索。努力尝试使用恰当的方式使信息技术与课堂发生有机联系，是目前课程发展的方向。以下将以北京师范大学版初中历史八年级为切入点来谈谈笔者的思考与案例尝试。

（一）梳理课程结构

信息技术能逐渐被教育教学实施者所接受，其原因是多方面的，其中一个重要原因，即它能满足学习者的个性化学习，这是传统教学难以实现的。在教学过程中，教师非常有必要进行课程结构梳理，根据课程内容选择授课方式，其选择标准则是能否促进有效学习的发生。

1. 梳理课程结构——促进教师因课制宜

对于课程结构的梳理，本来就是每一位教师在课程规划时必须进行的一项事宜，在此特别提出，则是为了指出在课程规划时应考虑对信息技术的取舍。并不是每一个主题都应该采用信息技术，也并不是每一节课都适合信课整合教学。

从现今的实际课堂生态来看，教师们已经习惯了从不同程度上引入信息技术，用 PPT 或者 Keynote 来展示教学思路已经常态化。在此，笔者要谈的是在课堂规划时，如何及何时引入除此以外的其他资源或者方式来促进信息技术与课堂的融合。如北师大版历史七年级下册第二单元，在针对宋朝经济、宋朝的商业繁荣这些课程内容进行教学设计时，就可以重新构建课程思路。此单元第 12 课《经济发展与重心南移》、第 13 课《丰富多彩的社会生活》、第 17 课《探究〈清明上河图〉展现的社会风貌》都涉及宋朝的商业繁荣与经济情况，学生可以通过教师引领进行信课整合探究《清明上河图》而感知宋朝社会经济的发展。而传统教学难以实现对《清明上河图》进行深度探究，教师在进行此单元的课程规划时，即可以考虑对这 3 课的内容进行信课整合。笔者曾尝试将上海世博会中国馆中"动态版清明上河图"上传至学校 Wiki 平台，让学生提前整体感知宋朝的经济情况并且寻找静态版清晰度高的《清明上河图》全景，和几位信息达人（学生）一起将《清明上河图》全景按照三段切割开来进行细节呈现，小组根据教师提供的材料结合平台共同重点分析《清明上河图》的中段（虹桥周围）及尾段（城市街心），以经过虹桥的大型船只及船上人员的配合画面感知宋朝的造船业；以问题设计"船上的物品有可能是什么？船从哪里来？"引导学生感知宋朝南方经济的发展；以城市的布局（居民区和商业区的位置）、城市配套设施的观察、城市娱乐生活的场所及经营特点、城市中的交通工具等来分析宋朝商业的繁荣。通过这种方法，学生基本能归纳出众多反映宋朝商业繁荣的特点。这样探究完之后，学生对宋朝经济的整体感知就达到了，对宋朝的社会经济也有较深的印象，当笔者在执教八年级下册世界古代史部分中世纪城市相关内容时，学生能形象地描述几乎同时期的中国宋朝城市的发展情况。笔者非常欣慰地确证学生确实从知识层面收获到了相关的信息。而小组根据教师提供的素材及问题设计，结合第一单元唐朝经济发展相关的材料，进行小组探究，提升了信息综合能力、材料分析能力、小组合作和交流能力，联系着对唐朝、宋朝经济发展进行了对比与感知。

2. 梳理着学——促进学生有效学习

理清课程章节之间及同节内容的逻辑关系能有效提升历史学习的有效性，史学大师梁启超论及读史："如何读历史，才能变死为活，才能使人得益，依我的经验，可以说有两种：一种是鸟瞰式，一种是解剖式。鸟瞰方式在知大概。今读者于全部书或全盘事能得一个明了简单的概念，好像乘飞机飞空腾跃，在半天中俯视一切，看物摄影，极其清楚不过，故又可以叫作飞机式的读史方法。解剖式这种方法在知底细。令读者可一章书或一件事能得一个彻始彻终的了解。好像用显微镜细查苍蝇，把苍蝇的五脏六腑看得丝丝见骨。这种方法又可以叫作显微镜的读史方法。"①信息技术引入课堂，能有效促进学生的整体感知，提升学生的逻辑思维能力。笔者曾尝试在单元的导言课中引入时间轴（Timeline 3D APP）承接上一个单元，开启新单元的学习，在每一节课用 Xmind 制作思维导图来引领学生整体感知课程之间的逻辑关系。在阶段学习之后，引领学生独自根据学习主题设计思维导图或者时间轴提交学习平台（曾使用 Wiki 和学校魔灯平台）共享。

（二）拓展课程资源，合作探究

在 21 世纪新课程背景下的学科学习，学习目标更开放，学习方法更丰富。历史学科有其特殊性，学科内容跨越古今、体系庞杂，因信息容量所限教材编写相对简单。在传统教学中，教师往往会因课时有限而显得力不从心，同时课程的实施通常非常依赖于教师的口才。在如今的教学中，我们有更便捷、更适合、更丰富的方式方法来拓展课程资源，通过小组合作探究，使学生更接近历史。教师在设计课程时，在考虑拓展课程资源以及设计小组合作时，不能片面拓展课程资源，而应该关注是否促进学生发展和教学生成。以下以笔者在执教北京师范大学版八年级历史下册第 13 课《祖国统一的历史大潮》为例来进行阐述。在执教本课之前，笔者对以往该课的课程设计、相应的教学资源、学生的生成状态及兴趣度进行分析，对课前、课中、课后延伸进行重新设计：考虑到课程容量，在课前提前录制了"港澳台历史问题由来"的微视频分享给学生；为使学生在小组讨论海峡两岸关系时言之有据，提前制作了电子书，导入 iPad，呈现与探究内容相关的不

① 梁启超：《饮冰室合集·专集之九十七》，中华书局 1989 年版，第 11—12 页。

同侧面、多方位的材料，让学生提取并分析信息点，小组讨论，形成观点并分享；为使学生了解更鲜活更真实的台湾，邀请正要前往台湾游学的家长及其孩子（我校高中学生）进行访谈，对学生感兴趣的问题与其沟通，拟定采访提纲，请其帮忙做采访，游学完后又邀请学生录制游学视频，呈现真实的台湾。因此教学目标拟定如下：通过观看教师提前录制的微视频（关于港澳台历史问题的由来），结合所学，知道港澳台与大陆的渊源，分析“一国两制”提出的原因，理解“一国”是前提，认识“主权问题不是一个可以商量的问题”；通过课上自主学习教师提前制作的电子书，结合个人已知相关知识，学习小组提取信息，总结海峡两岸在经贸、教育、文化、旅游等领域的交流与发展，展望台湾与大陆关系的发展前景，认识祖国统一是历史发展的必然趋势。提升表达能力、阅读提取和处理信息的能力、小组合作探究能力，初步形成史论结合的历史思维。在整个教学过程中，教师力求以学为主，任务驱动，以最接近历史的方式呈现给学生相应的材料与资源，给学生小组合作探究提供支点和时间。

（三）有效延伸课堂时空

信息技术引入课堂，其魅力还在于技术的引入能促进学习无边界地延伸，其中一种方式，即将网络引入课堂，因网络能实现信息的共享，突破时空的限制，优化智能环境。互联网上的信息浩如烟海，包罗万象，蕴藏着丰富的历史教学资源。历史学科本身具有跨越时空的特点，而这一特点与互联网的功能完全吻合。在网络学习环境下，教学过程是开放的，学习过程是交互的，学习内容更容易促进学生的自主性、个性化，课程相关的内容更容易实现过程留痕。以博物馆为例，我国现在拥有各类博物馆 1000 多座，尽管北京市的学生进入博物馆的机会很多，但学生的参观有时走马观花，丰富的文物资源并没有真正发挥它的教育作用（下文笔者将论及学生对博物馆探究），目前各级博物馆进行数字化改造，就如同给博物馆插上翅膀，大大方便了公众的利用。教师可以利用博物馆电子资源进行教学。与传统的在博物馆泛泛浏览相比，网上博物馆更能满足个性化的需求，充分体现文物的巨大魅力。在相关课程实施中，如涉及甲骨文、故宫、秦始皇陵兵马俑等资源，我校教师会通过 Wiki 平台，提前将相应的链接发布给学生，通过抢答网设计调查问卷等形式引领学生提前学习，这些能促进学生课堂生成，师生之间有更多共鸣发生。

目前还有老师在教育教学中使用 Edmodo 平台、360 老师网、微信公众号等。这些方式能让学习随时发生，这都是传统教学所不能及的。

二、信息技术融入体验式学习提升学习学科兴趣

体验式学习，“通过实践来认识周围事物，或者说，通过能使学习者完完全全地参与学习过程，使学习者真正成为课堂的主角。教师的作用不再是一味地单方面地传授知识，更重要的是利用那些可视、可听、可感的教学媒体努力为学生做好体验开始前的准备工作，让学生产生一种渴望学习的冲动，自愿地全身心地投入学习过程，并积极接触语言、运用语言，在亲身体验过程中掌握语言”（百度百科）。信息技术融入体验式学习非常依赖于指导教师的规划设计和引领，下面将以我校历史学科曾经探索的体验式学习为例来进行阐释。

（一）师生共同深度体验，追寻失落的夏宫

我校是一所“未来学校”，“创建学习型未来学校”是我校的战略目标。我们各个学科组也努力围绕着学校战略目标，拓宽思路，创新教学活动，通过丰富多彩的实践活动提升学生的学习及探索兴趣。圆明园承载了一个时代的辉煌，见证了一个朝代的历史沧桑，鸦片战争开始的圆明园的“失落”也透视了那段屈辱的历史。作为全国爱国主义教育基地又同时作为重要文化遗址的圆明园，有较强的教学价值，值得教师去探索和挖掘。我们历史学科联合语文、美术、地理等学科共同设计了“深度走进圆明园”体验式学习活动。

此次“深度走进圆明园”体验式学习，我们着重带领一个班级进行第一次深度尝试。我们设定了主题与目标、制定了阶段推进时间表，对于体验式学习活动的各个环节都进行了细节思考和布置。

1. 精心做好前期准备，点燃学生探究热情

我们通过课程、讲座、下载相应 App 等提前做了充分铺垫。我们在设计历史课程时，对作为“万园之园”的圆明园进行了详细的铺垫，学生从整体上感知了圆明园在建筑艺术、园林艺术等方面的造诣；我们邀请了清城睿现数字科技研究院的倪老师为学生做专业讲座，为学生详细介绍圆明园的历史变迁。为方便学生在体验式学习过程中能更高效地自主探究，语文教师引领学生撰写导游词，学生下载圆明园相关 App，搜索我们要探究的九州景区，对相应景区提前了解，初步撰写讲解词；美术教师针对我们所要探究的九州景区设计了两条路线；教师们共同设计了探究内容，美术教师进行专业设计，辅之以路线图，为每个小组设计了独一无二的小组探究任务卡。通过以上一步步的引领，学生们的学习热情极其高涨，对于当天的体验式学习极其期待，每个小组做好了人员分工：导览讲解、搜索素材、拍摄录制、后期制作等。

2. 体验式学习活动中充分尊重学生的创意和探究热情

在充分做好相应准备之后，体验式学习就水到渠成了。到达之后，我们将精心设计的独一无二的小组探究任务卡交给学生抽取，学生拿到探究任务卡，即可自行根据探究任务一步一步完成相应任务了。同时，我们将清城睿现数字科技研究院老师支持的数字复原体验设备分发给每个小组。学生根据抽取到的不同的探究任务卡，选择了适合的路线，找到探究任务卡对应的某一特定景点，通过移动设备扫描景点所在地对应的二维码，实地体验感受相应地点数字复原的辉煌时期原貌，进行今昔对比拍摄，修改导游词，自导自演，形成小组的景点介绍，之后根据不同路线逐一完成九州景区周围九个景点的参观。在此过程中，教师们特别欣喜地看到了学生们的自主探究能力和探究学习的热情，我们除了提醒学生注意安全之外，只是偶尔根据学生们的“要求”担任小组的群众演员、观光者等角色。

3. 体验式学习活动后师生共同回归课堂，沉淀学习成果

通过此次现场体验式学习，学生通过移动设备感知圆明园这座大型宫殿式御园的原貌；理解“火烧圆明园”是中国的一场浩劫；从不同学科的维度了解圆明园，对比九州景区周围遗址的过去与现在。通过前期课程、讲座、实地体验学习，

学生将所记录的点滴文字、配图、视频融合，小组共同形成一份电子杂志或短视频，进行展示，教师给定评价量规，学生之间互评，最后回归课堂，梳理此次体验式学习整体过程，共同再思考“是否赞成重建圆明园”这个命题，通过 Padlet 师生共同在线分享。整个过程有始有终，提高了学生的小组协作能力、知识迁移能力、语言表达能力、信息素养；提升了学生历史文化遗址的保护意识。而同时，我们欣喜地发现学生们的凝聚力也越来越强了。借用一位学生的反馈：“我感受到了整个 2 班集体的强大的凝聚力。就拿我们六组来说，各个成员各司其职，配合十分默契。每个组员在活动中都表现很好：艺玮善于讲解，就由她来主要负责讲解部分，表现不错。凯飞全程为我们拍摄，并且在后期主动承担了制作 Movie 的任务，有责任有担当；钰鹏在这白雪皑皑的天气里奉献出他的外套为我们遮光来拍摄 App 里面的现场画面。”

这样的体验式学习，将信息技术、现场体验实践、课程学习相结合，作为教师，在此次体验式学习活动的探索过程中，所收获的感受也是不一样的，有很多惊喜，也有很多启发。此次体验式学习活动的设计对教师、学生而言，落脚于增强对民族历史的了解，也着重于提升师生保护历史文化遗址的认识。我们深刻认识到进行爱国教育要有高度，同时要更具体，要细致部署，要真正脚踏实地地设计并践行。因此，此次活动设计成了系列活动，由课程到实践，由实践再回归课程，环节连贯，承接有序，希望师生在此过程中能够真正有所收获。这些收获，有助于加强民族记忆，提升人们保护历史文化遗址的认识，也有助于团队凝聚力的形成。我们不奢求所有的目标都能达成，但我们在前进的路上做了最充分的准备。

（二）博物馆之旅

上文提及我校教师在课程中尽可能恰如其分地利用好博物馆数字资源，这能促进学生的有效学习。相比而言，如果提前精心设计，学生直接进入博物馆参加学习，则更能提升学生的探索热情。以下（表 1）是在我校学生进入中国国家博物馆参观“丝绸之路”展览之前，我校历史备课组教师共同设计的一份探究提纲

（鉴于版面，笔者已把给学生完成任务的空白之处删除）。学生在进入博物馆探究时，带着这一份探究提纲进行相应探究，留存相应的电子材料，课上主题学习时再进行汇报。在博物馆参观过程中，学生的探索热情极大提高，小组聚集在一起，进行过程留痕，还不断地向讲解员咨询自己感兴趣的信息。

表 1　“丝绸之路”展览探究式学习提纲

遇见丝路：“丝绸之路”展览探究式学习提纲
制作人：历史学科备课组
班级＿＿＿＿＿＿＿＿　　姓名＿＿＿＿＿＿＿＿
导言：公元前 2 世纪晚期，举世闻名的丝绸之路开通，中西方之间的文化交流进入新纪元。国家博物馆“丝绸之路”文物大展，旨在通过精选的 400 余件组珍贵历史文物，多层面立体地向世人展示丝绸之路的历史文化与灿烂成就，以史为鉴，提倡人类平等、包容、交流、互鉴的共同发展理念。（摘自国家博物馆网站）
题目一：请找到张骞墓出土的封泥，想一想这件文物能够说明哪些史实?
题目二：请找到一件文物，能够体现“丝绸之路是东西方经济文化交流的桥梁”这一结论，请写下这件文物的名称并说明理由。
题目三：我们学校开设了许多门“中国心”课程，例如围棋、古琴、茶文化、武术、书法等。请你为其中一门课程挑选一件与课程相关的文物材料。 要求： 1. 请在下方空白处写清展品名称 2. 请将展品拍照留存，返校后由课代表汇总 【特别提示】拍摄文物时请确保关闭闪光灯，以免对文物造成伤害!

（三）“我们家的老物件儿”展览

北京师范大学版八年级历史下册中国史前三单元涉及新中国成立后中国社会发展变迁、人们生活的变化，但学生对此的感受并不明显，生活在 21 世纪的他们，对改革开放给中国带来的变化难以感知。基于此，笔者结合 2015 年我校文化节进行了一次展览设计。此展览通过“我们家的老物件儿”展示活动搭建学生展示平台，以学生为主体，老物件展示为载体，学生寻找自家或亲友家的老物件，搜索资料、撰写解说词、现场展示解说，提升学生的组织策划能力、搜索资料能力、语言表达能力。在此过程中，学生参与全程体验，整个过程请学生电视台全程跟进记录，实时分享至微信平台，同时将相关的报道推送至我校微信公众号。

“我们家的老物件儿”展示活动方案

1. SMART 目标

表 2 “我们家的老物件儿”展示活动日程安排

事项	时间	地点
宣传与报名	3 月 23 日—4 月 9 日	相关教师办公室
培训	4 月 9 日（12 : 20—12 : 50）	二阶
布展	4 月 10 日	演播厅
展示	4 月 13 日 至 4 月 17 日	演播厅

文综组团队携手在 2015 年 4 月 10 日前完成前期准备，确保 4 月 13 日展示活动顺利进行，通过“我们家的老物件儿”展示活动搭建学生展示平台，以学生为主体，老物件展示为载体，学生寻找自家或亲友家的老物件、搜索资料、撰写解说词、现场展示解说，提升学生的组织策划能力、搜索资料能力、语言表达能力。

2. 活动内容

（1）活动时间：2015 年 4 月 13—17 日。

（2）活动地点：演播厅。

（3）参与者：全校各年级学生。

3. 展品与展示说明

（1）属于老物件（距今 15 年以上），能反映一定的时代特征。

（2）为“老物件”撰写说明：关于老物件本身或者此类物品相关的介绍，或这个物件所见证的发生在你家的故事。

4. 奖励

（1）收获一个契机：与历史老师进行深入探讨“老物件”背后的时代的机会。

（2）体验一次布展、展示。

（3）领取一份证书：参展证书。

（4）课程平时成绩积分（咨询历史老师）。

从选取展品、设计展示、撰写展示说明、线上线下宣传、实时报道、公众微信号推送，整个过程师生全程参与，全校进行了一次时代穿梭之旅。

三、史料教学实践夯实学科能力基础

“史料为史之组织细胞，史料不具或不确，则无复史之可言。”① 历史学习与研究均离不开史料。不管教学方式如何变革，历史教师都应该坚持史料教学，为促使有效学习的真正发生，史料教学研究是有效教学活动不可脱离的环节。国内从20世纪80年代开始就已经有关于史料与历史教学的探讨。到现在，史料教学依然是教学活动中引人注目的重要现象，在各级各类测评或练习中，历史教师也认为以史料为基础和切入点的测评在实践中是行之有效的。

（一）历史学科特点要求教师重视史料教学

学者、教师们探讨教学中史料的运用模式、史料运用的注意点，但多针对高校或是高中。实际上，只要进行历史教学，开始历史学习之旅，都不能离开史料，作为一名历史教育教学工作者，有义务和责任进行相关探索。

笔者认为，史料教学不应该囿于学段，并且无论学习方式如何变革，对于史料解读能力的培养，始终是需要坚持和探索的。具体原因如下：

1. 接近历史离不开历史证据

历史学科本身要求我们任何一位历史研究者，任何一位想要接近历史的人重证据，了解历史、认识历史、解释历史。从历史知识的输入到理解内化到阐释输出，任何一个环节都离不开证据。我们在《义务教育历史课程标准（2011年版）》中看到教学目标多次定位于“证据”，如初中历史起始单元就提出“考古发现是了解史前社会历史的重要证据”。作为一名初中阶段尤其是起始年级的历史教师，有责任和义务培养学生重证据的意识，在此基础上，通过寻找多元史料逐步培养学

① 梁启超：《中国历史研究法》，河北教育出版社2000年版，第49页。

生的史料解读能力。

2. 历史学科思维能力的培养离不开史料解读能力的提升

历史思维在历史学习中至关重要，历史思维也是教师教学和学生学习过程中关注而不易操作、不易完善的关键。目前，学界对于历史学科思维能力的界定与分类并没有统一而又精确的标准。布鲁姆的认知分类体系是“知识”“领会”“运用”“分析”“综合”“评价”。在初中历史阶段，新课标要求“学生能够掌握中外历史的基本知识”，这是学习的基础，任何学科、任何思维能力的培养，都离不开本学科专业知识，但绝不局限也不应该局限在学科知识上，“初步掌握学习历史的基本方法和基本技能”也是历史学科的课程目标。有研究者概括历史学的基本要素：史料、史料解释、历史叙述和学生史料解读能力的提升是一个需要教师长期努力而又润物细无声的过程，尤其对于刚步入初中阶段的学生而言，一切都需要教师有计划、有难度区分的层级引导与推进。

（二）初中阶段史料解读能力提升的阶段目标与分级推进方式

1. 第一阶段：学生认识史料，形成历史学习重证据的意识

此阶段的目标是引导学生具备一种重证据的意识：没有证据，只能搁置问题；证据不够，只能假设推理，不能妄下结论；证据充实，才能尝试证实，得出自己的结论。

为培养学生在历史学习中的重证据意识，笔者曾尝试在七年级上学期古代史第一单元学习中重点以出土文物这一类型的史料为切入点，引领学生分析史料并进行大胆分析。如讲山顶洞人，重点围绕“山顶洞人制作的骨针与装饰品”来组织教学。骨针和装饰品这两件文物之所以珍贵，是因为我们没有足够的证据去确切断定远古时期的文明，能帮助我们了解远古时期的生活的可借助的史料并不多，这两件文物能为我们了解远古时期的山顶洞人的生活与文明提供较大的帮助。笔者在组织教学时，出示图片之后，提出问题：这两件文物是用什么制作的？这两件文物有什么特点？请你猜猜山顶洞人是怎样制作这些东西的？他们的出土说明了什么？教师组织学生仔细观察文物展开推理，学生能认识到：骨针的针孔是经

过石器刮磨、钻孔制造；装饰品也有磨光钻孔的石珠、穿孔的兽骨、鱼眼等，这说明山顶洞人用原始石器工具，已经掌握了磨光和钻孔技术，这是制作技术的进步；装饰品说明他们已经有审美意识；他们已经掌握磨光和钻孔技术，可以推断他们已懂得人工取火。种种迹象表明他们的生活较北京人已经有很大进步。对于刚刚迈入初中阶段的学生而言，对文物这样一层层进行仔细观察与分析，是根据他们年龄和认知特点进行的合理有效的尝试。长期坚持下去，学生能慢慢感知史料的重要性，学习的兴趣度也会进一步提升。

2. 第二阶段：学习如何处理史料

此阶段目标是引领学生学会从处理直观史料、间接史料到处理多元史料。作为初中起始年级，学生面对历史材料，往往无从下手，难以进行有效分析，对于历史事件的认识、历史人物的看法停留在小学所积累的个别课外阅读的层次，因此，需要教师进行方法指导。学生学习处理历史材料是一个渐进的过程，现代脑科学统计，人类获得“外界信息的 80%—90% 经视觉系统传入大脑的。这些基本的视觉信息包括：亮度，形状，运动（包括运动方向和速度），颜色，立体（或深度）视觉等”①。在初中起始年级教学中，在引导学生具备重证据的意识后，可以先用直观史料、难度较小的间接文字史料引导学生进行史料解读。

对于文字史料的使用，先用较为简单的史料来引领学生初步学会解读文本的步骤，再提供多元史料引领学生进行整体分析。如在引领学生感知宋朝城市生活时，采用史料：“南门大街以东，一直南去，过州桥，两边皆居民。街东车家炭，张家酒店，次则王楼山洞梅花包子，李家香铺，曹婆婆肉饼。”② 辅之以现代生活场景的描述，“马连洼南路以西，至路口处右转，过圆明园西路，两面皆小区，街东为兰园小区、中发百旺商城、药店、金凤呈祥、各饭店；西则梅园小区、天秀花园、羊坊涮肉、马兰拉面”，通过对两则简单文字材料的对比分析，学生很快就能感知宋朝的城市生活。再比如，在引领学生分析宋辽澶渊之盟时，有一位教师采用的史料如下：

---

① 寿天德：《脑科学丛书——视觉信息处理的脑机制》，上海科技教育出版社 1957 年版，第 25 页。

② 孟元老：《东京梦华录》。

材料一 （辽）与朝廷和好年深，蕃汉人户休养生息，人人安居，不乐战斗。

——苏辙《栾城集》

材料二 宋与辽议和后，边境榷场贸易迅速发展，“透过官方对辽榷场贸易的经营，宋政府每年对契丹贸易上的出超，可以收回付出银两的十分之五六”。

——节选自《宋辽关系史研究》，中华书局 2008 年版

材料三 就宋朝而言，岁币虽然是一项负担，但是较交战时的军费，不过百分之一二。

——《续资治通鉴长编》卷七十

材料四 宋神宗认为“澶渊之盟”没有收回幽云十六州，“反捐金缯数十万以事之为叔父，为人子孙”，加重百姓负担，深以为耻。

——王铚《墨记》

问题设计：结合上述材料，谈谈你对和议的认识。

在简单文字材料分析之后，面临多元史料才能进行分析。对于多则材料，教师要引领学生先进行材料的逐个分析，再整体感知，表达自己的观点。首先，引领学生寻找每段材料的关键词，如“和好年深”“榷场贸易”“出超（教师补充解释）”“军费”“深以为耻”等，逐个理解材料，在此基础上，学生就不难对澶渊之盟进行整体分析，表达自己的观点。

3. **第三阶段：尝试搜索、区分、解读史料，提出感兴趣的问题，尝试解决问题**

“不钻进史料中去，不能研究历史；从史料中跑不出来，也不算懂得历史。”① 在某种程度上讲，历史研究过程，即理解和运用史料解决问题的过程。“历史本身就是某种理解或解释。”② 培养学生史料解读能力当然不局限于读懂史料，其进阶方向是能搜索史料、区分史料、解读史料、提出问题、解决问题。史料教学与测评

① 翦伯赞：《史料与史学》，北京大学出版社 2005 年版，第 85 页。

② 韩震、孟鸣歧：《历史·理解·意义——历史诠释学》，上海译文出版社 2002 年版，第 6 页。

往往不涉及史料的查找与搜集，但体现历史素养更多的是通过指导学生如何搜集史料、如何辨析史料及评价。[①]笔者赞成其分析。

历史学科的特点促使历史教师不得不注重史料的运用和学生史料解读能力的培养。我们永远无法还原历史，但任何人都可能通过努力无限接近历史。因此，从长远来讲，教师的立足点应该是培养学生的历史学科思维能力，而培养学生的史料解读能力是必不可少的环节。学生在多次进行训练的过程中，随着了解的学科知识的增多，又不断强化重证据的意识，其思维能力也会不断提升。

四、结语

为顺应时代变化及教育教学需求，教师需进行相应的探索，这个过程是教师和学生一起学习和成长的历程；历史学科的特性对历史教师提出了较高的要求。从笔者的个人探索和与团队分享来看，笔者认为历史学科的教学实施者应该秉持以史料教学实践为基础不变，尝试信息技术与课程的整合，再到两者的深入融合，开展体验式学习来激发学生更多的热情。在此过程中，立足于培养和提升学生的学科素养，同时尽可能地提升学生的综合能力以适应21世纪对学生各方面的能力需求。[②]

① 何成刚：《何谓史料：史料教学中应该澄清的一个基本问题》，《中学历史教学参考》2008年第4期。

② 详见〔美〕伯尼·特里林、查尔斯·菲德尔：《21世纪技能：为我们所生存的时代而学习》，洪友译，天津社会科学出版社2011年版。

“舵手与远航”

——例谈高中历史学科课程课题化研究

马国旗　曲鸿飞

（山东省青岛市第三十九中学）

一、中学历史学科课程课题化的概念

新一轮高中历史课程改革和教学改革的推行对一线教师提出了更高的要求：在把握学科热点前沿的同时要做到高校历史教育理论研究与高中历史课堂实际相结合，课堂的组织建构与新高考改革相结合，基础知识与能力素养相结合。教师所扮演的“舵手”掌舵的好坏将直接关乎高中学生在三年的“远航”中能否成功夺得“抢滩登陆战”的胜利。从近几年全国范围内推行的国家课程校本化的实践成果上看，硕果累累、遍地开花的同时仍存在部分问题，包括校本课程的选择与设计难以体现历史学科的思维蕴养，甚至出现了将学科校本课程与德育课程混淆的现象。这一系列问题的源头在于部分教师对于校本课程的概念和内涵没有把握，鉴往知来，我们首先要对中学历史学科课程课题化的概念进行厘清：什么是历史学科课程课题化？

国家课程课题化是基于生命化理念下学科课程校本化基础上课程开发实践研究的新领域、新焦点，是高校进行的理论化的探索成果。而历史学科课程课题化

便是国家课程课题化与一线教学实际对接和有机融合的产物。从概念上进行剖析，历史学科课程课题化可以看作“历史学科课程”与“课题化”两个层面，课题是学科课程的深化，同时在课题研究的过程中又充分体现历史学科的思维蕴养，是学科课程的升华。国家课程课题化对于历史学科的要求是将内容转化为课题性教学和学习模式，课程课题化是对传统教育模式的又一次有益探索，有利于学生知识体系的形成与创新迁移能力的提高。

学科课程课题化与校本课程同属于探究性学习的范畴，其内涵是以问题为导向，提出问题、解决问题、服务实际的学习方式。教师在进行探究式教学设计的过程中要把握以下五个要点：第一，呈现、定义探究式主题；第二，提供系统、多样化的材料；第三，设计系统、有层次的问题或任务；第四，根据材料和问题展开探究；第五，回扣本课探究主题，表达探究成果。① 课程课题化教学设计亦然。

李惠军曾就课题内容的选取有着这样的见解：一是对高中历史课程内容进行有效整合，结合高考教学工作，将历史学科课程的开发与考前教学进行有机整合，开发并形成与教学同步的系列教学主题。如按照主题史探索：工业化进程，民国初年的社会生态；按照专题史探索：中国古代的政治制度的沿革，近代中国的经济结构的变动；按照国别史探索：探索德国近现代政治进程。此外也可以将每节课问题化，教学过程中如果学生发现问题，应积极引导学生通过收集材料等形式来解决问题，以认识结构和问题驱动的方式为国家课程课题化的发展开辟一条新途径。二是聚焦历史学科核心素养的系列人文主题，黑格尔曾经说过，历史是一堆灰烬，但灰烬深处仍有余温。历史是有温情的，这种温情是浩渺时空中人类以其无畏探索的实践而形成的具有温暖内心、砥砺前行的记忆。无论是回溯以往、立足现在还是眺望未来，历史总会给我们以借鉴、思考。中国历史文化底蕴浓厚，有着丰富的资源，国家课程课题化为聚焦历史学科核心素养、提升学生人文素养提供了一个良好的平台。通过创设环境，营造人文氛围，以活动课、探究课、社团活动、人文讲座、沙龙漫谈等形式，联系课内课外的资源，培养学生的探究意识、研究能力。

① 郑林：《促进学生历史学科能力发展的教学设计》，《历史教学》2016 年第 17 期。

二、中学历史学科课程课题化的必要性

2017年9月，山东省正式实行新的高考方案，推行“3+3”的考试模式。有别于上海、浙江两省市的考生，山东考生将在高一学期末参加包括历史在内的5个学科水平合格考试。这样一来，历史学科迎来了新的挑战：一是2017级高中学生在初中阶段的学习基础并不十分理想，受制于初中学生的生理和心理基础，学生对整个历史发展脉络未能全面把握，进入高中需要进行通史体系的补充教学；二是《普通高中历史课程标准（征求意见稿）》提出：“历史课程要将培养和提高学生的历史学科核心素养作为目标，使学生通过历史学习逐步形成具有历史学科特征的必备品格与关键能力。”《山东省普通高中2017级历史学科教学指导意见》也强调在历史学科的教学中要以核心素养的提升为目的进行教学设计，日常教学中对碎片化短文本史料的解读难以真正让学生提升论从史出、史论结合的解读分析能力，更难以适应新的学业水平考试难度加大的实际情况。因而，基于教材整合与人文素养两个维度的历史学科课题化既符合新课标精神，同时又利于学生知识的掌握与能力的蕴养。

三、历史学科课程课题化的实施策略

历史学科课程课题化的实施策略主要从课堂内参与和课堂外参与两个方面展开。

（一）“教学有法”——课堂内参与的课题化策略

课堂内参与课题化教学设计分为两个类型：一是以教师主导，学生为主体，考察教师对史料的选材与甄别，通过教师的引领，使学生的思维穿梭时空，融入教师所创设的情景中来；二是以学生主导，教师为指导，考查学生对史料的选材与甄别，学生自我生成问题，教师适时发掘并予以指导，让学生阅读史料，自我探究解决问题。

以教师主导，学生为主体的课题化研究，对教师提出了更高的要求：既要仰

望历史研究的星空，也仍脚踏一线教学的实地，在恢宏大气的同时又不失历史课堂本色、底色。教师除了在日常教学工作中关注并收集历史研究新动态、新热点之外，也要潜心、静心、深思、创新。从着力核心素养的实践训练和贴合高考链接大学的创设两个层面结合课程教材的自我探索，发现史料以供运用的同时在史料与问题的创设上也要具有层次性与适切性。

以《回望“海上丝路”——马尼拉大帆船贸易》为例。在教学设计之初便将本节课分为“概念解析—文本归纳—合作探究—能力蕴养—综合运用”五个层面，从情景导入到生成导出按照学生的实际情况在难度上进行梯度式增加。课前让学生准备两张白纸，本节课的主要内容依层次记录在白纸上。首先展示马尼拉大帆船贸易的航线地图和马尼拉大帆船贸易的相关背景材料，在学生对背景知识有所了解之后，让学生对上述材料中马尼拉大帆船贸易概念与特点进行一句话概括。在学生根据材料提取相关信息后，让学生对照出现的新航路开辟后的世界贸易航线与马尼拉大贸易航线分别从亚洲与欧洲的角度进行命名，借着学生起名热情高涨的契机，随后抛出一则俗语与名词条目，让学生以合作探究的方式进行讨论：以下事例（见表1）与马尼拉大帆船贸易是否有直接关系？出现的原因又是什么？

表1 全球视野下的因素互动探讨

条目	原因
西班牙殖民菲律宾与波托西银矿的发现	大帆船贸易白银大量流入中国
岭南农户碗中的土豆可以再生一个娃	引进高产作物刺激人口增长
中国最穷的人也随身携带一把剪子和小秤	白银广泛流通，刺激商品经济的发展
买不尽的松江布，收不尽的魏塘纱	海外市场刺激下，沿海地区出现资本主义萌芽
读书人的困惑：王守仁的克服私欲与李贽的人皆有私	社会拜金逐利，奢侈盛行
明朝的白银短缺与覆亡	明朝通货严重，白银长期依赖海外进口，影响历史进程

在学生给出答案后进一步追问：这些事例能否作为与马尼拉大帆船贸易有关

联的直接可靠的证据？如若不完全说明二者相关，那么还需要什么材料？同时引入直接史料与间接史料的概念，并为学生展现教师所准备的证据并让其进行区分：

中国贸易造成的经济和金融后果是，中国凭借着在丝绸、瓷器等方面无与匹敌的制造业和出口，与任何国家进行贸易都是顺差。因此，正如印度总是短缺白银，中国则是最重要的白银净进口国，用进口美洲白银来满足它的通货需求。

——〔美〕弗兰克著，刘北成译：《白银资本——重视经济全球化的东方》

少为纨绔子弟，极爱繁华，好精舍，好鲜衣，好美食，好骏马，好华灯，好烟花，好梨园，好鼓吹，好古董，好花鸟，兼以茶淫橘虐，书蠹诗魔。

——（明）张岱《自为墓志铭》

中国丝绸工业具有长期发展的历史，技术比较先进，成本比较低廉，产量比较丰富，所以中国产品能够远渡太平洋，在西属北美市场上廉价出售，连原来独霸该地市场的西班牙丝织品也大受威胁。中国蚕丝生产普遍于各地，而以江苏和浙江之间的太湖流域最为重要。海外市场对丝绸需求量非常大，因而刺激这个地区蚕丝生产事业的发展，使人民就业机会与货币所得大量增加。

——全汉昇《略论新航路发现后的海上丝绸之路》

本节课上到这里已渐入尾声，教师让学生根据本节课提取而来的记录在白纸上的信息，自拟论题写一篇小论文。两个月之后的2017年全国卷（Ⅰ）也出现了相似主题式的探究试题：

42．阅读材料，完成下列要求。(12分)

材料：表2

表2 14—17世纪中外历史事件年表

时间	中国	外国
14—15世纪	朱元璋在位期间，与占城、爪哇、暹罗等30余国进行官方贸易 废除丞相制度 郑和七下西洋，是世界航海史和中国古代对外交往史上的壮举	德国人古登堡发明了最早的印刷机 哥伦布到达美洲大陆 佛罗伦萨200余家纺织工场雇佣3万余名工人

续表

时间	中国	外国
16 世纪	张居正进行赋役合一、统一征银的“一条鞭法”改革 李时珍《本草纲目》刊刻 玉米、番薯、马铃薯等高产物传入中国 汤显祖出生，代表作《牡丹亭》表现男女主人公冲破礼教束缚，追求爱情自由	哥白尼提出“太阳中心说” 意大利传教士利玛窦到中国，传播了西方自然科学知识 莎士比亚出生，代表作《哈姆雷特》
17 世纪	朱子学在日本为官方推崇，成为显学 茶叶大量输往欧洲 宋应星《天工开物》刊刻 美洲白银大量流入中国 郑成功收复台湾	英国入侵印度，英属东印度公司在印度开展殖民活动 英国早期移民乘“五月花号”到达北美

——据李亚凡编《世界历史年表》等

表 2 为 14—17 世纪中外历史事件简表。从表中提取相互关联的中外历史信息，自拟论题，并结合所学知识予以阐述。(要求：写明论题，中外关联，史论结合)

高考题尤其注重历史核心素养的训练。时空观念是了解和理解历史的基础，史料实证是理解和解释历史的关键能力与方法，历史解释是在形成历史理解和认识的基础上叙述历史的能力，以唯物史观为指导从历史发展的角度理解并认同……价值观，对人类历史发展进行科学的阐释。① 这堂课是贴合高考课题化教学的范例，着重进行历史理解与解释的核心素养提升的训练。

学生主导，教师为指导，考查学生对史料的选材与甄别的课题化研究方式有别于传统的讲授式课堂教学，教师在课堂中扮演指导者的角色，学生是课堂的参与者。由于这一模式属于被动触发式呈现、主动探究式展开，受学生生理心理现状的限制，因而在课堂上的提问以及课后材料的收集上需要教师进行敏锐地洞察，积极地鼓励以及在材料获取途径和内容甄别上进行适宜指导，最终老师将学生收集到的材料进行整合，从而使学生从知识掌握、实践能力和创新迁移上得到层层提升。赵亚夫教授对核心素养统领下的历史学科教学谈了三个观点：“大道至简：

① 张耕华：《理解与解释》，成都《中学历史教学参考》年会，2017 年 7 月。

精简设计、材料、讲述——重点放在学科解决问题的思维过程；大巧若拙：基于历史学科教育的基本原理和方法，自然成器，不造异端——重点是让学生有求知兴趣、求真的能力；大音必希：教师太强势，学生易顺从，教师愈强解，学生愈偏见——重点是指导学生把握更全面、有力的看问题的视角。”①这三点同样适用于以学生主导，教师为指导的学科课题化教学设计。以《近代民族工业的曲折发展》为例。

在讲授《近代民族工业的曲折发展》时，学生提出了一个富有思考性的问题：近代中国和西方一样都从轻工业开始，为什么说中国经济结构不合理？正在授课的教师并没有将这一问题搁置留作课后单独处理，而是鼓励式询问学生是否还存在其他疑惑。很快，另一名学生提出他在课前学案预习的过程中发现了一个问题：课本上论述官僚资本阻碍了民族资本主义的发展，但对于中国近代化的发展是否有推动作用呢？教师将两位同学的想法记录下来，给出了关于中国近代民族工业发展的相关参考书籍，同时让班级分为兴趣小组，可以加入这两个课题小组进行探讨，也可以选取自己感兴趣的点作为课题。学生可以通过搜集史料对课题研究的主要问题进行解释与论证，最后分组展示，一部分于下课前15分钟予以展示，剩下的于下节课集中展示。学校实行走班制教学，每个学科教室都配备了两台电脑，供学生查阅资料。每个小组在记录完本组问题与讨论完初步结果后，派选代表进行查阅，最后形成文字稿，进行展示。

（二）“教无定法”——课堂外参与的项目化策略

《普通高中历史课程标准（实验）》明确指出：学习历史是一个从感知历史到不断积累历史知识，进而不断加深对历史和现实理解的过程。历史知识与能力不仅仅可以从传统课堂中感知、积累、加深理解，还可以走出课堂，基于现实关怀从课堂外获得。杨奎松提出：人类历史上最伟大的史家其实大都是基于现实关怀而思考，并研究和总结历史的。公众史学的兴起让历史研究对象下潜到大众阶层

① 赵亚夫：《“历史学科核心素养”不是什么》，成都《中学历史教学参考》年会，2017年7月。

中，学生在掌握历史研究方法与能力的基础上也可以进行研究。项目化教学是走出课堂训练历史能力的重要途径，项目化的本质与探究性学习、研究性学习相似。全国卷高考历史命题压轴题多以小论文的形式出现，这与大学历史论文的写作训练对接。项目化训练也可以看作是大学科研项目的缩影，但又有一定的区别。在实施策略上可以将历史课程的内容与研究方法与当地的历史文化资源相结合，以一个课题的形式，确立一个研究对象，聚焦历史学科核心素养，培养探究意识与人文素养，是高中教学与大学教学的对接，通过项目化的探究形式，培养学生对时代和历史发展有脉络性的个体认知与总体把握。在课题选取上，可以由老师预设一个大的主题，学生根据大的主题独立探索小课题，在条件成熟的情况下，可以由老师提出一个方面的内容，学生举一反三，自我思考确立有研究价值与人文关怀的选题。在实施途径上，可以通过学生社团、主题讲座、读书分享会、实践课（实地参观调查与口述采访）、活动课（辩论赛、模拟法庭、历史小说剧本、历史剧）等多种形式展开，让项目化研究有生命，有色彩。

四、结语

关于高中历史教什么、怎么教的问题是一个持续的探索过程，历史学科课题化为实际教学有效培养学生的历史学科核心素养提供了一个新的视角，将单向的知识体系传授转变为双向互动沉浸式的探究历史方法，并在这一过程中，使学生将简单的知识体系的硬性生成升级为能力培养的过程。路漫漫其修远兮，未来的教学改革还有一段很漫长的路要走，也必将会出现更多的教学新方式。无论采取哪种教学方式，都必须结合实际教学情况，不能忽略学生的主体地位，在此基础之上的改革才有意义。

专题五

历史教师教学设计案例展示

《西周分封制》教学设计

王纯
（中国人民大学附属中学）

一、指导思想与理论依据

坚持《义务教育历史课程标准（2011 年版）》中育人为本的教育理念，采取教师讲授和问题探究相结合的教学模式，创设历史情境，激发学生兴趣，深化教学重点，突破教学难点。学生在学习过程中提高分析、解决问题的能力，培养自主探究精神。

二、教学背景分析

（一）《义务教育历史课程标准（2011 年版）》关于本课内容的规定

本课教材为人教版七年级历史上册第 4 课《夏、商、西周的兴亡》。《义务教育历史课程标准（2011 年版）》关于本部分内容规定如下："了解西周的分封制及其作用。"

（二）教学内容分析

分封制虽上有所承，下有所续，但其成熟、完备则在西周。商朝时期，商王与诸侯之间是松散的臣服关系。而西周的分封则是将自己的亲戚、盟友分封到各地，通过层层封授，形成了紧密的政治联系；而且周王与诸侯之间的权利义务关系非常明确。所以西周的分封制打破了夏商时期众邦林立的状态，起到了统一天下于一尊的作用。

基于这样的分析，西周分封制要讲清楚三个问题：其一，分封的对象；其二，分封制的内容；其三，分封制的作用。弄清楚西周分封的对象和内容，了解商朝与西周分封的不同，才能理解西周分封制的作用。

（三）学生情况分析

（1）人大附中的学生具有较强的问题探究能力，初步掌握了学习历史的基本方法和基本技能。

（2）通过夏商时期的讲解，学生了解了早期国家的基本情况，为本课奠定基础。

（四）教学目标

1. 知识与能力

（1）知道西周分封制的对象及内容。

（2）理解西周分封制的作用。

（3）通过对相关问题的探讨，提高学生透过历史现象发现、分析历史问题的能力。

2. 过程与方法

教师通过史料、图片等创设探究情景，学生认真思考、积极讨论，归纳并表达观点，提高提取有效信息的能力，逐步养成论从史出的思维。

3. 情感态度与价值观

通过学习，了解西周时期人们逐步形成了天下于一体的观念，体会古代国家的发展。

（五）教学重、难点分析

（1）重点：知道西周分封对象及分封制的内容。

突破方案：拟通过史料研习、教师讲述和问题分析的方式解决。

（2）难点：理解西周分封制的作用。

突破方案：在分析西周分封对象、内容，对比商朝分封的基础上，通过问题探究的方式解决。

（六）教学资源与教学方法

（1）教学资源：多媒体课件。

（2）教学方法：讲述法、史料研读法、探究学习法。

三、教学流程示意

（一）夏朝的兴衰

（1）世袭王权的形成。

（2）夏朝的衰亡。

（二）商周的更替

（1）商朝的建立。

（2）商朝的政治统治。

（3）武王伐纣与西周建立。

（三）西周的分封制

（1）分封的对象。

（2）分封制的内容。

（3）分封制的作用。

四、教学过程

（一）分封的三种类型

（1）结合吕思勉关于分封制的论述，讲述古代分封的三种类型：

慑服他部，责令服从，一也。

替其酋长，改树我之同姓、外戚、功臣、故旧，二也。

开辟荒地，使同姓、外戚、功臣、故旧移植焉，三也。

——吕思勉《中国制度史》

【设计意图】学生通过听讲，知道古代的分封有三种类型。

（2）结合材料，简单讲述商朝分封属于第一种类型。

（商朝王畿周围）散布着许多臣服于商的部落、部族。这些部族、方国首领被赐予侯、伯等称号，但只是间接地受商统治，隶属关系并不稳固。

——张帆《中国古代简史》

【设计意图】知道商朝时期诸侯与商王是分散的臣服关系，为讲述西周分封做铺垫。

（二）西周分封的对象

（1）请学生结合材料思考并回答问题：

周公……兼制天下，立七十一国，姬姓独居五十三人焉。周之子孙苟不狂惑者，莫不为天下之显诸侯。

——《荀子·儒效》

提问：西周的分封与商朝的分封有什么不同?

商朝：赐予臣服的部落首领封号。

西周：把自己的亲族、盟友分封出去，形成对天下有效地控制。

【设计意图】学生了解西周分封的主体，认识西周分封与商朝分封的不同。

（2）结合吕思勉对分封的分类，指出西周的分封主要是第二、第三种。

【设计意图】学生整体把握西周分封制的对象。

（3）以晋、齐、宋三国为例，具体讲述西周分封的对象。并请学生概括西周分封的对象。

【设计意图】学生直观了解西周分封对象。

（三）西周分封制的内容

（1）以燕国为例讲述西周分封制的内容。

结合北京琉璃河燕国遗址出土的克罍上的铭文，讲述诸侯克对周王所做的事情，以及周王赐予克哪些东西。

【设计意图】学生直观生动地了解西周分封制的内容。

（2）引导学生看周王与诸侯的权利义务示意图，并详细讲述。

【设计意图】学生知道西周时期周王与诸侯之间权利义务明确。

（3）结合分封示意图，讲述诸侯在封国内部层层向下分封。

【设计意图】学生了解西周内部通过层层封授，形成自上而下的控制网络。

（四）西周分封制的作用

（1）有人说："西周的分封制打破了夏商时期众邦林立的状态，多少含有统一天下于一尊的意义。"

请同学结合所学知识，谈一谈如此评价的理由。

①周王将自己的亲属、亲戚、功臣、盟友分封到各地，形成紧密的政治联系；

②自上而下的分封，明确权利义务关系。

【设计意图】学生经过思考回答，深刻理解西周分封制的重要作用。

（2）结合西周初期疆域与西周中后期疆域的对比图，讲述西周分封制具有开疆拓土之功。

【设计意图】学生直观观看地图，理解西周分封制开拓疆域的作用。

（五）小结

通过对西周分封对象、内容的了解，及对其作用的分析，我们体会到，西周的分封制在古代政治制度史上具有开创性的作用，对中华民族的形成具有重要意义。

【课后拓展】请学生们课下思考：西周是一直分封下去吗?

五、本教学设计与以往或其他教学设计相比的特点

（1）讲述古代分封的三种类型，对比商、周分封，学生对古代分封制有全面了解。

（2）通过问题探究，学生知道西周分封制打破夏商时期众邦林立状态的原因，理解西周分封制的重要意义。

《商鞅变法》之“乾坤变革——历史的回响”

——教学片段设计

陈昂
（北京 101 中学）

一、设计思考

我将《商鞅变法：强国之道的再省思》一课设计成三个部分：“战国变局”“商鞅变法”“乾坤变革——历史的回响”，运用历史的“特写镜头”“广角镜头”“长镜头”，试图让学生体会有温度的历史，思考多维度的历史，认识有高度的历史。换个角度走近历史人物，多个角度思考历史事件。

二、设计定位

【课程标准】

探讨商鞅变法的历史作用。

【教学目标】

1. 了解商鞅变法的主要内容，认识改革的复杂性。
2. 解读材料，运用论从史出的思维方法，讨论重大事件的历史影响。

3. 从国与民的角度反思商鞅变法，锻炼批判性思考的意识。

【教学重点难点】

商鞅变法的评价。立足历史视角评价历史人物、历史现象，得出自己的历史认识。

三、设计片段

本片段为本课的第三部分："乾坤变革——历史的回响"，从"国与民"的视角用历史的"长镜头"引领学生反思商鞅变法，多角度思考历史事件。

我整理出商鞅变法之后十年到一百五十年的几件关键史事：

商鞅变法之后：

十年：行法十年，秦民大说，道不拾遗，山无盗贼，家给人足
商君相秦十年，宗室贵戚多怨望者
赵良曰：相秦不以百姓为事
秦俗日败。……不同禽兽者亡几耳
秦人富强，天子致胙于孝公，诸侯毕贺

二十年：车裂商君……遂灭商君之家（前 338 年）

百年：长平之战，坑赵卒四十万
秦卒死者过半，国内空（前 260 年）
灭周，迁九鼎于咸阳（前 256 年）

百三十年：六王毕，四海一（前 221 年）
却匈奴七百余里，胡人不敢南下而牧马

百五十年：（刘邦约法三章）秦人大喜，争持牛羊酒食献飨军士
山东豪俊遂并起而亡秦族
一夫作难而七庙隳，身死人手，为天下笑（前 206 年）

组织学生们从商鞅、秦民、秦国、天下四个角度分析商鞅变法的影响，学生们讨论认为商鞅变法有得有失。接下来我提出：秦的迅速崛起、一统天下与秦的迅速崩溃同样值得我们注意，到底是什么原因造成了"其兴也勃焉，其亡也忽焉"的历史现象？这即是千百年来的历史之问：秦之成？秦之失？自贾谊、司马迁始，这个问题不断地提出，历代皆有不同的回答。

首先看秦之成功所在。我引用司马迁在《史记·六国年表》中的一段话：

> 论秦之德义不如鲁卫之暴戾者，量秦之兵不如三晋之强也，然卒并天下，非必险固便形势利也，盖若天所助焉。或曰"东方物所始生，西方物之成熟"。夫做事者必于东南，收功实者常于西北。①

从中我们可以看出，太史公是有疑惑的，他最后将秦之成功的原因归结为"天所助焉"。然而真的仅仅是这样吗？我们要开启自己的思考，对话太史公。

郑良树在《商鞅及其学派》中点出："商鞅将军事的胜利建立在'政胜'的基础上。"是什么样的"政"呢？从军功爵制等内容可看出，商鞅塑造了一个吏道独尊、君道独尊的新政治、新社会。阎步克先生在《士大夫政治演生史稿》中指出：

> 经由军国主义道路的专制官僚制度，在秦国获得了重大成功。法制、军制、田制、税制等等之改革皆始于山东，而最终收成于秦，这自非偶然。
>
> 秦国的相对独特的历史传统与社会风貌，诸如其早期君权的强大、其民风的驯朴勇悍、其礼乐传统之淡漠、其封建制和宗法制的薄弱，都为商、韩法治学说之贯彻，提供了沃土，由其所孕育出来的强大军事专制官僚政权，山东列国难以抗衡。最终，秦政告别了周政，并以"六王毕，四海一"划定了一个时代的结束。②

---

① 《史记·六国年表》，中华书局 1982 年版。

② 阎步克：《士大夫政治演生史稿》，北京大学出版社 2015 年版，第 75 页。

的确，秦之成功并非偶然。秦之胜在于官僚制度的建立。政治行政中所体现出来的秩序和强权，一个巨大官僚机器的高度精密可靠的运转，本身就被视为最高目的。商鞅的制度成就，确实达到了“片面的深刻”。而这种“片面”性，很可能既是此后秦帝国成功的重要原因，也是其失败的重要原因。

从制度的层面来看，秦之失，就孕育在秦的成功中。阎步克先生接着指出：

在这种秩序崇拜和权力哲学之中，道德完善和道义价值、文化发展和学术研讨，几无意义可言。吏员不过是官僚机器的齿轮与螺钉，民众不过是人格化的力役和赋税：他们仅仅在数量和功能上具有意义。

当官僚制由手段变成了目的，形式上的合理性，就表现为实质上的非理性。当制度由为人服务到自成目的，人就成了庞大制度的奴隶。所以，行政专业化到了极致，人就被制度异化了。

正如《史记·商君列传》中赵良对商鞅的分析，谓其“相秦不以百姓为事”。而历史的经验告诉我们，得人者兴，失人者崩。

接下来我引用多则史料，与同学们在历史的高层次上展开探索。

——我们打量商鞅变法下的国民：商鞅以刑赏驱民农战的政策得到了有效的贯彻，秦民在君上和官府面前驯顺如牛羊，在敌人面前勇猛如虎狼。秦兵因此无敌于天下，而秦民之困苦也堪称天下无双。一言以蔽之，国富民贫、兵强民弱。

——我们分析商鞅变法下的社会：原来相保、相爱、相救与相赒的聚落，所重视的德行是孝友、睦姻、任恤；现在则一变而为猜忌、监视、防范、告奸。一言以蔽之，虎狼之国。

——我们思考商鞅变法最大的问题：正如章太炎先生在《国故论衡·原道下》中所说：

今无慈惠廉爱，则民为虎狼也；无文学，则士为牛马也。有虎狼之民、牛马之士，国虽治，政虽理，其民不人。世之有人也，固先于国。且建国以为人乎？将人者为国之虚名役也？……有见于国，无见于人，有见于群，无见于孑。[①]

一言以蔽之，有见于国，无见于人。

然而，这样的秦国为什么能统一天下？正如严耕望先生在《治史三书》中所言：

以富家怯懦子弟去当贫穷勇悍的士卒，自然无法制胜。[②]

秦国暂时获得了成功。而秦的成功，是否意味着东方文明的失败？《史记·高祖本纪》中记载刘邦“约法三章”时，有一处细节：

（刘邦入关）召诸县父老豪杰，曰：“父老苦秦苛法久矣……吾当王关中，与父老约，法三章耳……余悉除去秦法……”秦人大喜，争持牛羊酒食献飨军士……唯恐沛公不为秦王。

从“秦人大喜”这个细节中，我们可以看出，看来秦人也无法忍受秦法了。

我们研究历史要知道，不是今人的看法，而是当时古人的爱恶，将对秦政权的命运发生影响。而时人之敌视秦国，并不仅仅由于它是敌国而已，那更在于他们对秦之政治形态，怀有由衷的厌恶和巨大的恐惧。所以，秦之法制，本是战国变法的最高成果之一；然而废止秦之苛法，在后来却成了一个一呼百应的政治号召。

回到最初的历史之问：秦之成在何？秦之失在何？正如徐复观先生在《两汉思想史》中所点出的：

① 章太炎：《国故论衡·原道下》，商务印书馆 2011 年版，第 63 页。

② 严耕望：《治史三书》，上海人民出版社 2016 年版，第 65 页。

法家政治，是以臣民为人君的工具，以富强为人君的唯一目的，而以刑罚为达到上述两点的唯一手段的精密构造出来的古典的极权政治。任何极权政治的初期，都有很高的行政效率；但违反人道精神，不能作立国的长治久安之计。秦所以能吞并六国，但又二世而亡，皆可于此求得解答。①

也即秦之成在于官僚制度，秦之失在于其民不人。

站在历史更高的高度上，我们将视野放大，再次倾听商鞅变法所带来的历史的回响。

商鞅变法之后：

二百二十五年：　汉武帝：罢黜百家，独尊儒术（前 134 年）

三百年：　　　　汉宣帝：霸王道杂之（前 73—前 48 年）

二千年：　　　　百代都行秦政法

我们在“千年视角”下对商鞅变法进行审视，站在两千年的历史长时段尺度看，商鞅的强国之“道”，究竟是什么“道路”？这条“道路”最大的影响和问题是什么?

我总结了学生们的一些认识：

成就——制度创设：官僚制度

问题——强国弱民，兵强民弱

综合评价——片面的深刻：有见于国，无见于人

在历史的千年回响中，我们展开历史的“长镜头”：我们回到春秋战国之际的乱世，历史在由乱到治的摸索中，分化整合为两途，孔子在继承中有变易，续绝周制，商鞅在变易中开创秦制，历史借由秦制完成了统一，又在打破统一后再度整合，借由周制完成了统一的巩固，并最后将周制与秦制合为汉制：霸王道杂

① 徐复观：《两汉思想史》，九州出版社 2014 年版，第 138 页。

之的官师政教的统一。在商鞅变法基础上所确立起来的秦制，其成在于将国家设计成严密的战争机器，并于此建构了高效的官僚政治体系；其失在于将人仅仅当成战争机器的齿轮。历史融合了周制礼乐与秦制高效，在国与民关系中寻找到了新的平衡点，并成为中国两千年一直遵行的制度模式。

历史分化 → 孔子——周政——礼——义
整合两途 → 商鞅——秦政——法——利
→ 汉：霸王道杂之

最后，我们来看战火纷飞中匆匆而就的黑夫家书：

> 母毋恙也？黑夫（人名）、惊（人名）毋恙也。
> 新地人盗，衷（人名）唯毋方行新地，急急急。
> 惊多问新负（妇）得毋恙也？新负勉力视瞻丈人。
>
> ——黑夫家书木牍
>
> 强国之民，父遗其子，兄遗其弟，妻遗其夫，皆曰：不得（敌首），无返！
>
> ——《商君书·划策》

《商君书》认为理想的秦民是：“父遗其子，兄遗其弟，妻遗其夫，皆曰：‘不得（敌首），无返！’”也就是说，强国之民，心中只应有利益，不得有亲情与人性。

黑夫和惊的遭遇可谓是“母遗其子，兄遗其弟，妻遗其夫”，但他们的母、兄、妻好像并非如此绝情。相反的是，家书中充满了正常人的情感与向往，母子之间、兄弟之间、夫妻之间不乏温情与爱意。人性的力量在时间的尺度上显现出不可抗拒的力量，对此，我们是否可以说，在商鞅变法基础上所确立起来的秦制最终败给了人性与亲情呢？

四、设计余思

历史的评价要站在相当的高度，历史的思考要能直指人心。历史是人事，历史事件的发展要还原到人才有温度。历史是事件，把事件的自身逻辑剖析清楚才能看清本质。历史是智慧，历史学科的独特之处在于它所处的“位置”——既在“他处”，也在“高处”的“位置”，这会给我们带来不同的信息、不同的感受、不同的视角、不同的认识。而只有教师对历史人物、历史事件的认识有高度，才能让学生形成有高度的认识，掌握有高度地学习历史的方法，才能真正形成历史对人生的启示。有深度地分析历史，有高度地审视历史，这样才能将历史的智慧，变成文明前进的火种。有识于史，有见于人，这大历史的回响，正是人文教育的心声。

《新文化运动》教学片段设计

刘雅雯

（重庆市合川中学）

一、教学设计思路

无论多么激荡人心的运动，终究有落幕的一刻。当百年前那场激荡人心的运动呈现在学生面前时，它可能是学生初中学习后留下的基本概况，也可能是高中教材中知识化的表述…… 因此，如何让新文化运动以生动鲜活的方式，呈现在学生面前，让学生去感受、理解和思考新文化运动，成为我在教学设计中重点关注的问题。想要让学生实现对历史的同情之理解，就需要在学生和历史事件之间发现某种联系，而新文化运动的重要受众与课堂中的学生就有一个共同的身份——青年。因此，我借助《新青年》中的原始材料，将新文化倡导者的主张以及青年在通信栏目中所表现出的兴奋激动和思考困惑，都呈现在了教学过程中。希望学生能够借助文字勾勒出历史情境，尝试着理解那个时代青年的所思所想，在这种历史共感中，去理解和思考新文化运动。

鉴于片段教学的篇幅限制，我只选择了新文化运动内容中新旧道德与孔教问题这一部分进行呈现。这是因为：第一，新旧道德与孔教问题是新文化运动中争论的焦点问题。提倡民主与科学的首要任务就是扫除人们头脑中的旧伦理、旧政治；而文学革命的重要主题也是通过文学变革的方式，批判旧伦理道德，从而认识新文化。可见，这部分在新文化运动中占据极其重要的地位。第二，新文化运动中所提倡的新道德，如自由平等、独立自主、批判质疑等精神在今天仍具有重要价值，是学生成长的重要养料。第三，尽管不同时代的文化具有其不同的特点，但都会涉及如何对待固有文化和新文化的问题，这部分的教学对培养学生看待问题的视角、思维和方法具有一定的指导意义。

二、教学设计过程

导入：一段女性的悲歌

人物：朱友云，孝感女子师范肄业

事件：未婚夫病，结婚冲喜后夫亡

尔时朱女士，猛以首触地，乱撞弗已，血流被面，又吞金戒指，朱女士已殉其夫于地下矣。

教师：女子师范肄业的学生，透露了哪些信息？最起码接受过初步的新式教育，大致了解一些自由平等的思想。可就是这样一个接受过新式教育的女学生，在行为选择的时候左右她的仍是忠孝节义、三从四德这些封建道德，不得不让人叹息。那当时的社会舆论又是如何评价这件事情呢？

学生猜想：有惋惜、有批判、有支持……

时评："朱烈女之死，非特个人交谊上之光荣也，亦非我孝感一邑之光荣也，亦非我全国女学界之光荣也，是我中华古国对于世界之光荣也，幸有记者以表彰之。"

——《妇女时报》第19期

教师：一个以妇女为主的刊物，却用四个光荣来宣扬节妇烈女，我们就可以想见当时的旧思想是怎样的根深蒂固？

教师：杀死朱女士的凶手是谁？

学生：封建伦理道德。

教师：事实上，这个事件就跟我们之前提到的一个背景有关，袁世凯宣传忠孝节义，整个社会出现了尊孔复古的逆流。可见，通过一场革命，或许可以推翻个人专制，但不一定能实现思想方式的变革，如果被人利用也会成为驾驭缺少思想的广大人群的圈套。

【设计意图】通过对接受过新式教育的朱女士殉节的故事，让学生在情境中直观地体会封建礼教对人性的束缚和扼杀，以及窥探当时社会封建伦理道德的根深蒂固。

过渡：这也使得新文化运动的倡导者意识到思想的解放不仅仅在于传播新的思想，更要去除人们头脑中的旧思想……

教师：因此，新文化运动的另一个大的主题便是反对旧道德、提倡新道德。

> 我翻开历史一查，这历史没有年代。歪歪斜斜的每页上都写着“仁义道德”几个字，我横竖睡不着，仔细看了半夜，才从字缝里看出来，满本上都写着两个字“吃人”！
>
> ——鲁迅《狂人日记》
>
> 教忠、教孝、教从，非皆片面之义务，不平等之道德，阶级尊卑之制度，三纲之实质也耶？
>
> ——陈独秀《宪法与孔教》

教师：鲁迅在《狂人日记》中对旧道德的本质描述得最为生动——吃人，陈独秀也指出旧道德是体现尊卑制度的不平等道德。如果想要传播德先生，就不得不反对孔教、旧政治、旧伦理，并把矛头直指封建道德的化身孔子。

儒者，以纲常立教。为人子为人妻者，既失个人独立之人格，复无个人独立之财产。

——陈独秀《孔子与现代生活》

孔子生长封建时代，所提倡之道德，封建时代之道德也……封建时代之道德、礼教、生活、政治，所心营目注，其范围不越少数君主贵族之权利与名誉，于多数国民之幸福无与焉。

——陈独秀《孔子与现代生活》

孔子者，历代帝王专制之护符也。宪法者，现代国民自由之证券也。专制不能容于自由，即孔子不当存于宪法。

——李大钊《孔子与宪法》

设问：三段材料中分别从哪些角度批判以孔子为代表的封建伦理道德？

（引导学生答出从个人独立批判纲常名教、孔子不适用于现代生活、孔子维护的专制制度与平等自由的思想不相符等内容）

教师：陈独秀和李大钊对孔子的批判可以说是轰炸式的批判，孔子思想就真的一无是处了吗？

（引导学生自由发表自己的看法主张）

【设计意图】通过介绍新文化运动者的主张，让学生从感性认识上升到理性认识，理解封建礼教等不符合时代要求的具体表现，并在历史理解的基础上能够得出自己对该问题的认识和评价。

青年的困惑与质疑

教师：同学们对这一问题出现了不同的主张和意见，从回答中，我们都能感受到，时代发展到了今天，我们尚且对儒家文化有着深厚的感情，主张继承其优秀的部分。那么，100 年前，一批深受儒家文化影响的青年也同样发出了自己的主张和困惑。

北京高等师范预科生常乃悳："（批判孔子与帝制）未审所谓孔教云者，汉宋儒者以及今之号为孔道诸会所傍之孔教云乎，抑制真正孔子之教云乎？如指其后者，则窃以为过矣……然则苟非世界大同，人尽圣哲，民权未易言也。孔子之言又何可非哉。"

——《新青年》第二卷第4号通信

社会青年佩剑青年："若夫挟持今日欧西之思想文化，而痛抵数千年前之孔教，宜若今世界当务之急必先去孔教，某不敏，诚不知用以安在……取长去短可也，一笔抹杀不可也。窃以为孔教不必排斥，为人心陷落，道德堕落，是真当哭也。"

——《新青年》第三卷第1号通信

教师：这两位读者代表了一部分《新青年》读者的困惑，他们既对新思想积极探索和接纳，但又对固有文化有着独特的感情，所以在新旧的选择上是主张调和的。《新青年》的作者群又如何为这些青年答疑解惑呢？我们以常乃悳为例：

大师与青年的对话

陈独秀："孔子之言未可非，由足下之言，更明白孔子主张君主专制……盖以共和民政为自动的自治的政制，导吾人于主人地位……王者仁政为他动的被治的政治，导吾人于奴隶地位……"

——《新青年》第二卷第4号通信

常乃悳："谓孔学为纯然专制之学，则由未敢以为信也……共和之乱与王政之治相较，吾宁取其治而苟安旦夕耳。"

——《新青年》第二卷第6号通信

陈独秀："读来书不厌详求，好学精思，至佩至佩！……共和之治，乃永久的而非一时的，若共和之乱，乃过渡时代一时之现象，且为专制余波所酿成，决非真正共和自身之罪也。"

——《新青年》第二卷第6号通信

教师：一个高等师范的预科生和声名大噪的陈独秀来信讨论多个回合，陈独秀循循善诱，解答启发，还不忘鼓励青年勤于思考，常乃悳也是不断寻求证据，阐明观点，有理有据……

思考：对话中，你感受到了怎样的精神品质和时代气象？

（引导学生回答独立自主、批判质疑、不盲从权威、开放包容等精神品质）

教师：其实这些正是新文化运动中所倡导的新道德，唤醒青年不在于文化争论上的非黑即白，而是在这一过程中潜移默化地引导青年形成独立自主、批判质疑的品质，也许这样的青年才是国家民族的希望之所在……

教师：1915 年陈独秀在《敬告青年》中写下了对当时青年的 6 点希望，时光荏苒，100 年过去了，今天读来却仍有启发价值，在今天我们又该做怎样的新青年呢？

【设计意图】在学生和当时青年对该问题认识产生共鸣的基础上，引导学生进入情境，尝试着理解那个时代青年的困惑与成长，并在这种共鸣中自觉自主地发现和领悟什么是新道德。在学生认识新道德之后，关照现实，启发学生发现自身成长的养料。

探究：全盘否定的批判还是矫枉过正的宣传？

教师：陈独秀、李大钊等人对孔教的批判不遗余力，深刻尖锐，他们就真的认为孔教一无是处吗？如果说常乃悳、佩剑青年对旧思想有着难以割舍的感情，那么陈独秀、李大钊少年之所学便是儒学，旧思想是他们的精神底色，他们能做到如此决绝吗？当《新青年》对孔教问题的批判引起了广泛的讨论后，两位先生又是如何去看孔教的呢？

> 故余之掊击孔子，非掊击孔子之本身，乃掊击孔子为历代君主所雕塑之偶像的权威也，非掊击孔子，乃掊击专制政治之灵魂也。
>
> ——李大钊《自然的伦理观与孔子》

我们反对孔教并不是反对孔子个人，也不是说他在古代社会毫无价值。不过因他不能支配现代人心，适合现代潮流。

——陈独秀

教师：为什么这些先生一开始要不遗余力地批判孔子及孔教呢？

五四新文化运动出现于洋务运动、戊戌变法与辛亥革命之后，既是由前此七十多年的历史呼啸而来，又是对这段曲折历史的深刻反思。它以辛亥革命后的中国社会现实为认识起点，进而追溯到几千年历史凝结而成的文化传统，并对这种传统进行了总体性理性批判。

——陈旭麓《近代中国社会的新陈代谢》

设问：结合近代历史发展进程，思考新文化运动者为什么要以如此激烈的方式反对旧文化？

（引导学生将新文化运动放置在近代历史发展的整体中去认识，前几次救亡图存失败的痛感让我们对两千年旧文化的顽固性有了更进一步的认识，为了革除头脑中的旧思想而采取如此决绝的方式。）

教师：同学们对这一问题发表了自己的看法，一些同学也猜测是旧文化太根深蒂固，只有用这种方式来去除人们头脑中的旧思想。那么，我们来看胡适是如何去解释这一问题的。

调和是社会的一种天然趋势。人类社会有一种守旧的惰性，少数人只管趋向极端的革新，大多数人只能跟你走半程路。这就是调和，调和是人类懒病的天然趋势，用不着我们来提倡。我们走了一百里路，大多数人也许勉强走三四十里。我们若先讲调和，只走五十里，他们就一步都不走了。

——胡适《新思潮的意义》

教师：所以说我们看问题不能仅看表象，从表面上看新文化全盘否定，不留余地，但其实是用这种矫枉过正的方式，激起社会对旧思想和孔教的关注，从而尽可能地引导人们接受新思想。当然，不可否认的是，全盘否定对中国传统文化的继承和发展所带来的负面影响。

【设计意图】指导学生看问题不能只看表象，而要将事件放置在特定的历史时空加以审视，从而认识事件的因果关联与发展的复杂性，不片面地、单一地认识和评价问题。

结语：说到底，新文化运动是人的解放，用各种方式推动人的解放，那么如何在更广阔的范围内掀起人们对新文化的关注呢？就要变革语言的方式，从文言文到白话文，让更多的人认识新文化……

高三历史一轮复习：《马尼拉大帆船贸易》教学设计

高辉英（山东省青岛市第三十九中学）
丁彦平（山东省青岛市第一中学）

一、教学设计思路

16—19 世纪的明清时期在中国历史上占有特殊的地位。一方面，此时期已经处于近代前夜，农耕经济处于高度繁荣和发展时期；另一方面政府重农抑商、闭关锁国抑制了向近代化转型的因素。再加上此时专制集权强化，八股取士束缚士人思想，明清之际便很容易被笼统地视为专制、独裁、保守、闭关的超稳定的“版块”。

然而有相当一部分学者认为 16—19 世纪的明清，尤其是“明朝中后期的社会各方面大体与西方社会同步发展和保持着较为顺畅的交流，并非入清以后的 19 世纪与西方相去甚远、天各一方”[①]。

仅从经济的角度而言，全球视野之下 16—19 世纪的明清之际甚至被视为“世界经济中心”。[②]“把明清之际的中国放在全球经济的视野下考察，会引出许多新启示，值得我们重新检讨。”[③] 马尼拉大帆船贸易恰恰为 16—19 世纪中国与“新大陆”

① 宁欣主编：《中国古代史》（下册），北京师范大学出版社 2009 年版，第 237 页。
② 〔美〕弗兰克：《白银资本 —— 重视经济全球化的东方》，刘北成译，中央编译出版社 2008 年版。
③ 樊树志：《“全球化”视野下的晚明》，《复旦学报》2003 年第 1 期。

的经济纽带，与其他贸易航线相比较，更能凸显此阶段的全球性。

本课力图以马尼拉大帆船贸易为切入点，整合岳麓版高中历史教材必修二第5课农耕时代的商业与城市（明清部分）、第6课近代前夜的发展与迟滞、第7课新航路的开辟、第8课欧洲的殖民扩张与掠夺以及必修三第5课明清之际的进步思潮，也就是16—19世纪中国明清时期和西欧崛起的相关教材基础知识。进而以此为切入点打破明清五百余年被笼统地视为专制、独裁、保守、闭关的超稳定的“版块”的传统认知，至于是世界经济的中心还是只是与西方同步，这在学术界并没有定论，而我们所要做的便是引发学生思考、打破固有认知罢了。

本课属于高三历史一轮复习课，重在基础知识的夯实和历史学科能力的提高。本课是在学生已经复习完基础知识之上的一个总结和提升，因此教学设计的重点在历史学科能力的提高，也就是“过程与方法”。

通过辨析来源不同、形式不同的有关马尼拉大帆船概念的材料，引导学生提炼、分析和归纳文本信息；通过给历史事件重新命名的环节，引导学生注意历史叙述中不可避免存在立场和角度等问题，同时学会旧知识新应用的知识迁移。

（1）通过对大帆船贸易历史背景的探究，加深对“海禁”“闭关锁国”政策的理解，并了解明后期针对民间贸易政府曾有的开放姿态 。

（2）通过探究马尼拉大帆船贸易对中国历史的影响，学会透过历史现象探究历史的本质，提高语言概括能力以及学会用联系的观点看问题的方法 。

至于“情感、态度和价值观”则是在学习历史的过程中自然而然形成的。没有历史细节和深入的历史思考，单纯的说教只会适得其反。明清之际中国卷入全球化有多深，则政策束缚经济活力的历史遗憾就有多大。本课力图通过课堂教学设计和生成做到这点。

二、教学过程设计

（一）导入

很多同学看到本课的题目之时便产生了疑问：什么是马尼拉大帆船贸易？可

能还有一部分同学并不熟悉马尼拉这个地方：它是今天菲律宾的一个城市。而我们今天所要讲的便是16—19世纪明清之际的中国，与菲律宾城市马尼拉，以及将二者连接的西班牙有关。

【设计意图】概念导入，简洁直接地激发疑问、进入主题。

（二）历史概况

什么是马尼拉大帆船贸易？不同的人对其有不同的认知：

（1）The Manila Galleon Trade的直译，是16世纪下半叶至19世纪初的250年间，西班牙殖民地墨西哥和菲律宾之间的垄断贸易。

——百度百科的解释

（2）大帆船把福建月港来的明朝商品运往美洲墨西哥、巴拿马等地，实际上就是用美洲的金银与其他商品换取亚洲，尤其是当时风靡全球的丝绸与陶瓷等为主的中国商品，又称“银丝对流”。

——法国学者布罗代尔的解释

（3）“马尼拉大帆船”航线示意图。（略）

——维基百科地图示意

这是三则来源不同、形式也不同的材料。请尽可能从以上材料提取有关马尼拉大帆船贸易的信息，并用最简洁的语言重新给予解释或者定义。

【设计意图】用来源不同、形式不同的材料使学生认识到历史概念的解释内容和形式可以多样，引导学生归纳马尼拉大帆船贸易概念的核心内容：由西班牙垄断，以对华贸易为基础，以菲律宾为中转站，从16世纪下半叶绵延至19世纪初的银丝对流贸易。通过问题提问，锻炼学生文本信息的提炼、分析和归纳能力。

1. 贸易盛况

教师展示材料，引导学生阅读：

表1　吴承明关于1570—1649年间抵达马尼拉之中国商船数量与运回白银数量统计表

年代	船只数	输入白银（万两）
1570—1579	75	28.5

续表

年代	船只数	输入白银（万两）
1580—1589	234	88.9
1590—1599	185	70.3
1600—1609	274	104.1
1610—1619	273	103.7
1620—1629	237	90.1
1630—1639	368	139.8
1640—1649	181	68.8

全汉昇先生撰写了多篇美洲白银输入中国的专题论文，他认同德科民（Decomyn）的观点，即自1571年至1821年的二百五十年中，自美洲运往马尼拉的白银共约4亿比索，其中约二分之一流入中国。

——韩琦：《马尼拉大帆船贸易对明王朝的影响》，《世界近现代史研究》第十辑，2013年。

【设计意图】通过具体的数据使学生进一步感受大帆船贸易的盛况，从而也渗透实证意识。引导学生进一步认识到马尼拉大帆船贸易的实质：银丝对流。

2. 重新命名

因马尼拉是大帆船贸易的中转站，同时帆船主要由马尼拉当地木材所造，故这条贸易航线被称为马尼拉大帆船贸易。

——摘编自维基百科

中国往往是大帆船贸易货物的主要来源，就新西班牙（墨西哥及其附近广大地区）的人民来说，大帆船就是中国船，马尼拉就是中国与墨西哥之间的转运站，作为大帆船贸易的最重要商品的中国丝货，都以它为集散地而横渡太平洋。在墨西哥的西班牙人，当无拘无束的谈及菲律宾的时候，有如谈及中华帝国的一个省那样。

——全汉昇：《铭记中国与菲律宾间的贸易》，转引自樊树志：《“全球化”视野下的晚明》

大家仔细阅读材料，分析材料分别怎样命名马尼拉大帆船贸易？分别以欧洲和中国的立场，从航线的角度重新命名马尼拉大帆船贸易。

【设计意图】"重新命名"的设置使学生注意历史叙述中不可避免存在立场和角度等问题；通过中国船的称呼理解中国的对外贸易优势；航线角度的设置则使学生学会知识迁移、新旧知识衔接、加深理解。

（三）历史背景

"闭关锁国"和"海禁"下贸易如何繁盛？

展示材料：

> 穆宗隆庆元年（1567），在福建漳州月港部分开放海禁，"开海禁，准贩东西二洋"，对日本仍海禁，对于澳门葡萄牙人、菲律宾西班牙人的贸易实行开放，不久便开始了马尼拉大帆船贸易。

问题：根据材料并结合所学知识，概括马尼拉大帆船贸易能够繁荣的原因。

【设计意图】学生理解什么是马尼拉大帆船贸易之后，对其背景则不会陌生。唯有对中国海禁政策的理解则普遍存在误区。所以教师提供开禁政策的相关资料，同时调动并进一步夯实学生有关新航路开辟和明清农耕经济繁荣的相关知识。

（四）历史影响

展示材料：

> （1）西班牙殖民菲律宾与波托西银矿的发现；
> （2）岭南农户碗中的土豆可以再生个娃；
> （3）中国最穷的人也随身携带一把剪子和小秤；
> （4）买不尽松江布，收不尽魏塘纱；
> （5）读书人的困惑：王守仁的克服私欲还是李贽的人皆有私？

(6) 张居正进行赋役合一、统一征银的“一条鞭法”改革。

问题：以上是发生在16—19世纪的中国和世界的一些历史事件。你能看出这些事件之间的联系吗?

【设计意图】对于历史事件的影响，一般教学思路是经过精心的爬梳、精选，教师针对材料设置有针对性的问题，而学生则根据材料一一对应得出结论。但学生并不能理解为什么教师要选取这些材料（也就是思考问题的角度），同时也并不能理解材料与材料之间到底有何关联。有出处的材料通过教师截取、摘编，形成生动活泼的具体史实，一方面保证了材料的科学性，同时生动化、情境化的材料则会激发学生的思考兴趣，而问题的思维含量反而在增大：学生首先要透过这些历史的现象看到历史本质，然后与所学知识（新航路开辟、早期殖民扩张、农耕经济繁荣的具体史实等）相结合，最后才能看出材料与材料之间的关系。而针对材料之间的联系而非材料本身提出问题，则会引导学生应用全球史观和唯物史观。

（五）观点争鸣

展示材料：

1500年至1800年，经济全球化中的东方是世界经济中心。在欧洲工业革命前，世界经济中心不在欧洲，而在亚洲，特别是中国。

——〔美〕弗兰克著，刘北成译：《白银资本——重视经济全球化的东方》

问题：学界对于明清经济的地位问题有着极大的争议。而美国学者弗兰克则提出了自己的观点。请根据以上所学内容和材料，评弗兰克的观点。（要求：观点明确，史论结合；紧扣评论对象）

【设计意图】高考题目中最能体现学生能力的往往为小论文题，因其对学生的历史知识掌握程度、历史理解和解释能力、逻辑分析和阐释能力、语言表达和概括能力都有着极高的要求。这里设置观点争鸣环节，一方面落实高考要求，服务于高三一轮复习，同时也是对马尼拉大帆船贸易的相关知识的总结和升华。这里不期望学生有着怎样的观点，无论观点如何，只希望通过学习和思考，学生能在全球视野下对16—19世纪的明清有着重新思考和认识。

三、小结与思考

高三一轮复习课很容易产生教材知识整合度不够、课堂上学生思维紧张度和思维质量不够等“老生常谈”问题：教师重复高一高二所讲“炒冷饭”、学生则重复学习以前所学。本课力图提供一个新情境下进行高三一轮复习的案例：着重教材基础知识的整合、增加学生复习的思维含量、新情境下激发学生复习思考兴趣。

但此类教学设计的难度便在于如何保证情境化的事例和教材知识之间科学性的契合。本课在这方面主要参考了以下学术资料：樊树志所作《“全球化”视野下的晚明》和《晚明的历史大变局——“全球化”贸易与白银资本》、韩琦所作《马尼拉大帆船贸易对明王朝的影响》、卡洛斯·布拉索·布洛基所著《马尼拉大帆船与全球化的思考》、刘文龙所作《马尼拉帆船贸易——太平洋丝绸之路》、王丹韵所作《马尼拉大帆船贸易中的银丝贸易（1565—1815）》、全汉昇所著《中国经济史论丛》、樊树志所著《晚明大变局》和弗兰克所著《白银资本——重视经济全球化的东方》等。

对于高三而言，教师花费精力不可谓不大。然而怎样在紧张的教学时间和教学进度下保证情境与教材知识整合之间的科学性？尽管本人尽量保证本课教学设计的科学性和严谨性，但仍对一些问题充满疑惑：马尼拉大帆船贸易公认的起止时间是1565年到1815年，涉及明中后期和清前期的历史。其对晚明历史的影响研究较多较细致，但在多大程度上影响了清前期的社会经济？将晚明和清前期视为同一历史时期妥当否？

路漫漫其修远兮，吾将上下而求索。

高一历史《鸦片战争》翻转课堂课时学案

岳英

（山东省昌乐一中）

<table>
<tr><td rowspan="2">课题</td><td colspan="2" rowspan="2">第 12 课
鸦片战争</td><td>编制</td><td>岳英　周立香</td></tr>
<tr><td>审核</td><td>吴海斌</td></tr>
<tr><td rowspan="3">目标
导学</td><td colspan="4">全面认识两次鸦片战争背景、经过、结果及影响；辩证分析鸦片战争中国失败的原因</td></tr>
<tr><td colspan="4">通过分析比较两次鸦片战争，正确认识第二次鸦片战争是第一次鸦片战争的继续和扩大</td></tr>
<tr><td colspan="4">深刻认识西方列强殖民主义灾难，并体会中国人民不屈不挠、艰苦斗争的民族精神</td></tr>
<tr><td>重点
难点</td><td colspan="4">重点：两次鸦片战争的起因、签订条约
难点：两次鸦片战争对中国社会的影响</td></tr>
<tr><td colspan="5">（自学质疑学案）</td></tr>
<tr><td>问题</td><td colspan="4">学案内容</td></tr>
<tr><td>（记录
疑惑点）</td><td colspan="4">【教材自学】阅读教材内容，根据学案提示勾画、补充重要知识点
一、第一次鸦片战争（阅读教材第 50 页第一框，标出并补充问题，并理解记忆）
（一）背景
1. 国际形势：鸦片战争前，世界资本主义高速发展，英国率先完成工业革命，成为头号资本主义强国，迫切需要打开中国市场
2. 国内：清政府闭关自守，腐朽落后，沉醉在天朝上国的迷梦中
3. 鸦片战争的根本原因：英国为了扭转贸易逆差，改变原来的贸易格局
4. 导火线：林则徐虎门销烟成为英国发动鸦片战争的借口
（1）原因（2）时间（3）影响</td></tr>
</table>

续表

<table>
<tr><th>问题</th><th>学案内容</th></tr>
<tr><td>（记录疑惑点）</td><td>（二）战争过程（阅读教材第 51 页，找出并记忆下面的知识点）
1. 战争经过：（结合第 51 页《鸦片战争形势图》）
（1）爆发标志：1840 年 6 月（2）过程：见课本小字及地图
2. 结合第 51 页 第 3 段小字部分，找出并熟记《南京条约》及附件的内容、分析其危害影响
《南京条约》：（略）
《中英五口通商章程》：领事裁判权：破坏了中国司法主权
《虎门条约》：片面最惠国待遇：列强扩大侵华权益，英国一体均沾（利益均沾原则）。租赁土地、房屋和永久居住：为后来列强建立租界提供了借口
3. 中美《望厦条约》、中法《黄埔条约》
4. 鸦片战争及一系列不平等条约的影响
（1）政治：中国的主权和领土完整遭到破坏，中国开始沦为半殖民地半封建社会
（2）经济：中国独立发展道路被中断，被迫卷入资本主义世界市场，成为列强原料产地和商品市场
（3）思想：打破天朝上国的迷梦，开眼看世界
（4）总体：客观上促进了中国的近代化进程
【微课助学】观看微课，了解鸦片战争爆发的原因、过程、中国人民的反抗，对中国造成的影响

二、第二次鸦片战争（阅读教材第 51—52 页，勾画思考以下知识点）
1. 原因：
（1）根本原因：为了进一步打开中国市场，进一步扩大列强在华利益
（2）直接原因：列强提出全面修约的要求，被清政府断然拒绝
2. 经过：结合第 51—52 页内容与地图
3. 结果：中国战败，1858 年 6 月签订《____》，1860 年 10 月签订《____》等（重点：条约内容）
4. 影响：
（1）为什么说第二次鸦片战争是鸦片战争的继续和扩大？
（2）思考：第二次鸦片战争后中国发生了怎样的变化？</td></tr>
<tr><td>简单构建知识体系</td><td>两次鸦片战争</td></tr>
</table>

一、名词解释

（1）贸易出超：又称贸易顺差，指一个国家在一定时期内（如一年）的对外贸易总额中，出口总额大于进口总额。该国在对外贸易中处于贸易收支盈余的有利地位。（攒钱）

（2）贸易入超：又称贸易逆差，指一国在一定时期内（如一年）出口总额小于进口总额。该国在对外贸易中处于贸易赤字的不利地位。（贴钱）

（3）领事裁判权：一国通过驻外领事等对处于另一国领土内的本国国民根据其本国法律行使司法管辖权的制度。

（4）片面最惠国待遇：是指一国在通商、航海、税收或公民法律地位等方面给予另一国享受现时或将来所给予任何第三国同样的一切优惠、特权或豁免等待遇。此种待遇称为“最惠国待遇”。最惠国待遇一般是相互的，缔约双方在平等互利原则的基础上相互享受最惠国待遇。但清朝与外国签订的条约，往往只片面规定该缔约国享受最惠国待遇，而中国则无对等权利，是片面的。

（5）利益均沾：“一体均沾”，它最早是在中英《虎门条约》中提出来的，后来的中美《望厦条约》、中法《黄埔条约》也有相似的内容。就是说现时和将来其他国家在中国取得和拓展的一切新的最惠国权益，英国也都将与其平等享有。它到19世纪末发展成为美国独立的对华外交政策，即所谓的“机会均等”“门户开放”政策。

（6）半殖民地半封建社会：所谓半殖民地，是相对于殖民地而言的。它是指丧失了部分的而非全部的独立自主权。它是指一个国家形式上有自己的政府，但是实际上在政治、经济等各方面都在一定程度上受到外国殖民主义的控制和奴役的社会形态，即主权不能完全自主。所谓半封建，也是相对于完全封建而言的。它是指形式上仍是封建统治和自然经济占主导地位，实际上社会状态已逐渐近代化，资本主义经济、政治、思想文化等因素在不断发展壮大。

二、材料探究

探究问题 1：鸦片战争爆发的背景分析

材料一　17 世纪上半叶，资本主义开始凸显于人类历史的发展进程。资产阶级以政治革命起航，赖工业革命扬帆，在近代历史长河中飞流直下，领尽风骚。它在“不到一百年的阶级统治中所创造的生产力，比过去一切世代创造的全部生产力还要多，还要大”。英国就是当时资本主义世界的佼佼者。

材料二　英国于 18 世纪中叶开始工业革命，到 19 世纪初已基本完成……从 1770 年到 1841 年的 70 年间，英国棉纺织业的用棉量增加了 100 倍。1835 年，其年产生铁 102 万吨，煤 3000 万吨，工业产量占当时世界总产量的一半。1840 年英国对外贸易已占世界贸易总额的 25%。与此同时，英国资产阶级积极对外扩张，通过三次英荷战争，后又打败法兰西帝国，将大英帝国的势力范围扩展至北美、南洋，以无可争议的实力树立起世界霸主地位。

根据材料一、二和所学知识，概括鸦片战争前夕的国内外形势（勾画材料重点信息），完成下列表格。

鸦片战争前夕的国内外形势

	国际（英国）	国内（中国）
政治		腐败的封建专制统治
经济		落后的自然经济占统治地位，财政困难
军事		军备废弛
外交		闭关锁国，愚昧无知
综合国力		封建制度日趋腐朽落后

材料三　以鸦片战争前居对华贸易首位的英国为例，虽然它输入中国的棉毛制品工艺精湛、价格低廉，但在中国却极少有人问津。而与西方工业品在中国备受冷落的情形形成鲜明对照的是，中国出口英国的商品诸如生丝、茶叶等却极为畅销。因此，在正常的中英贸易中，中国位居出超，十分的主动和从容……这显然不是唯利是图的英国资产阶级踏波东来的初衷……为了扭转对华贸易上的劣势，鸦片走私成为他们在多方努力均告失败之后找到的一条有效途径。

材料四　中国禁烟运动“给了我们一个战争的机会……可以使我们终于乘战胜之余威，提出我们自己的条件，强迫中国接受。这种机会也许不会再来，是不可能轻易放过的”。

——《安得鲁·韩德森致拉本特函》

根据材料三、四，理解鸦片战争爆发的根本原因与直接原因（勾画材料重点信息）。

探究问题 2：鸦片战争中中国军民的不屈反抗及爱国斗争

鸦片战争中壮烈捐躯的清朝爱国将领一览表

<table>
<tr><th>人物</th><th>官职</th><th>牺牲的时间和地点</th></tr>
<tr><td>陈连升</td><td>副将</td><td>1841 年 1 月广州沙角、大角</td></tr>
<tr><td>关天培</td><td>水师提督</td><td>1841 年 2 月广州虎门</td></tr>
<tr><td>葛云飞</td><td>总兵</td><td rowspan="3">（定海三总兵）
1841 年 10 月浙江定海</td></tr>
<tr><td>郑国鸿</td><td>总兵</td></tr>
<tr><td>王锡朋</td><td>总兵</td></tr>
<tr><td>裕谦（蒙古族）</td><td>钦差大臣两江总督</td><td>1841 年 10 月浙江镇海</td></tr>
</table>

续表

人物	官职	牺牲的时间和地点
陈化成	江南提督	1842 年 6 月上海吴淞
海龄（满族）	副都统	1842 年 7 月江苏镇江

结合所学知识，你还知道鸦片战争中中国人民的哪些反侵略斗争？

在鸦片战争中，有不少爱国官兵为了国家和民族的利益，进行了英勇顽强的反侵略斗争，人民群众也自发地进行抗英斗争。清政府在两年多的战争中，为了应付战争，也动员了十几个省的军队，耗费了 7000 万两白银的军费，而英国侵略者只有 48 艘舰船（后增至百艘），仅 4000 人（后增至 15000 人）组成的一支东方远征军，又远离本土作战，可是偌大的中国竟被打败了。

结合所学知识，分析中国为什么会在鸦片战争中失败？

专题六

师范生教学设计案例展示

《罗马法体系》教学设计

张艺凡
（华东师范大学）

【教材分析】

本课属于上海版高中历史教材，位于第三单元“古代希腊罗马”最后一课。本单元主要学习古代西方的两个文明中心古代希腊与古代罗马。在古代希腊部分学习了城邦制度与古典文化，在古代罗马部分则要分别了解古代罗马的政治制度与罗马法体系。基于前一课“古代罗马政治制度”的学习，本课是对古代罗马文明的进一步聚焦探索。

【学情分析】

重点高中高一学生，初中了解过简单的通史。

【内容主旨】

罗马依靠其以军事立国，以法律治国的政策方针不断强盛。伴随着国家扩张，社会变化，罗马法律从不成文的贵族随意解释，发展到明文公示、按律量刑的成文法典。罗马法形成的法治精神，也成为近现代立法的重要渊源。

【教学目标】

知道罗马法产生的背景、发展过程；了解《十二铜表法》的重要意义；理解罗马法的发展与时代的紧密联系；领悟罗马法在法理层面、法治精神层面对后世的长久影响；通过《十二铜表法》材质争议感悟质疑与求真的可贵。

【重点难点】

重点：罗马法体系的评价。

难点：国家扩张与罗马法体系发展的关系。

【教学过程】

古罗马法律之土壤

环节 1：与学生共同制作古代罗马政治制度年表。

设计意图：回顾上节课所学古代罗马政治制度的发展史，培养学生梳理时间发展线索、制作年表的意识与能力。

环节 2：幻灯片展示罗马疆域变迁的动态视频。

设计意图：直观感受罗马疆域变化过程，结合时间年表强化时空观念，为本节课搭建背景。自然引出矛盾多、治理难促使规则与法律诞生，引起学生兴趣导入新课。

古罗马法律之源起

环节 3：幻灯片展示古罗马初期地图，讲述古罗马法律中的“婚礼与火”，分析其与原始宗教之间的关系，介绍习惯法。

设计意图：通过具体法律条文与学生一起探索早期罗马法律可能的源头，激发学生推理能力与想象力。

环节 4：幻灯片展示古罗马共和国时期地图，请学生围绕政治、经济、文化等方面想象进入共和国的古罗马会产生哪些问题，总结立法背景，导入《十二铜表法》。

设计意图：让学生结合上节课所学，运用常识进行假设，并说出推测理由，总结十二铜表法颁布的背景。促使学生感受变化的历史中不变的“常识”。

环节 5：通过表格详列《十二铜表法》目录、内容，在资料引导辅助下由学生归纳特点与影响。通过知识错误的图片引入《十二铜表法》材质之争，进行相关研究的简单介绍。

设计意图：通过引导学生处理法条这类史料，培养学生史料实证与历史解释能力；同时，感受质疑与求真精神在学术研究中的可贵。

环节6：展示具体案例，通过时空假想，让学生使用习惯法、《十二铜表法》判案。

设计意图：一方面学生在判案中进一步明确成文法的特点与意义，另一方面再次强调时空观念。

古罗马法律之兴盛

环节7：通过表格展示从《十二铜表法》开始罗马为了解决社会问题，维持社会稳定不断丰富、完善法律形成公民法的过程。

设计意图：感受随着时代的变迁，社会问题的不断提出，法律需要持续更新丰富、发展。

环节8：展示古代罗马鼎盛时期地跨三大洲地图，再次变换环节6案例中受害者的身份，由平民变成外族商人，向学生寻求矛盾的解决之道，引出公民法到万民法的变化。

设计意图：通过实例点出万民法的特征，习得从浅层地图信息获得背后深层信息方法的同时了解社会问题与时代的关系。

古罗马法律之恒久

环节9：在课堂开始完成的政治制度时间轴上补充古罗马法律发展的时间。

设计意图：简单整体回顾从习惯法到民法大全编纂完成这段时期古代罗马法律发展历史，形成完整时空观念，并强调整个古代罗马法律体系完成是通过长时间的发展、丰富、调整得来。

环节10：举例美国《独立宣言》与万民法当中的相同点，利用图示介绍古罗马体系对后世世界法律发展的重大影响。

设计意图：通过举例，直观感受古罗马法律对现今的影响，适当拓宽学生知识面。

【板书设计】

B.C. 509　　B.C. 27　　395

王政时期　　共和时期　　帝国时期

习惯法 ⟶《十二铜表法》⟶ 公民法 ⟶ 万民法 ⟶ 民法大全

《十二铜表法》：
- 背景
- 内容
- 评价

【作业设计】

举3—4条古代罗马法律法条，进行简单的分析解释。

【资料附录】

1. 公元前462年，平民保民官提出编订成文法的倡言。公元前452年，共和国政府设立了一个由贵族成员组成的十人委员会，专门主持法典的编订事宜。该委员会于公元前451年制成10个法表，并将具体内容分别刻在10个铜牌上，公示于罗马广场。由于平民对其中某些内容不满，因而第二年改组之后的十人委员会又增订了2个法表。

——华师大版高中历史教科书：《罗马法体系》

2. 他们把这些法律书写在象牙表上，展示在市政中心的讲坛上，以求能够更广泛地使人们了解它……

——〔意〕桑德罗·斯奇巴尼选编，黄风译：《学说汇纂》D1.2.2.4

3. 利息不得超过一分，超过的，处高利贷者四倍于超过额的罚金。

毁伤他人肢体而不能和解者，他人亦得同态复仇对待之。

折断自由人一骨的，处300阿斯的罚金；如被害人为奴隶，处150阿斯的罚金。

平民与贵族间不得通婚。

——世界著名法典汉译丛书编委会：《十二表法》，法律出版社

4. 这些诉讼遵循法律的词句并且因而同法律一样被奉为不可改变的。因

此，某人就砍葡萄树一事提起诉讼，在诉讼中使用的是“葡萄树”这一词，得到的回答就是败诉，因为他本当使用的是“树”这个名词，人们有权据以就砍葡萄树一事提起诉讼的《十二表法》笼统谈到的是砍树。

——盖尤斯《法学阶梯》

5. 自由民在“法律面前一律平等”，依法享有国家的全面保护的公权和私权。

——万民法

6. 我们认为下面这些真理是不言而喻的，一切人生来就是平等的，他们被造物主赋予他们固有的，不可转让的权利，其中有生命、自由及追求幸福的权利。

——美国《独立宣言》

《洋务运动》教学片段设计

董清伟
（东北师范大学）

<table>
<tr><td>学 校</td><td colspan="2">东北师范大学</td><td>学 科</td><td>高中历史</td></tr>
<tr><td>授课人</td><td colspan="2">董清伟</td><td>章节名称</td><td>洋务运动之
军事工业</td></tr>
<tr><td>计划课时</td><td colspan="2">10 分钟</td><td>班 级</td><td></td></tr>
<tr><td rowspan="3">教学
目标</td><td>知识
与技能</td><td colspan="3">知道并掌握洋务运动的背景、过程，探究军事工业的性质</td></tr>
<tr><td>过程
与方法</td><td colspan="3">运用相关史料，感受历史情景，分析历史问题</td></tr>
<tr><td>情感态度
与价值观</td><td colspan="3">重新审视洋务运动的历史地位、作用，体会中国近代化的奋进与艰辛</td></tr>
<tr><td colspan="2">教学重点</td><td colspan="3">军事工业的性质</td></tr>
<tr><td colspan="2">教学难点</td><td colspan="3">军事工业的性质</td></tr>
<tr><td rowspan="2">教
学
过
程</td><td colspan="2">教师活动</td><td>学生活动</td><td>设计意图</td></tr>
<tr><td colspan="2">【导课】
课件展示“老中堂”和“老佛爷”的对话。师：“历史总是惊人的相似，150 多年前，中国的大清帝国也有一位操心的老中堂和一位长寿的老佛爷，面对中国 3000 年未有之大变局，他们要面对的问题则更为棘手。”由面对的问题引出洋务运动的背景</td><td>角色扮演阅读对话，情景带入</td><td>由近年来的国际时势，引出历史话题，增强历史的代入感</td></tr>
</table>

续表

	教师活动	学生活动	设计意图
教学过程	【讲授】 一、洋务运动的背景 李鸿章和慈禧太后要解决的问题： 材料一：反映太平天国运动 材料二：反映第二次鸦片战争 引导学生总结洋务运动的背景为“内忧外患” 面对内忧外患，为了维护统治，引出李鸿章致总理衙门的书信，关键词“穷则变，变则通，中国欲自强，则莫如学习中国利器”。故洋务运动拉开序幕 （根据时间，可将由“夷”到“洋务运动”的演变讲一下）	阅读史料并思考	由【导课】直接引向洋务运动的背景，增强历史课堂的连贯性，使课堂过程和知识点的衔接更为自然
	二、洋务运动的代表人物 因为以李鸿章致总理衙门的书信引出洋务运动，学生可能会有这样的疑问：“洋务运动只是李鸿章一人之力吗？”由此引出洋务运动的代表人物 注：如学生有疑问：“为什么这些人是洋务运动的代表人物？”可分开略作解释，没有疑问不解释。奕䜣：参与辛酉政变，帮助慈禧太后上位；参与第二次鸦片战争的媾和，主张“中外友好”。地方四大臣：镇压太平天国运动后兴起的汉族官僚	鼓励学生向老师提问题	提出疑问与解答疑问的过程，实际上是学生与老师共同学习的过程
	三、军事工业的性质 以分布图的形式向学生展示19世纪60年代洋务派所建军事工业分布 师：“我们重点要分析的是军事工业的性质是什么，是封建性还是资本主义性？还是二者兼而有之？” 以江南制造总局为分析对象： （1）封建官办企业 材料三、四：资金来源：政府开支 材料五、六：管理模式：衙门式 注：材料七：引出军事工业的弊端 材料八：服务对象：军队；产品流向：不流入市场 材料九：军事工业的最初构想绝不仅仅为军事服务，创立者有更长远的设想和预见	阅读并思考 小组讨论	史料教学是高中历史教师比较惯用的教学方法，但是在运用的过程中，不可简单地以史料附会结论，对号入座，史料的选择最好要有冲突性，如此可以引起学生更积极的思考，在教师的引导下得出结论也更值得信服

续表

	教师活动	学生活动	设计意图
教学过程	（2）具有一定资本主义色彩 材料十：生产力：机器生产 材料十一：总局生产关系：雇佣劳动 四、小结： 军事工业的性质：具有资本主义色彩的封建官办企业 （1）新： 生产力：机器生产 生产关系：雇佣劳动 （2）旧： 资金来源：政府开支 管理模式：衙门式 产品流向：不流入市场	小组讨论	以三角形图示表示在军事工业的性质构成上虽然有新特点，但主体部分仍然是旧有的封建官办
板书设计	内忧外患　洋务运动 自救 { 军事工业 ——→ 近代化 民用工业 海防 文教		

《甲午中日战争》教学设计

王迎香

（北京师范大学）

<table>
<tr><td>教师姓名：王迎香</td><td>授课年级：高一</td></tr>
<tr><td>课例名称：甲午中日战争</td><td>课型：历史课</td></tr>
<tr><td colspan="2">参考教材的名称、版次和页码：
人教版高中历史必修一，2007 年第 3 版（2016 年印刷），第 58—59 页</td></tr>
<tr><td colspan="2">课标要求</td></tr>
<tr><td colspan="2">列举日本侵华的史实，概述中国军民反抗外来侵略的事迹，体会中华民族英勇不屈的斗争精神</td></tr>
<tr><td colspan="2">教学目标</td></tr>
<tr><td colspan="2">1. 知识与能力
（1）识记甲午中日战争的史实
（2）理解甲午中日战争爆发原因，学会分析历史原因
（3）思考甲午中日战争成败因素，学会运用多角度分析历史事件
2. 过程与方法
利用相关地图及文字史料，深入历史情境，了解甲午中日战争的背景及过程。学会运用材料阐述历史事件，掌握获取信息解决历史问题的方法
3. 情感态度价值观
通过反思甲午中日战争，认识其性质，感知“落后就要挨打”，激发爱国情怀与自强意识</td></tr>
</table>

续表

<table>
<tr><td colspan="2">教学重点：甲午中日战争背景</td><td>教学难点：甲午中日战争起因分析</td></tr>
<tr><td colspan="3">教学过程</td></tr>
<tr><td>教学环节</td><td>教学活动</td><td>设计意图</td></tr>
<tr><td>导入：
春帆楼谈判</td><td>【出示图片一】日本画师绘《清国媾和使来朝谈判之图》
【概述】甲午战败后，清政府派使臣赴日商谈合约。日方将地点定为马关春帆楼
【设问导入】你能从图中获取哪些信息？图中人物神情之异昭示着什么？服装的差异又表现了什么？</td><td>阅读图片史料，找出甲午中日战争相关信息。激发学生兴趣，提高学生读图能力，引发思考</td></tr>
<tr><td>问题探究</td><td>【概述】中国曾一再被列强欺辱，但何以沦落至惨败于日本的境地？百年来学界不断反思，争论不休。这节课我们就来一起走近甲午中日战争，探究成败缘由
【设问】为什么日本战胜而中国战败</td><td>提出主线问题，学生带着问题展开学习</td></tr>
<tr><td rowspan="3">战争背景</td><td>近代化程度
【过渡】欲明果，先求因。我们先来看看战争背景
【概述】中日此战不仅是军队与军事上的较量，也是双方近代化成果的检验
【出示】洋务运动与明治维新相关图片
【概述】洋务运动从器物层面学习西方，明治维新则主张全盘西化（导入图即反映服饰也要学习西方）
【结论一】日本近代化程度高于中国</td><td>由导入图中的关键人物李鸿章引出洋务运动。学生对比中日洋务运动与明治维新，掌握比较分析历史问题的能力</td></tr>
<tr><td>大陆政策
【过渡】随国家实力一起膨胀的，还有日本的野心
【出示图片二】清、日、朝鲜形势图
【出示材料一】
“欲维护我帝国独立，伸张国威，进而巍立于万国之间，保持安宁，则不可不分割清国，使之成为数个小邦国。”
——日本1887《清国征讨方略》
【概述】朝鲜是日本侵略中国的跳板（由地图易得），日本对中国的侵略蓄谋已久（由材料时间易得）
【结论二】日本蓄谋已久</td><td>结合地图，简要解读东亚封贡体系与大陆政策</td></tr>
<tr><td>统治者态度
【出示材料二、三】
1888年，仅光绪帝婚礼就耗资500万两白银，从1888年开始，慈禧又花费巨款，甚至挪用海军经费公开大规模整修颐和园及进行“三海”工程。这些工程大大加重清政府财政负担，从而给海军建设造成严重后果。
——吴建章等《中国近代海军史》</td><td>进一步学会比较、分析历史问题</td></tr>
</table>

续表

教学环节	教学活动	设计意图
战争背景	"朕以为在建国事务中，加强海防是一日也不可放松的事。然而从国库岁入中尚难以拨出巨款供海防之用，故朕深感不安。兹决定从内库中提取30万日元，聊以资助，望诸大臣深明朕意。" ——明治天皇1887谕令。摘引自〔日〕外山三郎《日本海军史》 【概述】日方精心筹备，天皇诏谕首相后，各界积极捐款。清政府则抱残守缺，握有实权的统治者宁重修园子而不重海事 【问题】一个挪用军费修园子，一个打开内库建海军，出现此种差异的原因是什么? 【结论三】制度差异、观念差异 兵力差异 【出示图表一】甲午中日战争双方兵力对比 【概述】适当解读。重点解读"新近购船日期"一项带来的影响 【结论四】兵力差异 【过渡】日本精心谋划，中国实力不够，准备不足，求助外国也不成，岂有不败之理。"打不打呢"，清政府还正纠结着，中日外交路线已经断了，战争开始了	通过阅读图表，掌握关键信息，进一步思考甲午中日战争中国战败原因
战争过程	【学生活动】结合第58页地图，找出重点战役发生地（丰岛—平壤—大东沟—旅顺—威海卫，呈逆时针） 【概述】甲午中日战争主要过程（重点讲述黄海海战） 【结论五】战略战术差异	学生获取历史信息，结合教师讲述，思考历史问题
问题探究	【问题】成败原因 【列举】本课所总结的所有原因: （1）日本近代化程度超过中国，日本蓄谋已久 （2）制度差异 （3）观念差异 （4）兵力差异 （5）战略战术差异 【出示材料四】 "中国近代化仅从军事方面着手，而日本则从政治、经济、教育等全面地展开；中国近代化不知建立法规制度，从根本处做起，而日本却反是……是知中日近代化的成败，国家的强弱，绝非偶然。" ——王家俭《李鸿章与北洋舰队》 【问题】造成日胜中败的根本原因是什么? 【结论六】根本原因：日本近代化程度超过中国	整合信息，结合材料，深入思考

续表

教学环节	教学活动	设计意图
课后思考	【再次展示图片一】《清国媾和使来朝谈判之图》 【概述】战前，李鸿章曾在与日本使者森有礼的谈话中，对日本的全盘西化，尤其是服饰改制颇有微词；胜负已定，意气风发的伊藤博文开始“指点”李鸿章了 【出示材料五】 伊云：“贵国必须将明于西学，年富力强者委以重任，拘于成法者一概撤去，方有转机。” ——马建忠《马关议和中日谈话录》，见《东行三录》 【问题】中国近代化应朝什么方向发展？真要如伊藤所言，抑或另有路径？请同学们课下思考	结合课前导入，首尾呼应；联系近代史知识，引导学生进一步思考，增强担当意识和历史责任感，拓宽视野
教学特色、效果及反思		
本节课针对课标要求与具体学情，以“甲午中日战争成败缘由”为线索和核心问题，着眼中日双方，主要分甲午中日战争的背景和内容两部分 教学策略方面，首先提出“为什么日本胜而中国败”这一问题，调动学生思维；其次分别从战争背景、战争过程对此问题进行讲解；再次总结升华，得出根源在于“中国近代化程度落后于日本”这一结论，自然生发“中国近代化发展方向”之问题 材料方面，运用中国、日本等多方材料，将地图与文字史料相结合，利于学生更加直观、全面地了解甲午战争，进行理性思考，从而提升读图和分析历史问题的能力 教学设计发挥教师的主导作用，引导学生逐层深入，探究问题；尊重学生的主体地位，启发学生自主思考。课堂上，学生积极投入，对中国的失败扼腕叹息，有主动探索的积极性。学习中，学生多对战争过程兴趣最浓，惜为时间所限，未做过多展开 甲午大败成中国之巨祸，而中华民族具有群体意识的觉醒也因此而开始。教学中亦需重视情感态度与价值观目标的实现，激发学生的爱国情怀与自强意识		

《战后资本主义世界经济体系的形成》之布雷顿森林会议教学设计

郑淋

（西南大学）

【授课题目】

布雷顿森林会议（人教版必修二第 22 课第一子目）

【教材分析】

布雷顿森林会议是二战后期召开的一次以盟国为主体旨在重新安排战后经济秩序的重要会议，着重解决战后的经济恢复和货币汇率稳定问题。会议所确定的国际货币体系影响深远，今天仍在发挥作用。

本子目主要讲述三个方面的内容，即布雷顿森林会议召开的背景、会议召开概况及会议所取得的成果。其中，重点内容是布雷顿森林会议召开的背景，难点在于说明凯恩斯计划和怀特计划的异同以及会议最终选择怀特计划的原因。

【学情分析】

高中学生通过对必修一政治卷的学习，对战后资本主义世界经济体系形成的原因有所了解，前面课程的学习也为本课的学习奠定了基础。

但因涉及一些经济学术语，学生理解可能有一定的困难。本设计将通过清晰阐释概念、突出人物以及层层设问的方式，帮助学生解决难点问题。

【教学目标】

1. 知识与能力

多角度理解布雷顿森林会议召开的原因，进一步学会利用相关材料归纳历史知识的能力。理解战后资本主义世界经济体系的“美国主导”特征，提高从现象到本质的历史认知能力。

比较凯恩斯计划和怀特计划，初步学会对比分析问题的方法。

2. 过程与方法

通过理解历史资料，分析历史事件，学会用史料实证的方法。运用所学知识思考经济现象背后的政治因素，掌握联系历史前后知识的方法。

3. 情感态度价值观

从怀特计划和凯恩斯计划的对比中，形成开放、公平的竞争意识。正确认识战后资本主义世界经济体系，关注国家和人类的命运。

【教学重点难点】

（1）重点：布雷顿森林会议的背景。

（2）难点：战后资本主义世界经济体系的定义。

【教学方法和手段】

（1）通过图示法，对比凯恩斯计划和怀特计划。

（2）采用问答法，层层设问，促进学生的思考和学习。

【教学过程】（第一子目）

导入新课环节

教师讲述：回顾人类社会发展的历史，总有一些人注定会影响历史前进的脚步。比如下面的两位历史人物。（出示图片并设问）这两位历史人物是谁呢？

教师讲述：他一度被誉为“资本主义的救星”，就连我们本课所讲的布雷顿森林会议，据说很多参会国都是慕他之名而来，他就是赫赫有名的经济学家凯恩斯。另一位则是美国的经济学家怀特，与凯恩斯相比怀特只是一个名不见经传的小人物，只是美国财政部的普通官员。那为什么我将他们放在一块儿呢？因为在 20 世纪 40 年代时，他们都关注着同一个问题，那就是战后世界经济何去何从，并且都提出了自己的方案。

教师设问：这两位历史人物将会对战后资本主义世界经济体系的建立产生什么样的影响呢？让我们进入今天的学习来了解。（学生带着思考进入本课学习）

教师板书课题：第 22 课 战后资本主义世界经济体系的形成

新课教学环节

（课件展示概念解析）教师讲述：首先我们看战后资本主义世界经济体系的概念，时间是二战后，主体是资本主义世界，范围在经济领域而且主要是货币和贸易方面，特点是相互依赖，相互制约，且有制度规范。

教师设问：战前有没有类似的体系呢？（看第二自然段，有一个以英镑为中心的资本主义世界货币体系，请注意是货币体系，而今天要讲的布雷顿森林会议也主要是为了解决货币问题）有没有想过为什么当时的体系是以英镑为中心呢？（从 18 世纪中期以来，英国就头顶两个大名“世界工厂”和“日不落帝国”，凭借这两点，英镑成为世界上最为坚挺的货币，从而在全世界自发形成了以英镑为中心的资本主义世界货币体系，由于是自发形成的，所以它并不是一个规范的体系）

教师过渡：既然战前已有一个货币体系，那为什么还要召开布雷顿森林会议重新构建货币体系呢？我们应该回到当时的时代背景中去思考这个问题。

（一）布雷顿森林会议召开的原因（课件展示）

教师讲述：要探寻原因，得先做时间定位。布雷顿森林会议时间是 1944 年 7 月。这个时间点上，二战的形势如何？（引导学生回答出 1944 年 6 月盟军诺曼底登陆成功，二战胜利在望）在战争的节节胜利中，人们需要思考到底是什么诱发了战争，怎样才能避免二战这样的悲剧重演。

要寻找战争的根源，至少追溯到 1929 年爆发的经济危机。经济危机爆发的时候，主要资本主义国家在危机中采取的是提高关税和实行货币贬值的措施，试图转嫁危机，但是这种贸易关税战加重了全球性的危机，一些国家的法西斯势力乘机崛起，这成为二战爆发的一个重要诱因。总结历史教训，得出的重要结论是：国际货币和关税需要稳定（课件展示原因一：历史教训——国际货币和关税需要稳定）。

教师过渡：前面已经说过，对于货币稳定问题，战前不是就已经有一个英镑为中心的体系存在了吗？战前的那个体系在当时的现实环境中究竟还能行得通吗？（学生看课文内容并思考）

教师讲述：（出示图片）这是战后英国的景象，一片破败。正如丘吉尔所言（课件展示材料）。事实上，早在一战时，英国已开始失去以往的优势，现在又变得负债累累。你们觉得它还有能力担当稳定世界经济的责任吗？无能为力。这就是原因之二：现实问题一——英国衰落，以英镑为中心的世界货币体系难以维系（课件展示）。而体系难以维系的背后是资本主义世界的实力对比发生了变化。

（指导阅读教材）美国经历二战，经济不降反升，1945 年，美国黄金储备总量达到资本主义世界的 59%。所以当时还有这么一个现实：美国成为资本主义世界的头号强国。（课件展示原因三：现实问题二——美国成为世界强国，想代替英国主导世界经济）

教师过渡：在这一降一落之间，我们可以明显看到以英镑为中心的世界货币体系本身并没有约束力，这时候又缺乏足够的实力。所以，建立新的货币体系就成为世界经济发展中的一个重要事项。而布雷顿森林会议要解决的就是这个重建货币体系问题。那么这个体系会怎样建立呢？我们首先了解一下会议召开的基本情况。

（二）布雷顿森林会议的召开（课件展示）

教师幻灯片展示基本信息：

时间：1944 年 7 月

地点：在美国新罕布什尔州布雷顿森林

参会国：44 个

会议的主要内容：国际货币金融问题

教师设问：国际货币金融问题的核心在于找到一个机制稳定的货币关系，那么具体应该怎么做呢？（学生思考）

教师讲解：大会上抛出了两个解决方案。首先看“资本主义救星”凯恩斯提出的计划。（出示凯恩斯计划示意图）

教师设问：看看凯恩斯计划，其基本思路是什么？

学生思考后，教师指出：凯恩斯构想在各国货币之上，由各会员国共同监管和发行一种名叫班科尔的国际货币直接与黄金挂钩。也就是通过这个国际货币来维持汇率稳定。那请问：如果是你，你赞同吗？你觉得当时普通的国家会赞同吗？

教师过渡：我就会赞同，因为这个体系看起来比较公平。会不会有人不同意呢？（提示观察美元在凯恩斯计划中的地位：只是普通会员国的地位）那么拥有59%黄金储备的美国愿意成为芸芸众生的一员吗？当然是不愿意的，所以美国抛出了怀特计划。（出示怀特计划示意图）

教师设问：请同学们看看怀特计划与凯恩斯计划有什么不同之处？（美元凌驾于各国货币之上，代替班科尔成为国际贸易货币）

教师过渡：猜猜看大会最后会选择谁的方案？

（三）布雷顿森林会议的结果（课件展示）

教师讲述：可能大部分同学认可凯恩斯计划，但结果是：最后通过以美国怀特计划为基础的《联合国货币金融会议最后决议书》及附件。个中原因应该都能想明白。这个结果再次说明一个道理：经济实力决定国家在国际社会中的地位。无论是以前以英镑为中心的世界货币体系，还是现在怀特计划的通过，都在昭示这个道理。

小结：以上我们学习了布雷顿森林会议召开的原因、内容和结果。那么，美元具体是怎样成为货币体系中心的，这个货币体系又是如何运转的呢？让我们通过下一子目来学习。

布置作业：查找资料，了解参加布雷顿森林会议的国家，思考为什么苏联会参加这个被称为“资本主义世界经济体系”的会议呢？

【板书设计】

第22课　战后资本主义世界经济体系的形成之布雷顿森林会议

（一）布雷顿森林会议召开的原因

（二）布雷顿森林会议的召开

（三）布雷顿森林会议的结果